"北京大学三井创新论坛"系列丛书·第四卷

创新发展与企业变革

主编 厉以宁 武常岐

北京大学出版社
PEKING UNIVERSITY PRESS

图书在版编目(CIP)数据

创新发展与企业变革/厉以宁,武常岐主编.—北京:北京大学出版社,2015.10
(北京大学三井创新论坛系列丛书·第四卷)
ISBN 978-7-301-26364-8

Ⅰ.①创… Ⅱ.①厉… ②武… Ⅲ.①企业改革—研究 Ⅳ.①F271

中国版本图书馆 CIP 数据核字(2015)第 240535 号

书　　　名	创新发展与企业变革 CHUANGXIN FAZHAN YU QIYE BIANGE
著作责任者	厉以宁　武常岐　主编
策 划 编 辑	贾米娜
责 任 编 辑	周　玮
标 准 书 号	ISBN 978-7-301-26364-8
出 版 发 行	北京大学出版社
地　　　址	北京市海淀区成府路 205 号　100871
网　　　址	http://www.pup.cn
电 子 信 箱	em@pup.cn　　QQ:552063295
新 浪 微 博	@北京大学出版社　@北京大学出版社经管图书
电　　　话	邮购部 62752015　发行部 62750672　编辑部 62752926
印 刷 者	北京宏伟双华印刷有限公司
经 销 者	新华书店
	720 毫米×1020 毫米　16 开本　16.5 印张　254 千字 2015 年 10 月第 1 版　2015 年 10 月第 1 次印刷
定　　　价	42.00 元

未经许可,不得以任何方式复制或抄袭本书之部分或全部内容。
版权所有,侵权必究
举报电话:010-62752024　电子信箱:fd@pup.pku.edu.cn
图书如有印装质量问题,请与出版部联系,电话:010-62756370

序 一

世界经济正经历着深刻的调整,国际局势风云变幻,中国经济平稳较快地发展。与此同时,整体需求偏弱、通缩预期上升、经济下行压力加大等一系列问题也深刻制约着中国乃至世界经济的进一步发展,推进经济结构战略性调整成为经济发展的关键。中国已经步入创新驱动发展阶段,如何推进理论创新、实践创新、制度创新是中国经济乃至世界经济未来增长面对的重要挑战,也是提升中国企业竞争力的核心内容。创新受到党和国家前所未有的重视。2012年,中共中央、国务院在十八大报告中提出要"实施创新驱动发展战略",加快建设国家创新体系,以全球的视野谋划和推动创新,提高原始创新、集成创新和引进消化吸收再创新能力,使中国迈入创新型国家行列;通过实施国家科技重大专项,突破重大技术瓶颈,加快新技术、新产品、新工艺研发应用,加强技术集成和商业模式创新,以推动经济进入新常态。

北京大学作为中国最早传播马克思主义和民主科学思想的发祥地,是国家培养高素质、创造性人才的摇篮,是科学研究的前沿、知识创新的重要基地、国际交流的重要桥梁和窗口。为了促进中国企业界、学术界与世界一流企业之间就创新问题开展交流与合作,2006年北京大学与三井物产株式会社经协商决定设立冠名讲座"北京大学三井创新论坛"。该论坛以创新为主题,围绕国家在科学技术发展方面的政策和规划、高新技术产业发展的新趋势、中外优秀企业在知识创造和科技创新方面的经验及成功案例、创新和创业以及企业研发能力等议题展开讨论，目的是推动以创新为基础的经济增长和社会进步。

"北京大学三井创新论坛"的演讲嘉宾主要为国家部委副部长级以上专家型领导、中国和日本在创新方面卓有贡献的优秀企业总裁及国内外知名学者专家。受邀演讲者都具有极高的学术水准、卓著的创新思想、丰富的实践经验、宽阔的国际视野和杰出的管理能力。

"北京大学三井创新论坛"自创立之日起，已有四十多位专家、学者和企业界人士参与演讲，收效颇丰。论坛为中国决策层、企业管理层与世界一流企业之间的交流及相互了解提供了机会，特别是对于中日企业和学术界有关创新方面的交流与合作搭建了平台。

"北京大学三井创新论坛"由北京大学国家高新区发展战略研究院和三井物产（中国）贸易有限公司联合承办。呈现在读者面前的这套系列丛书由北京大学国家高新区发展战略研究院根据各位演讲者的发言整理，由北京大学出版社出版。其目的主要是使更多的读者能够从这些杰出人士的演讲中汲取关于创新的新知识和新思想，受到新启发，为建设创新型国家发挥更大的作用。

厉以宁
"北京大学三井创新论坛"理事长
2015 年 1 月

序 二

21世纪以来,世界政治、经济形势日趋复杂,国际秩序加快演变,世界经济面临新的挑战。中国经济稳中有升,进入发展新常态。推进经济结构战略性调整,着力解决制约经济持续健康发展的重大结构性问题;改善需求结构、优化产业结构,推动战略性新兴产业、先进制造业健康发展,加快传统产业转型升级,推动服务业特别是现代服务业发展壮大;这些都成为经济健康、持续发展的关键。在经济全球化、科技飞速发展、竞争日趋激烈的"超竞争"环境下,产业升级换代的步伐明显加快:移动互联网、大数据、新能源、3D打印等新技术、新思想、新理念更迭迅速;新产品、新服务、新的商业模式不断涌现;企业生态链整合、重构加速,跨界融合发展成为企业新常态;企业持续发展面临严峻挑战,知识成为推动一个国家社会经济发展的第一生产力。国家之间的竞争从以能源、要素为支撑逐渐转变为以效率和创新为基础的较量,中国经济发展也稳步进入由要素驱动向效率驱动和创新驱动迈进的新阶段。当今世界,欧美、俄罗斯、日本等国家和地区几乎无一例外地将创新作为提升战略竞争力的重要内容,并积极创造有利于自主创新的环境,促进各行业自主创新。

改革开放三十多年以来,中国经济持续快速发展,取得了举世瞩目的成就。但中国人口众多,人均资源、能源与发达国家还有比较大的差距。以往粗放型的经济发展模式给资源、能源与环境带来沉重负担;发展中不平衡、不协调、不可持续问题依然突出；科技创新能力不强；产业结构不合理,农业基础依然薄弱；资源环境约束加剧,制约科学发展的体制机制障碍较多；深化改革开放和转变经济发展方式任务艰巨。推进经济结构战略性调整,强化需求导向,推动战略性新兴产业、先进制造业健康发展,加快传统产业转型升级迫在眉睫。实现由粗放型经济增长方式向资源节约型经济增长方式转变,建立国家创新体系,是中国当今和以后一段时期经济发展过程中一项紧迫而十分艰巨的任务。因此,十八大报告中指出：我们要实施创新驱动发展战略,以全球视野谋划和推动创新,提高原始创新、集成创新和引进消化吸收再创新能力,加快建设国家创新体系,着力构建以企业为主体、市场为导向、产学研相结合的技术创新体系,建设创新型国家；要坚持走中国特色自主创新道路,把全社会的智慧和力量凝聚到创新发展上来。

中国高新技术产业开发区是以智力密集和开放环境条件为依托,主要依靠国内的科技和经济实力,充分吸收和借鉴国外先进科技资源、资金和管理手段,通过实施高新技术产业的优惠政策和各项改革措施,实现软硬环境的局部优化,最大限度地把科技成果转化为现实生产力而建立起来的集中区域,是中国政府调整产业结构、推进产业结构升级、提升产业竞争能力、鼓励并推动企业自主创新的重大举措,是中国经济和科技体制改革的重要成果,在中国调整经济结构、转变经济发展方式中充分发挥了标志性的引领示范作用。国家高新区在党和政府的领导下,坚持改革开放和自主创新,积极推进科技和经济的融合,经过20多年的发展,目前国家高新区总数已达114家,2013年实现营业总收入20.3万亿元,其中55家成为"千亿俱乐部"成员。国家高新区表现出卓越的发展质量和稳健的增长态势,已成为中国深入实施创新驱动发展战略、走中国特色自主创新道路的一面旗帜。历史赋予高新区的功能也不断拓展。最初,国家设立高新区的目的是使其成为对外开放的窗口、深化改革的实验区和向传统产业扩散高新技术及其产品的辐射源。如今,高新区在传承最初的功能基础上还承担着汇聚高端人才、推动知识创新、促进新兴产业发展、拉动经济发展等全新功能。

经济结构战略性调整是加快转变经济发展方式的主攻方向,国家高新区是经济结构调整的试验田和风向标。为构建全国高新区规划、升级、产业发展的理论体系,进一步从战略高度推动和指导全国高新区的"转型升级",

2002年10月，科技部决定与北京大学共建服务于全国高新区的发展战略研究基地——国家高新技术产业开发区发展战略研究院，著名经济学家厉以宁教授为首任院长，北京大学光华管理学院众多知名教授以及科技部若干专家领导也分别承担研究院的重要工作。国家高新技术产业开发区发展战略研究院整合北京大学、其他高校和研究单位的专家资源，联合全国各高新技术产业开发区内的专家学者和管理者，从事有关高新技术开发区和高新技术发展的高水平学术研究，为中国高新技术产业开发区提供服务。为进一步推动高新技术产业的发展、积极致力于促进知识创新、传播创新思想理念的活动，2006年3月，北京大学国家高新技术产业开发区发展战略研究院开始承办"北京大学三井创新论坛"。此论坛由北京大学与三井物产株式会社合作承办，每年举办六次，演讲者均为国内副部级以上政府领导，国内权威专家，世界500强企业、大型央企、知名民企总裁。论坛紧紧围绕创新主题，围绕当今世界创新趋势深入论述与创新相关的新产品、新技术、新方法、新模式、新思想，为社会各界通往创新之路架起一座桥梁。至今"北京大学三井创新论坛"已在北京大学成功举办四十六次，听众达两万余人，每次论坛的成功举办都在社会上产生了不同程度的积极影响。为了更好地传播创新思想，使得"北京大学三井创新论坛"惠及更多致力于创新的人，应广大听众的强烈要求，北京大学国家高新技术产业开发区发展战略研究院决定对以往论坛嘉宾演讲内容进行整理，编撰成"北京大学三井创新论坛"系列丛书。

"北京大学三井创新论坛"系列丛书发布之时，亦为国家"十三五"发展规划即将开启之际，也处于党中央、国务院深入贯彻落实科学发展观、构建社会主义和谐社会的重要时期。为应对国内外错综复杂的经济环境，实现中国经济继续保持又好又快的发展，实现中华民族伟大复兴的中国梦，中国经济的发展将在未来一定时期内面临资源消耗多、结构失衡等诸多困难。要克服这些困难，就要求党和国家不断追求创新革新的新思想，不断开创创新革新的新局面，所以我们比以往任何时候都需要创新。借助"北京大学三井创新论坛"，以政府领导、专家学者和企业家的创新思想、实践为基础，希望"北京大学三井创新论坛"系列丛书能为广大政界、商界、教学科研机构的创新活动提供坚实的理论和实践基础，为体制机制创新、新产品新服务创新、新思想新理念创新提供借鉴。

在从大国向强国迈进的过程中,创新已经成为中国经济发展新的驱动力,创新工作必须摆在国家战略全局的核心位置,正如十八大报告所说,坚持走中国特色自主创新道路,以全球视野谋划和推动创新。创新不仅关系着企业综合竞争力的提升,还肩负着国家振兴、民族崛起的重要使命。

武常岐

北京大学国家高新技术产业开发区发展战略研究院院长

2015 年 1 月

目录

第一篇　创新全球化与企业发展　/　1
　　马俊如：国家外国专家局原局长、"十二五"国家科技发展规划专家顾问组组长

第二篇　全球竞争与中国企业创新模式　/　29
　　武常岐：北京大学光华管理学院教授、北京大学国家高新技术产业开发区发展战略研究院院长

第三篇　风起云涌之企业变革　/　53
　　古森重隆：富士胶片控股株式会社代表取缔役会长兼CEO

第四篇　为企业可持续发展保驾护航的创新概念
　　　　——日本企业的实证　/　69
　　井口武雄：三井住友海上火灾保险株式会社原代表取缔役会长

第五篇　便利店业务在日本的引进及技术创新　/　97
　　铃木敏文：柒和伊控股股份有限公司代表取缔役会长兼CEO

第六篇　环境、资源、能源新时代下的东丽公司经营战略
　　　　——以尖端材料的技术革新为中心　/　111
　　榊原定征：东丽株式会社代表取缔役会长兼CEO

第七篇　综合商社的创新与人才　/ **129**
　　饭岛彰己：三井物产株式会社代表取缔役社长

第八篇　新日铁的经营创新　/ **147**
　　三村明夫：新日本制铁株式会社代表取缔役会长

第九篇　京东方十年挑战与创新发展启示　/ **163**
　　陈炎顺：京东方科技集团股份有限公司总裁

第十篇　新时代电视所发挥的作用　/ **187**
　　井上弘：TBS控股株式会社·TBS电视台代表取缔役社长、日本民间放送联盟会长

第十一篇　创新与信息技术产业发展　/ **199**
　　魏少军：清华大学微电子与纳电子学系主任、微电子所所长，"核高基"国家科技重大专项技术总师

第十二篇　论电影与舞台剧商业　/ **221**
　　迫本淳一：松竹株式会社代表取缔役社长

作者简介　/ **249**

后记　/ **253**

第一篇
创新全球化与企业发展

马俊如：国家外国专家局原局长、"十二五"国家科技发展规划专家顾问组组长

今天很荣幸和各位交流，向各位求教，今天交流的题目是"创新全球化与企业发展"。这个问题和我们这个时代有很大关系，现在我们经常看到一种现象，即把创新加上全球化，或者认为创新和全球化是当代正在创造的前所未有的发展机遇。从这种现象发展出来的一个观点是什么呢？创新的全球化观点正在成为推动社会发展进步的动力，但是大家会问，为什么把这个问题提得如此重要？因为创新和全球化都不是新鲜事，都是人类社会发展过程中不断遇到的问题，人类进步的过程就是创新，而全球化已经有600多年的历史，要谈这个问题，一定要回答现在强调这件事情有什么特别的地方，有什么新的含义。

一、创新全球化是经济全球化发展的新阶段

1. 全球化发展的过程

首先，简单地回顾一下全球化发展的过程，我将这个过程分为三个阶段：贸易全球化、生产全球化、创新全球化。

(1) 贸易全球化

贸易全球化阶段相信大家都很熟悉。从 600 多年前的 1405 年 6 月起,明朝的郑和率领庞大的船队 7 次下西洋,去过 30 多个国家,最远到达非洲的好望角。80 多年以后的 1492 年,哥伦布发现美洲的新大陆。世界发展史上这两次著名的历史事件,最基本的是把自己本国生产的东西带出去,希望寻求贸易,再带回那个地方生产的东西,这就是跨国贸易。各个国家在全球销售自己的产品,从而引发了文化交流和政治、军事冲突等。

(2) 生产全球化

二十世纪初出现了一个新现象,活跃的企业家意识到,仅仅到别的国家去销售自己的产品,进行跨国贸易活动已经不能满足发展的需求,必须能到别的国家当地组织生产,就地取材,从而减少运输的费用,追求更高的利润。这种跨国组织的生产活动起始于发达国家间。第二次世界大战结束以后出现了一个现象,发达国家纷纷到发展中国家或者落后的国家,利用廉价的劳动力和当地的自然资源创办生产企业,形成创新产品的生产过程中高附加值部分留在发达国家本土,低附加值部分放到海外生产的全球布局即全球化产业链。最著名的案例是 1970—1990 年间所谓亚洲"四小龙"(中国台湾地区、中国香港地区、韩国、新加坡)兴起的东亚经济奇迹。从此世界上的经济活动,不仅贸易实现了全球化,生产也全球化了。

(3) 创新全球化

二十世纪末到现在不到 20 年时间,一个新的现象很快产生了,企业的经营发展不仅是跨国去进行贸易、进行生产,而且是进行跨国创新!

在一个企业或一个跨国企业的传统商业经营模式中,企业从事技术创新活动的研发部门,如研究所、研究院等均设置在公司总部所在国内,开展的研发活动都属于公司的核心机密,这部分人的创造性活动受到严格管制。公司用它们技术创新产生的新成果在全球组织生产、销售新产品。到了二十世纪末,企业发现这样的控制不足以在国际市场竞争中成为赢家。原因是国际竞争中出现了新的现象,就是摩尔定律——技术进步 18 个月翻一倍,导致产品迅速、不断更新换代,冲击市场。世界各地市场的用户需求是有差异性的,谁能贴近市场近距离创新,支持开发适合所在地市场需求的新产品,谁就能在竞争中占先机。这就迫使跨国公司到国外去创建研发机构,提高研发效率和效益。

关于跨国建立研发机构,企业最怕的是技术秘密被泄露。研发机构受公司规定的严格限制,不但外国人不能参观,本国人也不能参观。一般来讲,远距离管控跨国研发机构很难。而市场竞争形势又表明,在哪个地方创新就及时地销售那个地方所需的产品,这是盈利最高、最快的模式。这就要求企业创新管控模式。

非常巧的是,新的管控模式由于互联网等新技术开发应用的支持,已被成功创建。现在通过互联网,你在世界上任何一个地方的活动,公司总部都能实时了解,包括图像的实时监控、视频的实时交流等。此外,现在交通非常发达,跨洲空中旅行一般只需十多个小时,办理公务很便捷。这个问题解决了以后,就出现了在世界各地设立跨国公司分支研发机构的新气象,呈现企业创新竞争全球化的新态势。

最好的说明就是中国。过去外国跨国公司几乎没有在中国设立过研发机构。1996年起,摩托罗拉(中国)公司开始创建一些研发机构,IBM开始探讨在中国设立解决当地一些技术问题的研发机构,这个时候微软也开始考虑在中国设立研究院。现在大家问,在中国有多少跨国公司的研发机构?有人说有1 200家,还有人说有1 500家。在中国如此,其他发展中国家也差不多在这个时候开始出现跨国公司研发机构。这就造成了企业之间在全球开展创新竞争的新形势。从宏观上看,企业是实现市场价值的主体,全球化的市场竞争活动主要是考察企业的竞争。由此可以判断,经济全球化进入了创新驱动发展的新阶段。

2. 创新全球化成为国家发展战略

大家可能认为我举的这些个别的案例不足以说明问题,一定关心各国政府怎么看待这些事情,它们是不是也像我说的这样高度重视,提升到国家发展战略的高度进行布局?我想向各位介绍一下几个主要国家和地区的动向。

中国:2006年1月26日,中共中央、国务院做出了一个非常重要的决定,在《关于实施科技规划纲要增强自主创新能力的决定》中提出建设创新型国家,明确我们要以创新来推动国家的发展进步。

国际上不只是中国一个国家这样做。

美国：2006年2月2日，当时的美国总统乔治·W.布什授权发布《美国竞争力计划》(American Competitiveness Initiative)报告，这个报告里面提到用创新引领世界发展。2009年，美国现任总统贝拉克·奥巴马提得更直接："在二十世纪，美国之所以领导了世界经济，是因为领导了世界的创新。创新是二十一世纪创造新工作岗位的关键，也是我们这一代和后代人保证高生活质量的途径。"美国不仅把创新作为推动国家发展的战略，而且将其作为领导世界的战略。

欧盟：2006年1月，一个从事独立研究政策、有影响的智囊团体在给欧盟的政策报告里提出建设一个以创新为基础的欧洲，欧盟接着出台了一系列政策，把创新作为欧洲发展的战略基点。

世界上三个最大的经济体明确发布了创新驱动发展的战略；大家一定关心日本，日本在这个问题上的对策更鲜明。

日本：2005年12月，日本的经济团体联合会就发布了一份政策报告，提出"面向创新的日本"。这个联合会在日本是大财团组织的一个机构，在日本的地位非常高，是政府智囊。

大家看到，世界上四个最大的经济体在这个时候，在前后不到六十天的时间里，都在创新方面于国家战略上做出了明确的宣示。大家也许要问，这件事情是不是各国政治家们不断地开会协商推动造成的，像现在G8、G20等双边的交流中得出的看法？我告诉大家，不是！这是各个国家独立提出的。中国的报告花了大概三年时间，是在集中了一千多名专家进行专题分析研究，又征求了全国各界的广泛意见以后得出这一国家战略决定。其他的国家也几乎都是独立进行、没有协商过的。各国精英们独立、长期的研究得出这样一个结论，必然反映了一个规律，也反映了当代社会发展的新形势，揭示了遵循的规律性。大家共同认识到，我们现在的世界似乎进入了一个新的时代，创新全球化已经成为发展进步的动力，大家可以看到这样的趋势。这样的一个新阶段用三个简单的词可以概括：在全球整合资源创新、在全球组织产品生产、在全球市场销售产品。

前面讲的全球化发展的三个阶段并不是后一个阶段取代前一个阶段的过程，而是融合和提升的过程。

二、创新全球化的主力军

1. 谁是创新全球化的主力军

世界各地正掀起创新驱动发展的热潮,大家一定问主力军是谁。谁在推动、组织、实施全球化的创新活动?这可能会有不同的答案。我们会想到三个方面:第一是政府,第二是大学和科研院所,第三是企业。

(1)政府不能操控跨国的创新活动

在我们中国人的概念中政府是绝对的组织者、指挥者,应该是政府在推动全球化的创新。其实政府在国内是绝对权威,但走出国门就会出现很大的问题。你要跨到别的国家指挥就麻烦了,如果美国政府指挥美国的企业和大学在中国搞创新,中国马上会叫停。中国是独立的主权国家,别国不能干预及指挥在中国境内发生的事情,包括创新活动。同样,中国政府也不可能干预、指挥发生在其他国家和地区的创新实践活动。在全球化的过程中政府可以倡导、创造自己的环境,吸引别人来,可以鼓励企业走出国门去推动,但是不能允许跨国别指挥操纵,也不能跨出国门去指挥。

(2)学术机构和团体是创新全球化的支撑力量

大家会提到,大学和科研院所是知识创造的发源地,谁拥有创新资源谁就能指挥推动跨国创新,它们一定是推动技术创新全球化的主力军。这样讲有一定的道理。但实际上大学和科研院所在全球化活动当中,特别是在创造市场价值、创新竞争中并不是这样的,因为大学和科研院所主要是创造新知识,不是创造新产品。而今天全球的创新竞争是产品竞争,创新产品的创造者是企业,所以大学和科研院所等学术机构及团队在技术创新竞争中扮演的是重要配角,配合企业创造新产品。学术机构主导跨国技术创新市场竞争是越位,甚至是篡位。

(3)跨国企业是实现创新全球化的主力军

市场是交易场所。市场创新竞争中的主要参与者是企业,因为它们是新产品的创造者。全球化创新竞争的主力仍然是企业:一是由于全球化创新是新产品全球制造、全球销售的升级,只有企业能实现市场价值。二是由于企业的宗旨是经商赚钱、利益分享,无论到哪个国家都遵纪守法。

各国政府的政策都接纳外资企业。所以,跨国公司是实践创新全球化的主力军。

2. 全世界跨国公司的经济和创新实力

若要问全世界跨国公司的总体实力如何,据联合国和世界银行统计,全球约有 7 万家跨国公司,这些公司在 170 多个国家里有 70 多万个分支公司,它们拥有的知识产权大约占全球企业的 93%,在全球经济总量中占 71%,贸易总量中占 73%。2004 年,一家有影响的咨询公司统计了 1 000 家跨国公司当年的研发投入,是 3 840 亿美元,大概平均每家 3 亿多美元,也就是约 20 亿元人民币,这是很不容易的,规模很大。当然研发投入并不均匀,最多的企业大概投入了 50 亿美元。中国目前还没有一个企业研发投入达到 50 亿美元——投入最多的华为达 25 亿—30 亿美元,这已经不错了,研发投入一般占销售的 5%—7%,用这样的投入来赢得竞争是很不容易的。

3. 跨国公司的定义

跨国公司实力强大,直接影响着世界创新经济的发展进程。跨国公司怎么定义?是不是在中国有三个人办一家公司,在美国有家分公司就叫跨国公司?从形式上讲是跨国了,但不能算数。联合国对跨国公司有个定义,是以三项跨国指数为指标:一是公司在国外的资产占公司总资产的比例;二是国外的销售占公司总销售的比例;三是国外雇员占公司雇员总数的比例。2004—2006 年统计的 7 万家跨国公司的数据是这三项指标大于 37%,即公司 40% 的经营活动、公司资产和员工在海外,这样的规模是相当大的。实际上告诉各位,联合国统计的 100 家大公司的跨国指数是 54%,就是说有将近 60% 的活动在国外!所以叫跨国企业。它们影响世界的发展,在全球竞争中非常活跃。其实统计发现,现在有些公司大概 90% 都在国外,而在本土的活动是比较少的。比如,可口可乐的跨国指数是 90%,主营业务分布在世界各地。

跨国公司的实力强大,在当今世界的竞争活动中实际上是它们掌握了方向舵。但是这时大家也看到了一个问题,跨国公司如此大的实力是发达国家占主要优势的,发展中国家势单力薄。这样下去怎么行?所以在全球化的过程当中也引起了广泛、激烈的争论,包括前几年在中国争论得非常激烈:全球化到底是对老百姓有利还是对发达国家有利?是有利于我们还是害了我们？是侵略还是帮忙？我们的机遇是不是最好的机遇？我认为是。但是这个回答需要调整我们的认知，所以下面和各位探讨这个问题。

三、创新全球化改变了世界经济版图

现在世界上任何一个国家都回避不了全球化，全球化是社会发展进步的规律，适应这个潮流、顺势而为才能赢得机会，且能后来居上；如果你漫不经心地错失机遇或抗拒它，则会自甘落后甚至被淘汰。

1. 对创新全球化发展的不同观点

创新全球化发展是新事物，需要有创新思维，需要解放思想去冲击传统。这个过程中转变认识并不容易，目前存在两个观点，一个是悲观的，一个是乐观的。悲观者就认为跨国公司这样的创新活动是富人的天堂，是发达国家的专利，发展中国家是绝对竞争不过的，你哪来这么多知识和资金？所以全球化是帮富人忙的，这是悲观的观点。前几年在达沃斯论坛上这个论点相当困扰人。但乐观的人认为今天世界的竞争，已经不是工业经济时代的竞争。工业经济时代，发达国家凭借资金、规模优势，在竞争中处于主导地位，像美国波音公司的高大厂房有几十米高、500米长，还有那么多高精尖的设备，一看就把你吓住了，穷的国家要赶上去太难了。现在，同样在美国你会看到另外一番景象，在居民汽车库里进行创新的年轻人成为新兴产业的开拓者、世界首富。他们发家起步没有靠拼资本和现代化高大厂房及复杂庞大的精密仪器设备，而是靠知识、智慧、灵感、人才，就是每个人本身具备的很多东西。"上帝"在造人的时候并没有说把发达国家的人造得聪明一点、发展中国家的人造得愚蠢一点，大家都很公平，都有机会创新。所以今天的竞争也许是最适合使落后的赶上先进的，我认为这是一个转变的机会，因为完全不依赖于资源，也不完全靠装备。搞创新有个辩证的说法：穷人有穷人的搞法，富人有富人的搞法，发展机遇无处不在，关键在于把握。我后面会举一些例子和各位探讨。从这样的说法中得出的结论是：融入创新全球化发展是发展中国家追赶发达国家的最好机会，过去这个机会很难获得，现在抓住这个机会是转变观念的问题。人们之所以对全球化产生误解，就是因为没弄清楚形势的发展，没弄清楚人家讲什么、做什么，所以多参与全球的交流活动非常重要。我再举个例子，你们注意，博鳌论坛的语气变了，过去对创新全球化持担忧和怀疑态度的多，现在已经在鼓励全球化、推动全球化，所以这件事情大家醒悟过来就可以了，这样一转变就会有所不同。

2. 创新国家的具体实例

我将列举一些靠创新后来居上国家的例子帮助大家理解这个问题。我们经常讲世界的经济版图，这个版图在这20年有了创新全球化以后刷新了，重新排了队。如果我举美国、欧洲、日本的例子，大家可能会说人家本来就是发达国家，你废话一通没用。下面我们看一下芬兰、韩国和以色列如何成长为世界发展的明星，它们是在最难甚至不可能发展的地方创新产生的奇迹，也许更有说服力。

（1）芬兰的创新崛起

芬兰的面积为33.8145万平方公里，1/3的土地在北极圈内，太阳光照少，湖泊占国土面积的1/10，被誉为"千湖之国"，人口543万。经济的主要支柱是制造业，以木材、金属、工程、电信和电子工业为主。

芬兰的纬度接近北极，天气很冷，而且阳光很少，冬天几乎见不到太阳，过去靠卖木头起家。我们中国的树砍下来是一棵一棵地卖，而芬兰的木头品质很高，按公斤卖，当时一公斤4克朗。那时芬兰是小康社会，人民生活还可以，但并不是很富裕。然而芬兰现在已经是一个高度工业化、市场化的市场经济体，人均产出远高于欧盟平均水平，是高收入的国家。芬兰崛起的秘密是走对了创新驱动发展的道路。这几年大家看到芬兰在世界创新竞争力排行榜上处于前列，有时排到第一。在全球创新竞争中，人口不到600万的芬兰敢于和世界上的大国较量，靠木材资源优势肯定不行，靠的是创新发展拼聪明才智的高技术产业。

芬兰有个公司叫诺基亚，做手机的。芬兰的通信产业以诺基亚为代表，非常发达，芬兰是号称互联网接入比例和人均手机持有量最高的国家。诺基亚公司成为世界上很强的一个通信企业，仅靠在芬兰发展每人一部手机成不了大气候，它主要的力量不在本土，而是分布在世界各地，有相当大一部分在中国，制造业包括销售都在中国，靠的就是创新品牌。你要问诺基亚公司倒退到35年前是干什么的？它不是干这个的，它是做塑料制品的企业，做饭盒之类的产品。当时公司经营发展遇到了很大的困难,要倒闭了,有人——包括政府——给公司出了个主意,建议它到高科技产业闯一闯。公司于是就选择了通信业,结果走出了这条路,成为世界上的一个大企业。据说诺基亚一年的销售收入占芬兰GDP的40%。那么芬兰就是靠这个公司闻名世界的吗?不是,芬兰人的创新意识非常强,芬兰还有一个Linux操作系统闻名世界。

Linux操作系统诞生于1991年10月5日。它的发明人林纳斯·托瓦兹是当时赫尔辛基大学二年级的学生,Linux的诞生充满了偶然。托瓦兹经常要用到他的终端仿真器(Terminal Emulator)去访问大学主机上的新闻和邮件,为了方便读写和下载文件,他自己编写了磁盘驱动程序和文件系统,这些后来成了Linux第一个内核的雏形。当时,他年仅21岁。托瓦兹利用个人时间及器材创造出了这套当今全球最流行的、约占30%的市场份额的操作系统。这个事情是学生干的大事。传统观念中都觉得小国干不成大事,但是它们闯出来了。过去在工业经济中,像芬兰这样的小国,不可能影响世界,但是它们今天的影响力很强,靠的是创新,是聪明才智在全球创造的价值,谁对它有利它就和谁合作。今天我们的机会和机遇也在这里。

(2) 韩国的创新精神

韩国地处朝鲜半岛南部。1950年朝鲜战争以前,朝鲜半岛南部是搞农业的,北部是搞工业的。它原来的基础并不好。朝鲜战争以后,韩国的人均GDP不到50美元,生活非常困难。韩国社会各界和政府转变了思路,开始搞工业。大家通过分析就会发现,朝鲜半岛南部区域不大,并没有丰富的矿产资源,人口4700万,发展传统产业很难。在资源缺乏、国内空间狭窄的情况下,只能发展不依赖国内资源的外向型经济。通过不断地实践,他们选择了发展高科技产业。韩国现在相当大一部分高科技的产业在中国,它走出韩国的国门,靠自己的智慧来创造,在这个过程当中他们确实走了一条很成功的路。二十世纪八十年代初我在美国,那个时候我们在那里进修,韩国人也在那里进修,结果他们回去支持三星等公司发展微电子芯片成功了。现在三星集团在世界信息产业的创新竞争中居于前列。三星集团取得今天的辉煌极不容易。二十世纪九十年代初前后,三星集团经营不顺,每年亏几亿美元,连续七年不盈利;1998年遭受亚洲金融风暴冲击,三星集团处于危机之中。我曾问三星集团在华的负责人,这么高风险的艰难决策,你们怎么下的决心?他毫不犹豫地回答是源于他们董事长的创新意志和胆识。正是这些有创新全球化发展视野和自信心的人,在韩国实践创新驱动发展的道路,使韩国人均 GDP 超过 2 万美元,成为亚洲少数几个进入创新国家行列的新型工业化国家。

韩国人认识到这个时代的机遇,迎上去奋斗了,他们经受了各种冲击的洗礼。1998 年亚洲金融风暴,韩国告急,韩国妇女把金银首饰拿出来卖,渡过难关,并得到国际货币基金组织 580 亿美元的援助,使自己在相对较短的时间内摆脱了金融危机,现在又是好汉一条。

(3) 以色列的创新奇迹

以色列地处欧亚非三大洲结合处,人口 813 万。全国总面积为 2.5 万平方公里,但是大约 50% 是沙漠,土地贫瘠、资源短缺。就在这样的地方,以色列发展成为中东地区最为强大、现代化的经济发达国家。以色列属于混合型经济,工业化程度较高,以知识密集型产业为主,高附加值农业、生化、电子、军工等的技术水平较高。以色列总体经济实力较强,竞争力居世界前列。这样的发展令人惊奇。更让人叫绝的是,它的农产品在全球市场创新中独树一帜,你能相信吗?

1992 年,有一次我和以色列驻华科技参赞萨瑞格先生交流,我说中国农业发展效益低、困难很多,每年中央一号文件就是讲"三农"问题。他说:"马先生,你弄错了,我认为农业是可以赚钱的,不是落后的,而是先进的、高效益的。"他就举以色列的例子,以色列的国土面积小,又有一半是沙漠,气候环境也不利于发展农业。就在这样的环境下,他们立志发展市场化的高效农产品参与国际竞争。他们的技术创新路线:一是用人造小环境,在塑料大棚内种植蔬菜和水果,使农产品作物种植生长不受季节变化的影响;二是发明滴灌节水新技术,解决了干旱缺水的问题。农产品竞争模式:一是利用季节差,欧洲市场冬天是蔬菜水果的淡季,农产品上市能卖个好价钱;二是提高产品品质,优质优价获取高附加值。我问他以色列是不是准备在全球建跨国公司生产和销售农产品?他回答说,他们是卖优良的种子,由买家自己种植和销售——以色列的种子是按粒卖的!

把不可能做到的事变成可能,以色列是个典型。以色列的创新事迹让全球羡慕,在全球的知名度很高。他们从不满足于现状。所以从这件事情我们得出的启示是,有的国家虽然面积小、自然资源缺乏、人口少,但是它们的人口素质高、敢于创新,能够在全球化发展中找到机遇,强调企业创新就一定有机会翻身。在我和以色列参赞的谈话过程中,我说中国是大国,可能转变起来会很难。他说:"马先生,我和你开个玩笑,你们中国如果愿意租一部分地方——任何一部分地方,你们认为最差的地方也行——给我们以色列,我们就能把它变成世界第一。"我回顾这句话就是想告诉各位,你们是没想,你们要是想的话就可以。为什么以色列行你却不行?这个例子告诉我们的非常重要的道理就是,改变面貌,在全球化竞争中获得机遇要靠智慧,要不满足于现状,要去创新。

3. 中国的重大创新战略抉择

正是基于对全球形势的认识和判断,我们做出了一个非常重要的决定:在2006年提出要建设"以企业为主体、市场为导向、产学研结合的技术创新体系",强调企业创新,把它作为国家今后重大的战略抉择。这件事情为什么如此重要、有如此深远的影响?当时的国务委员、人大副委员长陈至立说:"这是总结我国50多年经济建设和科技工作的经验教训,借鉴当今发达国家和新兴工业化国家的成功做法,做出的具有全局意义的重大抉择。"把经验和教训并列,我个人理解有非常深刻的含义,历经50多年的摸索我们才明白企业在技术创新中的主体地位。此前,我们国家的创新资源几乎80%—90%集中在大学和科研院所,企业几乎不创新。大概在2003年时,我们从集中调研中得知,就算是做创新的企业,仍有76%的没有做到。在一次企业家座谈会上,普遍认为"不搞创新等死,搞了创新找死"。大家一定会问,在这种情况下,我们靠什么使经济高速增长并成为世界经济总量第二大国?难道这个辉煌背后有什么问题吗?我想答案很多人都已知道,在这里用我个人的理解做个说明。

自改革开放以来,中国融入世界全球化大潮中,使经济持续高速增长,成为世界第二大经济体。支撑这个经济发展奇迹的是中国22种工业品产量居世界前二。比如:

2009年制造业在全球制造业中占15.6%,全球第二;

2009年水泥产量已经占世界总产量的60%;

2010年粗钢产量占世界总产量的45%;

2010年煤炭产量占世界总产量的45%;

2011年电解铝占世界总产量的40%,居世界第一;

2011年造船完工量占世界市场份额的42%；

2011年彩电、手机、计算机、集成电路产品产量世界第一，占全球出货量的比重分别达到48.8%、70.6%、90.6%和23.9%。

粗略分析可以看出这些重大成就背后隐含的问题。一是水泥、粗钢、煤炭、电解铝等大多数是粗放型生产，资源、能源消耗巨大，带来的环境污染严重。表1-1是能源消耗的国际比较，从中可以看出，2009年中国的GDP总量与日本相近，但煤的消耗是日本的14倍，石油的消耗是日本的2倍。

表1-1　2009年中、日、美三国能源消耗比较

	中国	日本	美国
GDP占世界份额(%)	8.6	8.7	24.3
煤消耗(%)	46.9	3.3	15.2
石油消耗(%)	10.4	5.1	24.3

二是国际上常用劳动生产率来衡量一个国家的制造业水平，表1-2是劳动生产率的国际比较。

表1-2　2008年中国人均就业者创造GDP(5 855美元)国际比较

	中国	俄罗斯	日本	美国
中国就业者创造价值相当于(%)	100	24.7	7.7	5.9
1份工作量需中国人数	1	4	13	16

从表中可以看出，中国制造业与先进国家劳动生产率存在很大的差距，主要是因为中国制造业拥有的自主知识产权少，都是劳动密集型生产，低成本制造。例如，一台笔记本电脑价值万元，中国厂商仅获得几十元的利益；卖每一台电视机都要支付国外公司的知识产权费用。

上述问题已经成为严重制约中国可持续发展的瓶颈，从国际经验看，是碰到了所谓"中等收入陷阱"问题。像巴西、阿根廷、墨西哥、智利、马来西亚等，在二十世纪七十年代均进入了中等收入国家行列，但直到2007年，这些国家仍然挣扎在人均GDP 3 000—5 000美元的发展阶段，迟迟不能进入高收入国家行列，并且见不到增长的动力和希望。

世界银行认为，经济体从低收入成长为中等收入的战略，像拼资源、高能耗和低端制造等，在向高收入经济体攀升时不能重复使用，必须转型升

级。而这些经济体难以摆脱以往由低收入进入中等收入的发展模式及复杂技术、社会和政治的挑战，出现了经济增长的停滞和徘徊。敢问从"中等收入陷阱"突围之路在何方？走出"中等收入陷阱"国家的经验表明，需要坚持自主创新、调整经济结构。这方面有成功的案例可以借鉴。陈至立副委员长指出，我们还借鉴了当今发达国家和新型工业化国家，包括韩国、新加坡等国的成功做法。实际上，它们成功经验中最核心的地方就是融入创新全球化发展的大潮中，坚持创新驱动发展，技术创新以企业为主体，在全球市场竞争中由企业实现创新的价值。

四、企业创新发展的问题探讨

1. 硅谷创新者创业模式

硅谷的发展是一个神话，但也是个现实。在硅谷是"创新者创业，创业中创新"。硅谷这个名字的由来，应从二十世纪五十年代晶体管发明开始说起。1947年美国的贝尔公司发明了晶体管，1956年发明晶体管的科学家因此获得了诺贝尔物理学奖。1948年有人跑到贝尔公司说我愿意购买你们技术的使用权，我去生产晶体管，所以1950年左右晶体管生产已经普及，到了1956年晶体管生产已经在全世界应用扩散。这位诺贝尔奖获得者动了凡心，他带了八个徒弟，在旧金山附近，即现在的硅谷，成立了肖克莱晶体管公司。大家知道科学家的本性是喜欢跟别人讲道理，一天到晚辩论，结果这个公司两年就垮台了。肖克莱跑到大学当教授，然而这些徒弟很不服气，觉得自己的开创性尝试是可以成功的，几番折腾后他们成立了英特尔公司，终于发展成芯片王国。创始人之一罗伊斯对芯片发明有重大贡献，如果活着，2001年因芯片而获得的诺贝尔奖他应分享。英特尔公司开发的新芯片吸引了许多有创新思维的新技术应用者在它周围创办公司落户；一些高新技术的发明者发现来到这里，可以不向企业转化其技术成果，而是自己设法创办高技术企业，直接从事商品化工作，实现自己的创新梦。硅谷吸引了敢于冒险、不怕失败的学生创业，造就了一批闻名于世的科技创新企业家，成为国际上最先进的技术和产品发源地。由于晶体管和芯片用的主要原材料是硅单晶片，因此把这个吉祥地取名为硅谷。这件事情震动了世界。大家好奇美国怎么那么快就有新产品出来,所以就发现了这个地方。硅谷创业创新模式,被誉为二十世纪后半叶的伟大创举。

硅谷成了创新的策源地,各个国家、地方模仿硅谷创新者创业的创举,在全世界兴起了创办高新技术园区的热潮。二十世纪后半叶中国认识到这件事情的重要性,大力推动有志创新者下海创业,促进了民营创业企业的发展。1991年,国家开始创建高新技术产业开发区,到2010年大概有80多个。我想告诉各位的是现在我们开发区的实力如何。我这里有几个数据。原来只有57个的时候,高新区收入75 000亿元,现在到10万亿元。那么有多少家企业呢?现在有59 000多家高新技术企业,北京中关村号称有18 000多家。1991年创业的时候整个高新区的产值是80多亿元,到现在增长了4 000倍,年增长25%—30%。更重要的是能够把中国企业创新的氛围营造起来,进入一个新的历史阶段,所以高新区仿照硅谷模式创办,在中国是非常成功的。更为突出的是,我们过去认为跨国公司是发达国家的专利产品,在发展中国家是不可能的。倒退30年回去,中国没有一家跨国公司;倒退20年,中国的跨国公司是小弟弟,被人看不起,就只有几个人、几百个人的规模;而今天中国出了一批令世界刮目相看的跨国公司,比如华为、中兴,这两家都在深圳,联想总部搬到了美国,还有山东的海尔、海信这样一大批跨国公司,它们都是靠创新竞争产生的。过去,中国企业根本背不动研发投入;现在企业做大了,像华为,2010年研发投入25亿美元,2009年投了20亿美元,十分厉害。2004年中央财政拿出400亿元人民币支持研发,按1∶8来算相当于50亿美元,但是外国有的跨国公司一年就有50亿美元,我们整个国家才50亿美元,根本不能比。但是现在华为一家企业就投入20多亿美元,它在通信专利方面占行业专利的36%,自主知识产权到这个阶段是非常厉害的。所以硅谷模式的借鉴在中国取得了成效,不是说只有发达国家可以,发展中国家也可以。

2. 竞争合作的日本联合技术攻关模式

在创新全球化发展里,日本政府组织了技术创新联合攻关模式。1976—1980年,日本政府组织集成电路1微米芯片技术联合攻关,他们认为1微米代表了当时的世界水平,现在0.5微米已算是世界的落后技术,但是那个时候美国也没做成。因此日本在讨论当中就考虑如何在科研中与美国平起平坐。他们认为在纯粹的科研方面赶上美国、超过美国有很多困难,但是在生产技术方面则有可能性,这个可能性就在集成电路上。他们通过分析后发现当时日本任何一家大企业都不能和美国较量,但是联合起来则有可能。因此日本政府就把六家生产集成电路的日本公司联合在一起,由日本一个研究所的所长牵头组织产学研联合技术攻关,一旦技术突破就可能在集成电路芯片制造技术方面超过美国。具体做法就是政府出一半的钱,这六家公司出一半的钱。

联合攻关策划中碰到的最大困难不是研究所、大学介入后的矛盾,而是参加攻关的六家公司是同行冤家、市场的竞争对手,它们之间"鸡犬之声相闻,老死不相往来",常常为对手在市场上失利等而幸灾乐祸,甚至落井下石。刚开始的时候这六家公司认为不可能合作,而且不同意互访,因为这六家公司在市场上是竞争对手,相互之间都不能互访,一互访就会被窃取机密,政府现在说联合攻关,大家都认为是不可能的。但是最后政府出了一个招,把整个创新过程分成两个阶段。

第一阶段的目标是共性技术研发突破。六家企业制造芯片都需要高水平的关键技术和设备,各搞一套既会重复耗费大量的人力、物力,而且各家实力单薄难突破;将各家企业结合在一起互相取长补短则有可能突破,而且不损害任何一方的利益。

第二阶段是产品开发和市场竞争。政府所共同攻关突破的技术成果共享,各家掌握了技术,回去制造什么产品,各显神通,政府不管,开发的新产品照样在市场上竞争。

日本政府对企业的影响是比较大的,所以企业半信半疑地接受了。攻关从1976年持续到1980年。1980年,日本专家在美国的杂志上公布了1微米芯片技术攻关的文章,并取得了大量专利。这件事情使日本的生产技术走在了世界前列,影响非常大,后来就成了一个非常重要的模式在推进。这里讲一个故事,大家知道在二十世纪九十年代初海湾战争的时候,日本有人写了本书——《日本可以说不!》,这里面主要涉及的就是芯片的优势,因为海湾战争是美国兵用日本的芯片打的仗,所以日本非常自豪。从科技进步和经济发展视角评述,特别应当强调的是,把冤家对头的同行企业组织在一起,为了共同利益而联合起来协同攻关,它们最终成功地、高效地攻克了技术难题。这种组织方式的理念改变了世界上企业家的价值观,竞争对手不再是你死我活互不相容,而是产生了利益共享、双赢、共赢等新型协同创新模式。日本成功以后,1986年其他国家集中了一大批搞经济的技术专家到日本去研究其成功的秘密在哪儿,研究了许久最后得出的结论是:日本的国家创新体系运行良好,政府主导、协调各方面力量朝着一个共同的目标前进,最终获得了成功。

大家会关心,中国政府采用这种技术创新模式了吗?实际上,日本的协同攻关模式和中国的攻关模式几乎相同,但是我们的成效并不突出。究其原因,我认为,一是我们长期在技术创新中没有突出企业是创新的主体,国家、社会的创新资源过多地集中在大学和科研院所,造成技术攻关成果频传,但市场上鲜见到创新产品;二是不善于提炼共性攻关技术,突破技术辐射到产业和市场的带动和影响作用小;三是单纯靠技术观念,忽视了商业模式创新,突破的技术进入市场竞争难。

3. 创新思维的全球化

什么叫创新思维的全球化?我粗浅地将其概括为"三跳""三在""五流"。

"三跳"就是要跳出纯技术因素创新的圈子。我们一谈创新就是科学技术,搞技术的人都知道有了技术就会有创新,技术以外不叫创新。但是今天谈创新竞争的时候,有技术并不等于竞争优势就是属于你的。我给大家举个例子,现在搞国家科技重大专项,过去人家不卖给我们这种高技术产品,现在我们自己做出来了,市场上也马上就能见到我们的产品销售了,但是销售难,卖不出去!这不奇怪吗?我在上海参加了一个座谈会,与会人员有海归回来创业、加盟的,也有在国内创业的精英,向他们求教为什么卖不出去。企业家们分析:一是组织管理、市场开拓等商业模式很重要,这叫非技术因素创新。成果做出来后能不能迈出这一步是决定的因素,很多产品竞争不过别人就是因为跳不出技术圈子。二是创新通常起源于科学技术的变革和进步,但跳出了科技的圈子后,一定要调动经济、文化等社会各界创新的积极性,使创新融入社会,创建创新型国家,才能实现中华民族的伟大复兴。例如国际上评价日本经济奇迹时指出,日本整个国家创新体系运行良好,即全社会协同创新的响应机制非常好。三是创新思维要跳出"国家"这个圈子,融入全球的大潮中。中国最常见的通病是在强势政府掌控下划地为界、以我为主发展,很难与周边协同联动创新。然而今天我们站在全球视野看,要走出去,机会在全世界,不是在你这个地方,在你这个地方就是挖地三尺也翻不了天。芬兰、韩国和以色列等是在全世界赚钱才有今日的繁荣,我们不但不能划地为界,反而要跳出国界,融入世界,分享利益。

"三在"我已经在前面说了。简而言之,就是要整合全球资源创新,在全球组织生产,产品在全球销售。

"五流",是指社会主要的要素资源,人才、资本、物质、知识和信息都是在全球流动的,不是沉淀在某一个地方的,要在流动中找机会。例如,人才的观念一定要变。现在一个跨国公司办公室里的人才都是来自世界各地的,白皮肤、黑皮肤、黄皮肤坐在一起,共商世界大事。白皮肤懂得美国和欧洲,黑皮肤懂得非洲,黄皮肤懂得亚洲,大家在一起共同商讨发展机会。所以今天一个人也不得不在全球寻找发展机遇,你的机会不是在一个地方一锤定音。

现在对创新人才形象描绘的讲法很多,略举几例:"跳槽"是指不在一个单位工作一辈子,变换工作单位和工作性质,寻找到适合自身发展的工作。日本主管科技的部门曾做过一项研究发现,美国人一生中变换工作单位和工作性质的高达84%;日本人只在一个单位干一辈子直到退休的高于80%。他们的结论是美国创新思维活跃,成就突出,日本偏保守。"两栖"是指其人在一国有一份工作,同时在另一国还有一份工作,利用两处不同的创新生态,创造发展机遇。"候鸟"是指工作无定所,哪里适合就在哪里安家。"全球飞"是跨国公司的一些高管等,因跨国公司在全世界各地设有分公司,他们需要亲临现场协调和处理各种业务,不得不奔走于世界各地。例如,有的人周末在日内瓦度过,礼拜天晚上坐飞机到了美国;在洛杉矶开一上午的会以后,马上到日本继续做另外一件事情;在日本待了一天以后又到了巴黎,然后说有件事情要在中国办,就回到中国办点事,一周就这样度过了。我曾经在飞机上见过一位音乐演奏家,带着小提琴在世界各地演出,他说为了赶场,常常只能在国际航班上睡觉,有苦有乐。如今人才是流动的,而且在全世界流动。我们很多做法和理念都不适应,甚至造成了麻烦。现在大学生毕业找工作就把买房子看成重要的追求目标,买了住房就成了房奴,要还贷,你还会走动吗?其实你最好的机会在上海、深圳,甚至美国硅谷等,但是你在北京买了房,就背上了包袱。再如,我们许多地方招聘优秀人才,要求国内人才把户口迁到工作地,海外人才交回护照。听起来振振有词,实际是观念陈旧,很难留住杰出的创新领军人才。

4. 知识生产如何管理

工业经济的企业管理有非常权威的理论依据、完善的制度设计、成熟的管理规则、人人习惯遵守的操作流程。但是到了以知识为基础的经济环境下,企业如何管理知识生产,现在遇到了麻烦。我借用网上报道的案例来探讨,举 A、B、C 三家公司的例子来看看对知识生产管理的效果。A 公司早上 8 点上班打卡,迟到早退 10 分钟扣 50 块钱,统一着装,戴胸卡,公司每年组织一次旅游,如果你提 4 项合理化建议公司就考虑给你涨工资。B 公司 9 点上班,不考勤,办公室可以自己布置;走廊上、墙壁上可以随便写,过几天找个工人油漆一遍继续画;公司饮料柜台也不收费,上班想去游泳也可以,公司有游泳池让你去游。C 公司上不上班随便,穿什么衣服随便;可以带小孩、带狗上班;若不上班,和秘书讲一下,说度假去了也行;但不是没有任务,每个人都有任务。你们评价一下这三家公司谁经营管理得好?

按中国现行的常规管理方法评价,得分最高的应是 A 公司,实际情况并非如此。A 公司是从事高科技知识创造、生产的中国 XX 电子有限公司,1997 年成立,2005 年 7 月因为管理不善破产。这样的管理叫管理不善?按工业经济模式不好理解。它是知识经济属性的高科技公司,但是它的经营管理不适应知识生产的规律,于是被淘汰了。那么,知识生产的规律是什么?与传统的工业生产差异在哪里?我粗浅地认为,工业经济形态下的企业员工管理,是以体力劳动者的劳动量为主建立的考核指标体系,员工在监管者视线下干活;知识创造和生产是靠人的智慧火花爆发,你站在旁边逼迫、使他心烦意乱不会有创新,管得越紧其实越不好。B 公司是微软公司,现在微软在中关村大厦里面的布局大概就是这样,虽然没有游泳池,但是有乒乓球台之类的设施。它这样的管理主要是创造一个环境让你静下心来思考问题,让你有知识创造的机会。其效果是高水平成果不断涌现,如微软中国研究院成立五年左右,就成为国际上信息技术领域有影响力的企业研发机构。C 公司是谷歌公司。实际上这种调动员工工作激情和创新积极性的公司在发达国家已经相当普遍了。这表明,适应知识创造和生产的新管理模式已经出现。我想申明的是,中国是发展中国家,以知识为基础的经济成分非常薄弱,大多数企业的生产运营属于传统的工业经济。今天在北京大学探讨知识生产中的企业经营观念新模式没关系,因为你们还没创业。但我不是让企业家模仿这个管理模式,你模仿三天,公司就关门了。之所以不适应是因为这是人家多年形成的。

这件事情给了我们很大启发。知识经济时代,知识创造生产的过程就好像是自由活动的副产品,它不是靠自己整天埋头苦干或别人一天到晚施加压力,而是创造一个宽松的环境。在个性思维得到充分发挥的地方,创新思维才能不断涌现。过去在北京大学等高等学府中这种工作模式是非常普遍的,教授上完课以后时间可以自己安排,不用坐班。外国艺术家浪漫的故事就更多了。莫扎特在咖啡屋里喝咖啡,突然灵感一动,把餐巾纸一撕写出了世界著名的小提琴曲。过去认为搞文学创作的作家可以这样,从来没想过企业也可以这样干。今天进入知识经济时代,不是只有一个企业实施弹性工作制度,而是非常普遍。马克思曾预言在共产主义社会,劳动不再是一种负担和任务,而是一种享受:上午去打猎,回来洗个澡,下午睡一觉,回到办公室灵感来了就开始创造。这里供大家参考,只是要大家理解,要适应这样的时代发展,知识的生产、创造过程一定要改变模式。人类进入共产主义社会还很远,但似乎适合脑力劳动者的工作、生产方式的创新生态已提前到来了。

5. 创新的独特性与社会共识成反比

创新的独特性与社会共识成反比,越是奇特的创新,社会越不理解,需要较长的时间才能达成共识,这是一个规律。我讲一个故事,大家知道爱因斯坦和卓别林来往,爱因斯坦有一次看卓别林的演出,卓别林演得太好,全场几千名观众不断地鼓掌,感动了爱因斯坦。爱因斯坦到后台向卓别林祝贺,说你的表演太好了,所有的观众都被你征服了,你真伟大! 因为几千名观众里面有科学家、文学家、资本家、工人、妇女、老头等,什么人都有,他们都能够为你鼓掌,说明你的感染力太强了! 卓别林很幽默地回答说,你的伟大之处在于你的科学创造谁也不懂! 实际上,爱因斯坦的广义相对论时至今日世界上还是没有多少人懂。这就是科学技术创新的魅力所在,也是创新过程中遇到的最大问题。艺术是表现型的,而科学是有内涵的。因此我们理解到创新的独特性与社会的共识成反比,同时,这告诉我们当你有了创新,但人家说你什么都不是时,你千万别认为自己真的什么都不是,而要有自信心。他不理解你不见得是你不对,其实是他的悟性没到你这个程度。鼓舞创新人的自信心非常重要,但是我不是主张蛮干。有的时候顽固不化,碰得头破血流、倾家荡产又是另外一件事情。

你们当中或许有人会认为科学有点"玄虚",成果不容易被社会认同;而技术创新成果走向产业化、市场化的进程中不会有这样的问题。事实上,同样存在共识难的问题。我退下来十几年,不断遇到有创新思维的人找我说,他手上有很多专利产品,绝对世界一流,如果找个投资者他马上可以发财;我也碰到很多有钱的老板,特别是中国,现在暴发户也不少,他们现在也想冒冒风险干一把高科技,但是都没成功。我问他是因为什么?投资者说,专家对自己的创新成果说得头头是道,但真的可行吗?投资人希望专利拥有者能够卖几个出去看看,但是如果能卖出去也就不需要投资人了。今天的矛盾就在这里,这是一个普遍规律,你们以后出去创新一定要有这种思想准备。

这里以实例说明,产品创造过程中,创新的独特性与社会共识成反比,是一个世界公认的普遍现象。一个创新的成果被市场认识有个过程,都有滞后性,这就是创新和社会共识之间的间隔,通称创新产品的市场沉默期。

表1-3列的是国际上较熟知的几种创新产品投入市场后,因用户不理解卖不出去而出现市场沉默期。例如:微波炉发明后,产品在市场上经过20年才销售火爆,35毫米胶卷相机等了40年才进入销售高峰期,但是现在又被数码相机取代了,这就是创新的市场竞争。我们一定要理解,所以你投资时一定要想好策略。

表1-3 几种创新产品的市场沉默期

创新产品	市场沉默期(年)	创新产品	市场沉默期(年)
35毫米胶卷照相机	40	无酒精啤酒	6
圆珠笔	8	微波炉	20
信用卡	8	个人计算机	6
佐餐饮软饮料	10	电话应答机	15
干啤酒	9	磁带录像机	20
电子计算机	10	电视游戏机	13

6. 创新人才重能力

各位同学一定关心,在这个创新的时代,将来毕业如何找实践才智的机会,凭什么让别人发现自己、重用自己?学历、经历、能力都是我们经常关心讨论的问题。我们讲一个相关的故事。

社会招聘人才重视什么?2003年在北京,生产巧克力的瑞士弗斯贝利公司招聘员工,出了一个题目"请你用一句最简洁的话,回答四位著名的人士在说什么"。

第一位是诺贝尔物理学奖获得者、世界闻名的科学家爱因斯坦。1954年4月2日,苏黎世工业大学庆祝建校一百周年,请爱因斯坦去演讲。其中说道:"我学习中等,按学校的标准,我算不上是个好学生,不过后来我发现,能够忘掉在学校学的东西,剩下的才是教育。"他表达的是什么?

第二位是诺贝尔物理学奖获得者、美籍华裔科学家丁肇中。1984年6月4日他回母校清华大学演讲说,经常有学生问:"你在班上是不是前两名?像你一样的诺贝尔奖获得者是不是都是班上的前两名?"丁肇中回答说:"据我所知,在获得诺贝尔奖的90多位物理学家中,还没有一位在学校经常考第一,经常考倒数第一的倒有几个。"

第三位是微软公司创始人、世界首富比尔·盖茨。盖茨在哈佛大学二年级时就退学了。因为他后来成了世界首富,所以学校很看重他,特别是他捐了不少款。1999年3月27日哈佛大学邀请他在募捐会上演讲。美国的记者很挑剔,问:"你在学校没毕业,你是否愿意继续回到哈佛大学拿个毕业证书?你现在学历太低别人看不起,是不是要证明你自己?"比尔·盖茨向这位记者笑了笑,什么也没有说。大家知道比尔·盖茨后来是美国工程院院士,哈佛大学授予了他名誉博士学位。在这次募捐会上他又说了一句话。他对他父亲说:"您总希望儿子有个好的学历,有资格炫耀自己,然而我使您很失望,我大学没有毕业。但是现在您应该满意了,因为今天在哈佛大学我用自己的能力证明了我可以。"

第四位是美国前任总统小布什。他是耶鲁大学毕业的,布什学习并不专心,但是当了总统以后学校就看上他了,认为这是学校的荣耀。2001年5月21日,耶鲁大学授予他名誉博士学位。美国记者就问:"你当年在学校学习不怎么样,现在当了总统有什么感想?"小布什也很厉害,他回答说:"对那些取得优异成绩的毕业生,我说'干得好',对那些学习成绩较差的学生,我说'你们可以去当总统'。"

就这四句话,要让学生回答。在北京,有400多个硕士、博士报名,交了400多份答卷,最后只有一个人被聘用,参加了公司的开幕典礼。他的答卷是:"在学校里有高分低分之分,但是校门外没有,校门外总是把校门里的一切打乱重整。"在社会上不再看你的学历,更为重要的是看你的能力,要靠自己的能力闯一条路,你迷恋学历的话可能要失业。

我们今天要正确对待高学历。有好的学历固然很好,但知识是不断更新的,并不完全靠学历,不要过分看重那些经历。很多人就业喜欢找大公司,虽然做得可能并不好,但是填简历看着好。其实用人的人都知道其中的奥妙,工作经历只是参考,社会最看重的是你的能力。你有什么能力干什么事,这是公认的事情。能力从何而来?在今天这个学习的时代,更强调人才的创新能力。创新能力的不断提升,一是要靠不断的创新实践积累;二是要靠不断的目标明确的培训,学习知识、技能来充实提高。有针对性、目标明确地接受培训、获取新知识和技能相当于"充电",然后投入到创新工作中不断释放;过一段时间,遇到新问题要求解时再去接受培训,充实和提升自己的能力。人们把在创新中学习,在学习中创新驱动发展的生态环境,称为学习型社会。

非常感谢"北京大学三井创新论坛"的邀请,使我有机会同各位交流、向各位求教。我不敢说自己说得都对,只是表达了我对创新全球化和企业发展的理解,欢迎大家批评指正。

各位老师、同学是正在或将要为国家和世界做出贡献的栋梁精英,祝你们前程辉煌!

互动环节

武常岐:感谢马俊如教授非常精彩的演讲,深刻、有趣、生动。虽然提到的上述四位名人在大学里表现不太好,但是不管怎么说他们都到大学来了。大学是一个舞台,每个人都在这里扮演着自己的角色,社会更是一个大舞台,真正的考验在结束大学学习后的阶段。按照惯例,对于特别精彩的嘉宾演讲,三井创新论坛会安排演讲者与听众互动,今天我们就零距离地和马老师对话,下面提问开始。

问：我来自外交学院英语系。推动中国的创新要解决两个问题：文化和教育的创新。中国要少一点功利主义，多一些理想主义。我想问一下马教授，您如何看待创新无种子化的问题？

马俊如：我们探讨第一个问题，你刚刚讲的创新和文化的关系确实是非常重要的。我们平常讲创新的动力有两个方面，一个方面是内生的，一个方面是外生的。内生的就是你自己的个人素质；外生的就是环境，包括各种政治、社会环境。外因是通过内因起作用的，内因是根本，本人的素质是很重要的。

我讲一个现代现实的问题。你们在学校里会有感受，今天社会上科技界比较浮躁，大家不安于创造，而是急功近利。虽然政府有责任纠正整个情况，就是你说的文化，但是最主要的还是自己。科学家不要随波逐流，应该有自己的主见、自我的认识、自我的修炼。随波逐流的人往往没有好的创新思维，有独特创新思维的人往往并不随波逐流。举个例子，中国的科学家陈景润，在社会环境最恶劣的情况下把哥德巴赫猜想弄清楚了。我讲这个极端的例子并不是倡导一定都要在他那种环境下，只是首先要讲主观方面的原因。第二讲文化，现在社会环境中有急功近利这个问题，原因有两个方面：一个是近50年来的环境影响，对知识的创造是不尊重的，要纠正"文化大革命"的影响不是一代人，而是几代人的事情，这是一个文化的环境问题。另一个是政府的急功近利，政府希望在短期内显示业绩，产生短期效应，这个影响是很厉害的。那么该如何纠正？我想应该在社会环境中创造这个氛围，人自身首先要愿意纠正，并且影响这个社会才行。

问：您刚才说的智商、情商、冒险精神，与现在青年人的精神胜利法之间有什么关系？

马俊如：阿Q精神我觉得是一种心态的描述，我想这是少数人的心态。我们现在经常提的创新是自我修炼的东西，现在要讲科学家精神、企业家精神，要有胆识和勇气做事情，相信自己做的这件事情是对的，能够承担失败的风险；阿Q好像没有追求的目标，别人打了他一下他还认为是自己胜利了。这和有崇高的目标并以之为动力的追求是两回事，我们认为应该要有目标，科学家和企业家都是在有追求的情况下来实现目标的，和阿Q可能是有所不同的。

问：马教授，您讲到中国近几年高新技术产业发展、园区发展非常快，是不是这里面也存在重复建设的情况？比如您讲到产值发展到4 000倍，有七八十个，有些沿海的城区搞产业园区，省会城市在搞，有一些县也在搞，到底现在的现状如何？它们中有一些是不是也比较低端？或者就是打这样的噱头，并不是做真正创新的事？

马俊如：不可否认，其中有一些盲动性，但主流是正确的、健康的。我个人认为重复建设的概念是计划经济时政府经常讲的概念，在市场里面没有这个概念。市场经济里面的竞争就是你做我也做，赢者为胜，你找到自己的步调就行了。所以平常讲市场概念，在竞争的过程里不讲重复建设，资源是抢过来的，别人做不等于你不能做，你有把握赢他就行。回过头来说，我想这也是政府官员急功近利的表现引起的。他不根据本地的实际情况和自己的一些分析判断做事，而是脑袋发热，看到人家有了我也要有一个。我举个例子，在天津建了一个超级计算机中心，叫天河，得了世界第一，这肯定是件非常值得骄傲的事情。中央党校省部级班都到那里参观，那些人都是省委书记、省长，他们都是决策者。他们到那里看了以后不仅开眼界、受鼓舞、引以为傲，而且想我自己的那个地方是不是也来一个？天津建一个我为什么不能建？这也对。问题在于，他并没有想我为什么要建。回去建了超级计算机中心，建起来后应用目标不明确，成为消耗人力、物力的摆设。现在很多人就在反对这样的事情。因为官员有权、有钱就干，建起来到底有没有那么多人去也不管，他只认为这个了不起，如果下次第一到了我那儿，目的就达到了。他就是在显示政绩。

问：马先生，我来自企业，非常赞同您刚才说的观点。创新有内生性和外生性，关于外生性创新我觉得就是国家现在提出的建立创新型国家的战略。但是关于每个人内生性的创新，最主要的还是来自于人。现在提在大学创新、研究院创新，我有一个观点是：人的创新最开始应该从幼儿园的孩子抓起。刚才举以色列那个案例我觉得挺好，以色列那些幼儿园的孩子一回家，家长经常问他你提了什么问题，而我们经常说学了什么知识，有时候我们学的知识和思维模式限制了我们的创新。我的问题是我们的创新是否应该从娃娃开始抓起？我现在看到农村里的孩子很大一部分是上不了幼儿园的；城市中幼儿园老师的素质，包括教育的体系我觉得都非常差，我想听一下您的观点。

马俊如：您提创新思维、承担风险、自由探索的精神应该从小开始，这就是前面提到的文化创新的问题。二十世纪八十年代初我在美国的时候，有几次在住处听到敲门声，开门一看是我不认识的几个小孩拿着报纸在卖。他们有礼貌地问："先生您要订报纸吗？"小孩大概只有六七岁，两三个小孩一起来的。后来我问朋友，他们说美国父母鼓励这些小孩子做服务，卖报纸赔了钱父母不但不责怪还给他补贴，告诉他你没有赚钱，我给你补了；超市里有很多初中生自己去打工，并且形成了这样的风气。并不是没钱的人这样做，有钱人也是这样做的，这是一种文化。我在康奈尔大学时，当时前任校长的儿子设计了一个马桶盖，父母大加赞扬，美国很多教授也说你儿子有独立思想，设计了一个马桶盖。在中国可能就会说你很没出息。在美国，这就是告诉你，每个环节都可能创造。他们有这种文化，让人有抗风险的能力。人一定要受点折磨才行，所以他们鼓励孩子做一点有风险的事。我们国家现在遇到的最大的困难、很多教育家和社会科学的科学家研究探讨最伤脑筋的问题就是娃娃教育的问题。现在不是让他锻炼、经风险、闯世界，而是六个人带一个孩子，上学、放学都在门口像迎接首长一样地排队接送孩子，这怎么行？这是我们创新能力从小不能得到加强的一个很令人头疼的问题。现在大家都在伤脑筋，但依然没有解决。

问：马老师，您原来在外国专家局工作，您怎样看待现在中国的智力资源利用率的问题？还有长期的创新机制的建设，您刚才提到中国的换届经常会影响到常态化的东西，包括教育、创新。有没有一种可能性，通过建立一个什么样的机构，保证这些不受政治变化因素的很大影响，从而保证长期创新的延续性？

马俊如：先回答后面那个问题，经常换届的事情怎么办。如今我们进行体制改革，就是要改这个问题。不过现在还没想出解决的办法。我经常参加各种会议，大家都在呼吁国家改革，解决短期行为方面的问题，到现在仍然在不断地探索当中。今天晚上我这个答卷肯定是无法让人满意的。

你前面讲智力应用。中国非常重视智力的开发应用，中国的父母望子成龙，特别是现在多是独生子女，从社会意识上重视获得知识，总是希望子女将来为社会发挥作用。问题在于我们有的没找到规律，把智慧引导到另外一个方面了,没做好这些事情。这受过去几十年的意识形态里一些错误思潮的影响很大。现在大学里自己办公司、搞产品生产的人中没有很多成功的,就算你做出一点业绩,但如果是专业的公司来做肯定比你强多了。大学就是搞人才培养和知识创新的,新产品开发应该由企业来搞,大学当好帮手就行了。在大学里搞产品创新,自办公司经营,不是学者的专长。有一位著名大学的校长前几年告诉我,学校召开办公会议时80%讨论的是校办企业怎么运营、劳资纠纷怎么解决。后来,教育部一再否认教育搞产业化,试图纠正这股歪风,但要试图消灭这个影响很困难,涉及各种利益。延伸到现在的毛病是什么?大学科研的很多目标是瞄准产业的,瞄准生产时如果是帮助企业做绝对是正确的,现在要自己领头去做就错了。因为是企业在前面闯市场,只有主力军才知道市场是怎么回事,你在后面不知道酸甜苦辣。所以现在逐渐调整创新资源,技术创新以企业为主体,大学和科研院所配合。我们现在很多教授担心,这样做了以后怎么评价我的工作?人家说发表两篇论文有什么用?我没有东西怎么说明我的成果?明明知道在国外都是这么干,但回来就不敢这么干,包括海归在国外都是自己想干什么才干,因为那个环境告诉你只有这样的竞争才行,回来就是想继续钻研学问。但后来发现钻研学术的课题申请得不到资助和公正的评价,最后屈尊,一天到晚做产业化。这是一个非常大的问题。我们应当尊重科学技术研究开发的规律,在此基础上搞高层次人才的培养和学术研究,这一点很重要,要做好这件事情我还是认为自身的能力非常重要,要自己有判断,相信自己的创造。如果我们都能这样做就培养了一个好的氛围,那就是良好的创新生态。

问:您刚才最后说四位名人都是对传统的颠覆,用传统的观点看他们都不是特别优秀的人,还有前面举到的几个例子都是创新非常有建树的国家或者地区。但是我发现它们在对于传统文化的延续和尊重方面也做得很不错,包括韩国、日本等。当然也有不好的,比如欧洲之前对于传统延续得不错,但这几年并没有表现得非常优秀。我的问题就是我们现在很多企业家在谈国学,到底应该怎么处理创新与传统的延续关系以及对传统的颠覆问题?

马俊如:今天我先讲了颠覆性的东西,让大家知道在知识创新的时代追求的突破是什么,但并不是要否定传统。创新的文化是在继承的基础上发扬的,有些东西是要改变的,但有些是不能改变的,甚至被遗忘和否定的好传统还应该找回来。我们经常讲中国的儒家文化、汉文化与创新是矛盾的,实际上国际上实践了半个世纪的知识创新过程,认为中国的传统文化在创新文化中占有非常重要的位置。举个例子,很多中国的古书在教学中不学了,而日本却规定要学习四书五经。二十年前,我请日本日立化成公司董事长横山亮次先生演讲,关于中国的传统文化在引领世界高技术潮流里面发挥的作用,他讲了一个"和为贵"的观念。他说,传统的竞争都是你死我活的,实际上最后发现在创新中到处树敌是得不到支持的,因为你要整合全球的资源创新,要融入各种元素。对一个创新的企业家来说你的创新文化要讲究"和",要听得进别人的意见,最重要的是要考虑别人的利益,要学会与别的企业分享利益。他认为,这样改变了传统的意识后,创新就成功了。

问:马老师,我是一个企业的管理者。请问作为中小企业在融入全球经济化的浪潮中应该注意什么,或者朝什么方向考虑其发展?

马俊如:企业技术创新的基础是中小企业。我想硅谷创新者创业的经验就是关于中小企业的,并不是大企业。但是,今天讲引领潮流的创新发展是关于跨国公司的,因为大企业实力强大。大企业是由小企业成长壮大形成的,所以小企业是基础。硅谷的模式在全世界被描绘成二十世纪后半叶的伟大创举,它使我们找到了创新的道路,即培育小企业使其发展成大企业。今天要讲创新的灵活性、创新思维的活跃性绝对是重要的,我们国家花了那么多精力投入开发区的建设中,就是看到创新的基础是中小企业,全国有5万多家中小企业,中关村每年大约有几百家、上千家企业要消亡掉,再建立一两千家企业,这就是不断消亡、不断建立的过程,中小企业绝对是重要的主力军、奠基人。谢谢!

(演讲时间:2011年6月2日)

第二篇
全球竞争与中国企业创新模式

武常岐：北京大学光华管理学院教授、北京大学国家高新技术产业开发区
　　　　发展战略研究院院长

非常高兴今天有机会和大家分享过去几年的研究心得和一些看法，今天的主题有两个关键词：国际化和创新。过去五年我受国家自然科学基金的委托，在研究中国企业国际化战略问题，未来五年还将在这个方向上继续深入，就中国企业对外直接投资和跨国并购问题进行研究。

中国改革开放三十多年来，经济飞速发展，发生了非常大的变化。我们在这里讨论的创新和国际化给中国经济带来的影响，是在全世界其他国家都很难看到的。今天晚上我们交流的话题就是如何解读经济的全球化，以及全球化背景下中国企业面临的竞争环境会发生什么样的变化。

在外部环境日益复杂的动态情境下，中国的企业普遍面临着如何在全世界不同市场上不断提升自身的竞争力并实现可持续发展的问题，这就要求企业不断地进行创新。这次论坛的名称是"北京大学三井创新论坛"，这个论坛本身就是一个国际化的平台，其关键的内容是创新经验方面的分享。三井物产是日本一个非常著名的商社，是个全球化的机构。2006年，三井物产希望在中国市场中加大投资，除了投资之外还想为中国

做点儿什么。在此背景下,三井物产和北京大学合作设立了"北京大学三井创新论坛",希望通过这一论坛搭建一个世界500强企业、国内政府官员、研究学者交流分享的平台,这种形式本身就是全球化的一种展示。

什么是经济全球化?经济全球化意味着主权国家之间的经济联系变得越来越密切。哈佛大学的教授潘卡吉·盖马沃特,最近出版了一本名为《世界3.0:如何实现全球繁荣》的著作。潘卡吉教授谈道,在几千年以前,当时的世界和今天的世界有很大不同,当时的社会组织主要是部落和氏族,没有很严格的国家边界。随着经济的发展,国家、国界、主权的概念越来越强,这就是1.0版的世界。过去两百年,随着资本主义国家工业经济的发展,资本的要求推动了全球化的进程,这是2.0版的世界。在这个世界中,国家起着非常重要的作用,但是国与国之间通过贸易和投入的联系越来越多。1820年以后,虽然有两次世界大战和中国的一些事件的波折,但总体来看,这个世界变成了一个全球化的世界,也就是今天的世界,今天的经济格局和中国的改革开放密不可分。中国在1978年开始改革开放,占世界人口1/5的国家开始拥抱全世界,紧接着苏联、印度、巴西也开始对外开放,拥抱全世界,逐步形成了一个真正全球化的世界,这就是世界的3.0版。未来什么样?他认为国家色彩还会进一步淡化,但需要更强的治理结构。

比如欧洲的债务危机,问题的根源在于欧洲范围内没有一个超国家的治理结构去协调和管制主权国家。希腊的财政政策或者货币政策造成了其很大的财政赤字,甚至危及整个超国家结构的存在能力,就是因为希腊的货币政策和财政政策缺乏协调。我们有自己独立的货币政策,可以征税和制定财政政策。但因为中国的贸易占整个GDP的比重不超过1/4,所以在汇率和货币政策问题上存在与其他主要贸易国家共同协商制定规则的挑战。

今天我们主要讨论经济全球化如何影响企业全球的竞争和经营。由于历史或地理原因,世界各地都形成了本土的市场,经济全球化打破了这种现状,进一步解释了竞争在世界范围内展开的逻辑。经济全球化给大家带来最重要的好处,是分工可以在更大范围内展开。比如现在中国是法国葡萄酒的最大销售国,如果没有全球化,法国的葡萄酒可能就销售不到中国等国家。美国的军用设备甚至是军用飞机,相当一部分是采用中国企业的零部件。虽然很难讲中国的零部件影响到了美国的军事能力，但美国自己做的成本只会更高。可见，全球化已经渗入各个领域中，连军品采购都已经国际化了。

在2011年的一个国际论坛上，有位高层的官员发表了这样一个观点：中国经济的对外依赖程度实际上并不高，中国的经济增长主要靠内部资源推动。这位官员提出这个观点是针对有人指责中国企业在全世界掠夺资源而提出自己的不同意见。虽然结论正确，但推理却是错误的。在过去三十多年的经济发展中，中国从其他国家进口了很多铁矿石和木材等自然资源，这样的结果是带动了这些国家的经济增长，而不是中国掠夺他国资源，事实上，拉美国家和东南亚国家的经济增长是和中国的经济增长密切相关的。相关数据显示，过去一二十年哪些国家向中国出口能源、原材料、矿产品等多，经济增长就快。巴西之所以成为拉美国家中经济增长的佼佼者，除了其国内的因素，还因为中国是巴西矿产资源的主要买家，全世界最大的铁矿石运载船就来往于巴西和中国之间；巴西企业在中国造船厂订船，把巴西的铁矿石运到中国来。不仅中国在经济增长中带动了一些国家的经济发展，日本也是一样。日本本身没有什么自然资源，同样依赖于进口能源和资源，进口过程中也使资源价格有所上升。经济全球化本质上是一种分工，使得参与全球化的各个国家都受益，有好的经济增长。

对企业来说，经济全球化的主要影响是什么呢？首先，它会使得竞争加剧，使得每一个企业都变得很渺小。企业市场影响力的一个指标是它的市场占有率，市场占有率越高，企业在特定市场里的影响力就越大。例如，北京有一家在全国有一定影响力的企业——燕京啤酒。燕京啤酒在北京市场的占有率大概有80%；在整个华北市场，其市场占有率降到50%；在全国市场，其占有率就进一步降到了10%左右；而在全世界，它的市场占有率就更低了，只有不到3%。如果一个企业在全球产品市场中占有率不到3%，就不是一个很有影响力的企业。但从另一个角度来讲，市场占有率不高也有积极的一面，也就是企业的成长性可能会变得很好。比如一个市场中一家企业的占有率为3%，这应该属于中小企业。如果通过企业自身的努力和创新，使得企业的市场占有率增加到5%，就相当于增长了2/3。而对于市场占有率高的企业，这样的增长几乎不可能。所以小微企业的成长性好,是产品和服务的全球化带来的结果,海阔凭鱼跃,天高任鸟飞。从很多案例可以看出,中国企业中做得比较好的、竞争力强的,一定是以全球作为其目标市场的。

有人会提出疑问,企业着眼于全球市场会不会和扩大内需产生冲突?其实经济全球化和扩大内需并不矛盾,为什么呢?尽管国内经济增长很快,中国GDP总量目前占全球经济总量的比例大约为12%,这意味着中国以外的市场占全世界市场的比例接近88%。作为一个有竞争力的企业,是仅仅在12%的市场上做文章呢,还是在88%的市场上做文章?答案是显而易见的。当然前提是这些企业需要有拓展全球市场的能力。

随着经济全球化的继续深入发展,生产要素的配置也是全球化的。企业需要的生产要素有人、资金和技术,全球化给我们更好的机会去配置,不论是在现在还是过去的资本市场。今天的银行可能是我们企业发展的主要资金来源,但资本市场改变了企业融资渠道。我们有上海证券交易所和深圳证券交易所来进行直接融资。但是还不够,企业上市要排很长的队,有时候很困难。新能源、互联网等行业的企业绝大部分都在境外上市,比如无锡尚德的施振荣也曾到这里做过演讲,他的公司就是在美国上市的;还有一些互联网企业,例如新浪、腾讯、百度等,正因为在国内上市比较困难才去美国上市。

当然,经济全球化中资本市场全球化也带来了很多金融风险,像欧洲的欧债危机。欧债危机中,德国和法国看似是在拯救希腊,实际上是拯救它们自己。因为希腊政府债券的购买者是德国和法国,拯救希腊实际上是拯救德国和法国自己的银行。

在过去的一段时间里,相比中国改革开放引进的外资和贷款,限制比较多的是人力资本的流动,即移民相对来讲比较困难。现在比较典型的一个全球化的行业是体育。中国现在很多球队引进了很多外援,实际上都叫外籍球员,也聘请了很多外籍教练。美国NBA总要请一个或两个中国球员,因为中国是NBA的主要市场之一,体育观众是很大的市场人力资本。中国和日本距离比较近,也有很多中国的年轻人到日本去求学,去打工。现在情况也发生了一些变化,有人提出全球失衡的观点,其中最大的全球失衡就是中国和日本的失衡。例如中国人口13.4亿,日本人口1.29亿,日本人口不到中国人口的1/10,但是日本的GDP跟中国差不多,这意味着日本的人均 GDP 是中国的 10 倍。为什么两国之间的人均 GDP 有如此大的差别？很大程度上是由于技术和人的劳动生产率。为了弥补这一差距，必须加强人才的交流。当时有日本记者采访我，他非常担心在日本公司工作比较久、有实际工作经验、接近或已到退休年龄的人，退休以后被江浙一带的企业请来，这就是人才流动带来的变化。人才流动会加速弥补中日之间技术、工艺的差别。因此，中日之间在技术、劳动生产率上的差别会随着全球化的推进越来越小。在全球化过程中，资金流动相对容易，但是人才的流动相对较难，因为它不可能持续。过去我们是闭关锁国造成了这样 10 倍的差别，但随着全球化战略的推进，将来这种差距肯定会越来越小，相信中国一定会迎头赶上。

跨国公司提出了全球资源优化的理念。比如我们手里的 iPad、iPhone，它们在美国加州设计，却在中国组装。全球化的背景下，跨国公司在不同地方做不同的事，最终形成一个产品组合，所以有经营效率优势。大家都知道思科公司，这家创立于 1984 年的公司，在 1986 年发明了全球第一台路由器，也是世界 500 强公司之一。在 2013 年《财富》500 强中，思科排名第 60 位。思科公司也在不断地推进全球化，比如思科收购了一家中国企业，开发了一个软件叫 Webex，是一个会议系统，好处在于简单实用。打开软件后在全世界各个地方都可以通过屏幕看同一个 PPT 文本。苹果 iPad 推出前一周希望思科能将 Webex 放到 App Store 中出售，苹果公司只给了一个礼拜的时间让思科进行相关的研发，并认为思科做不到这一点，结果思科 5 天就做到了。为什么思科的工作效率如此之高？因为思科是一个全球化的公司，虽然总部在加州的圣何塞，但它的研发团队分布在全球各地。例如思科在中国杭州有一个 3 000 多人的团队，在印度有 1 万多人，在以色列、荷兰都有公司。思科拿到这项研发任务以后，首先在美国硅谷开始工作，下班后美国旧金山的团队可以将工作交给中国杭州，中国杭州交给印度，印度交给以色列，以色列交给荷兰，荷兰又转回到美国。由于时差的关系和不同的团队配合，工作一直没有停。所以，思科这样的全球企业就变成了日不落企业。

在中国有些单位，领导干部称工作非常难，挑战非常大，提出个口号叫"白加黑"和"5+2"，就是白天和晚上都在工作，5 个工作日加上 2 个休息日也在工作。我一直认为，假如我们想让领导犯错误，就让他"白加黑"

"5+2"。为什么？因为人做决策时要清醒，身体状态要很好，否则就容易产生错误的决策。"白加黑"和"5+2"让人身心俱疲，肯定会犯很多错误。这些策略短期内处理紧急事件和任务可能有用，长期肯定不行。但日不落企业不同，总有一些人在精力最旺盛的时候去从事这项工作，这就是全球化的优势。公司的创新和知识创造也是一样，知识创造、知识管理也是在全球展开。这样就导致更多国家的公司追求在国际市场上增长。这是全球化和企业环境变化带来的机会和挑战。

就中国企业来讲，中国的人均 GDP 与发达国家相比相差很远，意味着中国企业和全世界最领先的企业还存在相当大的差距。

我们怎么样弥补和追赶呢？首先，一定要深刻理解产生差距的原因，同时要理解中国和中国企业自身的优势。明确自身的优势以后，充分发挥优势，取长补短，就能够有的放矢，缩小差距。在这个过程中，我们还需要对中国企业进行分类，因为中国企业是很大的概念，包含不同的企业类型。按照企业所有权来说，主要有外资跨国公司的分支机构、民营企业和国有企业三类，其中国有企业从经济贡献来讲占全国的 20% 左右。中国企业在追赶和创新的方面，有巨大的后发优势。改革开放在全球化和信息化的今天给中国企业带来了很大的好处：中国和印度都属于新兴市场国家，然而中国和印度的经济增长差距在过去 20 年变得非常大。1990 年中国的人均名义 GDP 和印度是一样的，20 年以后中国的人均 GDP 是印度的 4 倍多，其中的一个重要原因就是中国改革开放的政策和外资的进入。

我们的优势还和人力资源的投资有关。30 年以前，国内大学每年招生大概是 20 万人，现在每年 700 万人。实际上内地大学现在的毛入学率超过了人均 GDP 比内地高很多的香港。香港曾经把毛入学率定在 18%，内地已经超过这一数字，例如在北京两个人里就有一个可以上大学。

中国企业在国内的市场空间非常大，这是一个重要的优势，中国统一的巨大市场空间是其他任何一个国家都比不来的。最近可能大家比较关注中国和菲律宾在黄岩岛附近的一些纠纷，双方的海军在黄岩岛附近对峙。我认为菲律宾不太可能和中国发生军事上的对抗，为什么？有很多原因，包括很多政治和经济的原因。其实举一个小小的例子就可以说明问题。菲律宾整个国家的电网是由中国的国家电网公司经营的，这个仗怎么打呢？所以中国和菲律宾之间很难发生大规模的军事冲突。国家电网公司是通过全世界范围内的招标拿下菲律宾电网的经营权的，国家电网公司之所以能战胜其他投标的公司，包括美国的公司，取得经营权的一个重要原因就是中国电力市场的蓬勃发展，国家电网公司在全世界电网公司中资产最多、规模最大。拿出相当小一部分资金来做研发，绝对数量就会非常庞大。所以我们国家电网的技术在全世界是领先的。

中国的统一大市场对中国企业的全球创新有非常大的好处。中国国家电网公司确实在全世界电力行业技术上是最领先的。"特高压交流输电关键技术、成套设备及工程应用"项目获得国家科学技术进步奖特等奖，这是中国电力工业领域在国家科学技术奖上收获的最高荣誉，在世界电力工业领域实现了中国创造和中国引领。中国已经在全世界电力行业建立了优势。如果将来美国要更新电网，要在全世界找供应商的话，中国的国家电网公司将是一个非常有竞争力的企业。

还有高铁技术。中国在高铁技术上占尽后发优势，综合了多个国家在高铁技术上所拥有的技术专长，并发展出了中国独具特色并拥有完全知识产权的高铁技术，在国际市场上具有很强的竞争力，技术上没有任何一个国家真正做得到。在供给因素层面，中国也具有比较优势，我们有大量受教育的劳动力，还有其他工业化国家的经验可以学习、加以引进。

这里讲另一个例子。我们一位 MBA 校友所在的企业——中材国际，是一家上市公司，这家公司的业务是生产和中国的经济发展密切相关的一些产品，主营业务是水泥生产设备制造。在过去十几年，中国是全世界水泥使用量最大的国家，房地产、基础设施、高速公路等都需要大量的水泥。水泥生产企业需要生产设备，而国内水泥设备单一，最大的、几乎是垄断了市场的制造商就是中材国际。中材国际实际上是中国住建部在天津和南京等地的研究院改制来的，本身具有很强的研发力量。开始时中材国际并没有参与国际竞争，主要面向国内市场。机缘巧合，全世界最大的水泥生产商之一的法国拉法基到中国来投资，综合评估后找到了中材国际。鉴于中材国际的研发能力比较强，拉法基就把研发工作交给中材国际，研发后拉法基再采购新研发的水泥生产设备。当然和跨国公司的合作中间有很多互动，合作以后拉法基发现中材国际的技术能力确实很强，产品质量很稳定，各方面都非常强，就邀请中材国际一起到全世界需要建设水泥工厂的地方提供设备。几年下来,中材国际成了全世界最大的生产水泥设备的企业。在全球细分市场中,中材国际有40%的市场份额,原来全球最大的水泥设备制造企业来自丹麦,后来它慢慢地准备退出这个行业。总结中材国际成功的原因,主要有两方面:一是自身有很强的研发能力,二是能和国际上的大企业联手开拓国际市场。现在国际市场的情况和十年以前非常不一样,过去中国企业在大的基础设施项目方面往往去做二包——简单来说就是大的跨国公司做总承包,然后中国企业作为劳务或供应商在后面做一些工程。最近,特别在一些新兴市场国家比如非洲有一个非常有意思的现象:大的基建项目实际上是由中国企业做总承包,例如中材国际;原来的一些跨国公司或者其他类型的公司,在总承包下面做二包。中国国内市场发展空间巨大,在国内市场做好,对于中国企业建立国际竞争力非常重要。

接下来我们讨论全球化环境下开放市场中的中国企业如何迎头赶上。政策层面有一句话叫"弯道超车"——原本是赛车上的一个术语,指参赛车手在拐弯处比直线跑道上更易超越对手。有人认为,金融危机让中国经济正处在"弯道"上,此时正是实现跨越式发展,超越对手的良机。实际上中国的企业在各自的细分市场里也在做这件事情。我们讨论企业的全球化创新问题,实际上可以分解为这样两个问题:创新的动力和创新的能力问题,就是想不想创新和能不能创新的问题。关于创新动力,经济学和管理学有很多的讨论,有一个争论的问题就是:大企业和小企业谁更有创新的意愿?我想在座的同学可能都会有不同的答案。有人说大企业可能不想创新,因为创新会冲击它现有的市场,影响比较大;相反,小企业可能更有创新的积极性,因为它想获取更丰厚的利润。关于创新动力的第二个问题是:本土企业和跨国公司哪一个更有创新的动力?全球企业的新产品可以销售到全世界,创新意愿可能会更强一些。当然在国内我们还要问:是国有企业更有创新动力还是民营企业更有创新动力?

除此之外还有创新能力问题:想创新,能不能做得到?是大企业更有创新能力,还是小企业更有创新能力,抑或是大企业和小企业联手更有创新能力?在这里我提出了一些观察问题的视角。我的观点是小企业更有创新的动力和活力,但是创新能力往往不够。实际上大企业和小企业互相配合可能会更有效率。因为企业变大之后,组织架构一定会变得很复杂，缺乏灵活性，一个好的创意出来后往往要经历层层审批，因此创新的效率就很低。所以现在有些创新型企业，创新的机制非常灵活。比如思科公司，大公司里由于企业管理的需要会受到很多规矩的约束，思科就会允许一部分研发人员离开，成立一个新公司，用新公司进行投资，一旦把成果研发出来，思科再进行收购或把团队请回来。这实际上是大企业和小企业协同来达到创新的目的，大企业在避免自己的弱点。

是国有企业还是民营企业更有创新能力呢？不能一概而论。目前国内企业在研发上投入最高的单一企业，可能是华为。华为技术有限公司是一家生产销售通信设备的民营通信科技公司，总部位于中国广东省深圳市龙岗区坂田华为基地。华为的产品和解决方案已经应用于全球170多个国家，服务全球运营商50强中的45家及全球1/3的人口。华为一年在研发方面投资200多亿元人民币。它是一个民营企业。但国有企业也有很多创新做得很好的，例如中材国际，毕竟它原来有雄厚的研发基础，还有很多其他的支持创新的能力。所以一般来讲小企业更有活力，但大企业还是有很大的改进空间。

关于中国企业的创新模式，我和光华管理学院战略管理学系的一些老师在研究中国企业全球化过程中发现，中国优秀企业的成功例子能够说明一些问题。中国相对发达工业国家整体来说比较优势和劣势在哪里？劣势是我们的积累不够，但优势是市场在快速增长，劳动资源的价格、成本相对比较低且非常丰富。过去近500年西方国家经济发展的过程是用机器逐步地取代人，其他发达国家都在做类似的事情。学过经济学的人都知道这个道理，这是因为生产任何一种产品，比如100件电池，方法有很多，有的用全自动生产机器生产，有的用人工来做。哪一种方法好呢？我们不知道。但我们知道，哪种办法生产的东西在市场上最有竞争力就是最好的办法。在日本等发达国家资本充裕，日元的利息很低，而日本的人均GDP非常高，人工成本非常高，日本企业如果想降低成本就要用机器取代人力。德国企业也是一样。除了成本以外，制度环境也会产生影响。我们学过会计学，会计学中机器设备是固定资产，人和原材料是可变成本，但在德国可能就要反过来，因为劳动保护的法律很严格，人变成了固定资产。买卖一个机器容易，解聘人难，劳动力市场的流动性低。在这种情况下，企业一定千方百计用机器取代人。但中国不一样。在中国具有大量人口红利的情况下,劳动力成本低,资金成本高。假如我们把在德国、日本采用的生产方式搬到中国来,企业会是毫无竞争力的。因为机器设备都是资金成本,在中国资金成本比人工成本要高,用它去取代在某种程度上取之不尽用之不竭的人力资源,企业必然会失去竞争力。

在比亚迪创立的时候,日本、德国等发达国家用自动化机器完成的生产过程,它通过分解用人来完成,生产的产品因此更具有竞争力。比亚迪能够成功其实是充分发挥了中国的比较优势,把这种比较优势转化为企业的竞争能力。

从这个角度看,比亚迪开始并不是产品创新,当然也有新产品,但其创新的关键之处在于如何重新组织生产,充分发挥人力资源优势。同时,经过一个简单的用人取代机器的调整,解决了20万人的就业问题。当然这个过程并不容易,需要很多工程师的艰苦工作。

其次,我们讲一下企业创新是自主创新还是整合资源创新。用汽车行业的浙江吉利公司的创新来说明这个问题。浙江吉利控股集团于1997年进入汽车行业,多年来专注技术创新和人才培养,取得了快速发展,现在资产总值超过1 100亿元,连续3年进入世界企业500强行列,连续11年进入中国企业500强行列,连续9年进入中国汽车行业十强行列。吉利也做研发和车型设计,但是发现有些东西要从头做起路还比较远,所以它就整合资源,把一个老牌汽车企业沃尔沃收购了。2010年8月2日,吉利控股集团正式完成对福特汽车公司旗下的沃尔沃轿车公司的全部股权收购。收购后不久就请篮球运动员林书豪做公司代言人。收购以后需要一段时间进行整合,这样可以把技术引进来,而成本差别很大,这是一个巨大的优势。在同样质量的情况下如何降低成本,是一个挑战。吉利在这方面做了很多努力,在这个市场上有了很好的发展。

最后,讲一下创新模式的问题。是独立创新还是协同创新?这个问题有很多方面可以讨论。中国汽车产业里倡导自主品牌和自主创新的呼声比较高,大家强调要独立自主。但是在中国的汽车产业里做到这一点比较难。大的汽车企业中,大部分采取合资形式。合资企业设立的目的就是整合各方的优势,中方有土地、汽车目录、厂房和政策,外方有制造技术,这样的结合固然好,但是也带来了问题。因为这样的结合使合资赚钱比较容易,却容易使中方独立的自主研发受到影响。最近有一位美国记者写了一本书：*American Wheel，Chinese Road*，是写美国通用汽车在中国市场的发展历程。通用汽车到中国比较晚，开始也不顺利。之后一位总经理有一定的远见，他提出，在上海通用合资企业中，中方要什么技术我就给什么技术。这样好不好？仔细想一想，这位总经理非常聪明。在一个竞争的市场环境里，一个追求利润的汽车企业以一个低的价格拿到经过检验的成熟技术，合资企业的中方有政策支持、汽车目录和渠道，为什么要自己投入巨资开发技术？为什么要重新发明轮子，和自己有一半股份的合资企业竞争？所以企业自主创新的意愿就会受影响。对于类似于上汽通用模式的公司，可以倡导大家协同起来开发新的技术。

最近我在做有关协同创新的研究，国际上企业间的协同创新有很多困难。例如美国通用在上海的合资企业发展得很好，但它不希望中国生产的汽车销到世界各地，因为美国通用汽车作为一家全球企业，已经在全球建立了销售网络。光华管理学院有一个 EMBA 校友成立了一家公司叫宁波乐惠食品设备制造有限公司，主要业务是制造啤酒生产设备，属于装备制造业。成立之初与一家德国企业合资成立了一家公司。公司发展到一定规模，想开拓国际市场，在德国参加行业展会，结果德方要告它侵权。为什么？因为德方到中国来投资，就希望企业在中国市场上发展。假如成立的合资企业，用合资的技术到德国本土市场上和德方公司的产品形成竞争，德方就会很不满意。所以说独立创新和企业协同创新各有利弊，要具体情况具体分析。

技术创新还可以分为渐进性创新和颠覆性创新。在这方面，新能源汽车是非常好的例子。现在主流的汽车动力还是汽油发动机。假如大家的交通工具都不用汽油发动机，改为电动发动机，这意味着什么？这意味着所有围绕汽油发动机的技术投资都烟消云散了。类似彩色电视机产品进入市场后，黑白电视机这个市场很快就消失了。将来出现三维电视机以后，现在的彩色电视机的市场可能就没了，这就是颠覆性创新。如果中国的汽车企业走到世界前列，一定要有战略眼光，在电动车方面多做工作。这也可以解释为什么德国的奔驰公司会找上中国的比亚迪公司，与之成立合资企业。大家知道奔驰车是很高端的车；我不知道在座有没有开过比亚迪 F3 的，比亚迪 F3 是中低档车型，售价大概几万元。

为什么奔驰公司会和比亚迪成立合资企业？背后的逻辑是什么？实

际上现有的汽车技术和品牌是奔驰公司的核心竞争力,但是这种核心竞争力是建立在汽油驱动发动机的百年积累之上的。假如有一天在汽车市场上出现电动车成为主流技术,奔驰公司的竞争优势就会消失。而比亚迪是全球领先的电池生产商和新能源汽车的领跑者。奔驰公司和比亚迪成立一个合资企业,就会使奔驰公司紧跟电动车领域的技术前沿。

有些中国企业的产品在国际市场上会引起非议,被认为中国企业的产品是模仿来的。美国俄亥俄大学的教授 Oded Shenkar 最近出了一本书,书名叫 Copycat,有些人翻译成"山寨",不准确,有负面的含义,翻译成"克隆"比较好。讨论中国企业创新就不能回避模仿这个问题。有位企业家,也是我们光华管理学院 EMBA 的一名导师,名字叫陈东升,创立了泰康人寿。他说过一句话:率先模仿就是创新。你仔细想想,百度、腾讯、阿里巴巴,大多数产品实际上都不是原创,而是将国外有些先进技术和商业模式搬到中国来;人寿保险现在的模式也是从发达国家引进来的,特别是从美国。这种创新路径是中国企业特别要注意的,实际上全世界都一样,特别是后进国家更要注重学习,向先进国家学习、向先进企业学习最佳实践有什么错?

互联网是一大发明,互联网改变了世界。谁发明了互联网?有人说互联网始于 1969 年,是在 DARPA(美国国防部研究计划署)制定的协定下将美国西南部的大学 UCLA(加利福尼亚大学洛杉矶分校)、Stanford Research Institute(斯坦福大学研究学院)、UCSD(加利福尼亚大学圣地亚哥分校)和 University of Utah(犹他大学)的四台主要的计算机连接起来;也有人说欧洲原子研究中心的学者 1990 年发明了互联网。这些人当然做了了不起的贡献。但实际上谁发明了互联网并不重要,关键是某些公司使用互联网技术为社会带来了巨大的便利,同时创造了巨大的财富。美国通用电气(GE)用了 100 年变成了 1000 亿美元市值的公司,微软大概用了十几年,谷歌用了 8 年,脸谱(Facebook)刚上市就上千亿美元。为什么?这些人都不是发明互联网的人,甚至也不是建造互联网的人,建造光纤网络和互联网实体的网络公司本身成了一个通道。大家知道现在最活跃的是增值服务,脸谱在互联网上建立一个社交网络,提供增值服务,就有这么大的市值。所以创新起点要高,起点高就是要站在巨人的肩膀上。

在学术研究领域,哈佛大学的一位心理学教授系统研究了 50 多年来世界主要的创新。第二次世界大战以后的这一段时间里,经济高速发展,创新非常快,但创新企业在价值分享里只得到2%的好处,98%的好处实际上是后人或者社会得到了。所以有一种说法叫做后发先至(Fast the Second)。中国是新兴经济体,中国企业注重发挥后发优势更为重要。纵观近代的经济发展史,实际上全世界各个国家都是这样,包括100年前的美国。

现在"智慧"是一个流行的词,有智慧地球、智慧城市、智慧电网……我们要做智慧模仿(Smart Imitation)。智慧模仿确实是有道理的。实际上中国企业家非常聪明。现在对知识产权越来越重视了,它叫反向工程。有一个最典型的例子,在国际和国内都引发了巨大的争议,就是奇瑞的QQ车。有人说它是模仿,但从某种意义上来说并不是模仿:美国通用汽车说奇瑞是模仿它,但实际上当时美国通用汽车的雪花(Spark)车型还没有在中国市场上销售,甚至根本就没有生产出来。奇瑞的QQ车比通用车提前6个月推出来首先上路,通用说这是模仿,就会存在争议。但另一方面它确实是模仿:当时QQ车或者这个通用车的原设计属于韩国的一家公司,后来这家韩国公司破产了,资产被拍卖,实际上有些图纸被长安公司买走了,长安把它转卖给了奇瑞。

创新需要有特别的能力,需要很多的投入,创新就像领跑一样,你在前面跑,阻力就会很大,在后面就可以借助领跑者的力量。既然自己没有力量跑在前面,就要紧紧跟在后面。就算别人丢个馅饼给你,你也得准备个篮子接得住,这就是吸收能力,非常重要,这本身也是企业的一种能力。国内有很多这样的优秀企业,像华为、中兴现在申请了不少专利,在研发方面的投入也很大,这两家企业现在被研究得很多了。

我用华为和思科的比较来说明智慧创新的问题。思科怎么创新呢?思科自己有很大的研发队伍,同时也非常注重并购其他的创新公司。思科的成长过程中经过了154次并购。有些思科的员工,离职创立了新的公司,思科知道自己可能没想到这样的技术创新,也可能自己做不出来这样好的东西,没关系,把这家公司买下来就行了。一个企业的吸收能力、判断能力非常重要。思科曾经花了很大的力量开发了一套视频会议网真系统——光华管理学院这里就有一套这样的系统,它的功能就是人可以坐在全世界任何地方实时开视频会议,效果就像大家坐在一个房间里开会一样清晰,这需要很多的研发投入。但是这个网真系统在市场上推出没多久,我在北京机场就看到了类似的产品,华为也推出了类似的产品——智真视频系统。看上去差不多,但价格便宜些。华为有很多工程师,在这个市场中具有吸收能力。本来没想到这个办法,看到你这么做我便有了思路,在这个过程中先导性公司实际上起了示范作用,而其他企业就可以从中吸收经验。中国创新过程中有个说法,也是做法,叫做"引进—消化—吸收—再创新"的模式。

另外一个对于技术扩散起着积极作用的就是竞争。在高端市场里大家不断地为争夺市场而努力创新,特别是发达国家的跨国公司。在创新的过程中也需要竞争,在这个过程中,把一些业务外包给其他企业,要教会这些企业外包怎么做,如何达到要求。中国企业就是在这个过程中提升自己,吸收先进的工艺和技术的。大家知道,比亚迪已经成为全世界锂电池第一大生产商。它为什么在手机电池生产中这么成功?其中一个原因是,它的主要客户摩托罗拉、诺基亚告诉了它应该怎么改、怎样提高效率。因为这些大公司要竞争、要降低成本,所以需要外包很多的业务和外购很多部件,也就要教给这些中国企业怎样做外购件。

另外就是纵向效益。汽车行业的例子也是一样。现在汽车的生产组织和50年以前还是不一样的。现在你可以组装汽车,所有的东西都可以买得到,因为部件供应商可以生产很多不同的零部件推向市场。这实际上涉及产业链纵向的分割。

再就是人员的流动,这一点确实是要感谢改革开放,中国的开放是一个非常大的智慧:中国改革开放非常重要的事情就是吸引外资,外国企业到中国投资,也把先进的技术、管理理念带进来。俗话说"铁打的营盘流水的兵",公司是死的,但人是活的,人员流动使技术在不同的企业之间流动,这就是所谓的技术外溢。

接下来看一下专利情况。根据《专利法》,中国的专利分为三种类型:一是发明专利,二是实用新型专利,三是外观设计专利。国家知识产权局批准授权的专利里有两类发明:一类是国内的企业或者个人的申请,一类是国外公司在中国的申请。通过对2009年数据的分析发现二者的差距比较大,发明专利中原创性比较强的,国内的是65 393件,国外的是60 393件,国内比国外的稍微多一点,但差不多;但是实用新型专利差得比较大,这个种类国内的申请数是 202 113 件，国外的是 1 620 件；外观设计专利上，国内的是 234 782 件，国外的是 15 419 件。这个差在哪儿呢？中国大部分企业实际上明白自己的优势和劣势。原创性的研发是需要很多投入的，所以中国的企业在很大程度上倾向于实用新型专利，可以使自己在市场上有些保护。假如我申请一个实用新型或是外观设计的专利，只要有市场就可以成功。假如中国成了发达国家，发明专利可能就会更多，现阶段不一定要过度地强调原创性研发。当然，因为国家很大，可能还是有必要做这些事情的。

下面我讲一些和创新有关的流行说法。

最近有一本挺流行的书叫《蓝海战略》。蓝海战略讲的就是现在的市场竞争都是你死我活，很惨烈，成了红海，所以我们要去寻找蓝海，发现新市场，去做研发，开发新产品。当然这个想法很好，但有一个问题大家都知道，发现蓝海是需要成本的，要披荆斩棘。实际上，有些人包括一些大公司现在也发现了一个窍门，就是我不去发现蓝海，我在旁边看，谁发现了我就跟着过去。你披荆斩棘地挺进蓝海，我就紧跟你，很多大的制药企业就采取这个办法。道理很简单：假如研发一种新药成功的可能性是 1%，如果我要做就要由 100 个人的团队平行研发，我给每个人 100 万元，这 100 个人的团队投入的总数就是 1 亿元。设想这样一种情况。行业里面有 100 家小公司，每家公司投入 100 万元，结果这 100 家公司中只有一家成功了。大的制药企业就前去洽谈，问它投资了多少。研发成功的这家制药企业只投资了 100 万元，如果大企业用 1 000 万元进行收购，小企业家可能很愿意卖。实际上这家大企业如果自己要研发同样一个新产品，可能要花 1 亿元，但是通过收购的方式，只需要 1 000 万元就够了。所以现在私募基金很流行，它的盈利模式基本是一样的。很多人创业，先让私募基金投资，有快成功的苗头时，大企业就来了，问你投了多少钱？100 万元。那我给你 300 万元收购，或者花 300 万元购买你 50% 的股份。这就是发现蓝海的成本。而利用蓝海、开发蓝海、保卫蓝海往往比发现蓝海更重要。

接下来讨论另一个概念——"微笑曲线"。1992 年，台湾地区科技业者、宏碁集团创办人施振荣先生，为了"再造宏碁"提出了有名的"微笑曲线"（Smiling Curve）理论，将其作为宏碁的策略方向。"微笑曲线"是什么意思呢?就是从产业链来说,上游研发附加值比较高,生产制造环节附加值比较低,下游建立品牌和营销附加值也比较高。也就是说,搞研发、搞品牌创造的附加值比较高。如果以产业链为纵坐标、以附加值为横坐标画一条曲线,就会看到两头高中间低的一条曲线,有些像微笑的图示。例如富士康每年生产这么多 iPhone、iPad,也没赚多少钱,都让苹果公司赚走了,所以我们要去搞研发,要去做品牌。这样说看上去有道理,然而经济学家往往会问这样的问题:富士康赚这么少的钱,为什么不能自己再建一个苹果公司?这就需要我们看到眼睛直接看不见的东西:实际上对应于每条"微笑曲线"后面有一条"苦笑曲线":做品牌、做研发失败的风险大,成功的概率小,一旦失败,研发费用等都损失了。某种意义上就像在座的同学投资股票,怎么我一投就亏别人投就赚呢?实际上不是,大家也在亏;但亏的人一般不愿意说话,赚到钱的人吆喝的声音就显得大了。实际上亏的那些人你看不到,只看到投资股票赚钱的人了。但是不是就说我们不做研发了,或者不做创新了?要做研发,但要考虑我们是不是比其他人具有特别的优势。对于这些似是而非的提法,我们要加以分析和鉴别。

创新有很多类型,经济学家熊彼特就提出了五种创新形式,包括产品创新、工艺创新、市场创新、资源配置创新和组织创新。而商业模式创新最近有很多讨论。

有关商业模式创新的例子有很多。例如,联邦快递公司。现在快递行业的产生源于 50 年以前一个大学本科生写的学期论文——还不是毕业论文。当时航空邮件大多利用客机的货仓来运。客运航班的安排要做到快捷舒适,人要尽可能直达目的地,所以安排了很多直飞航线。这个学生发现物流和客流是不一样的:快递业务需尽快把东西送到目的地,同时还要节省成本。比如一个邮包要从北京快递到上海,西安的邮包也要送到上海,那么可不可以在武汉设个集散点?各地送到上海和上海送到各地的快递都在武汉分拣,再发到各个地方,可能效率更高。但人的旅行不是这样的。如果是人在旅行中,有人要从北京去上海,但你先送他去武汉,那一定有问题,但是货物就可以。在这个学生提出这种方法以后,教授说你真是异想天开,最后只得了个 C,差点没毕业。所幸他家里还有点资产支持,结果他建立了联邦快递公司,取得很大的成功,同时还创造了快递行业。这就是商业模式创新。

另一个例子是戴尔公司。大家知道IBM、惠普等企业都是生产电脑的企业,但是由于摩尔定律,每18个月半导体的性能就提高1倍,或者说同样性能的半导体器件价格就会下跌一半,所以电脑部件折旧很快。当电脑生产出来再通过批发和零售渠道卖出去的时候,电脑的部件已经不值钱了,而这些无形损耗难以转嫁给消费者,就推高了企业的成本。迈克尔·戴尔真正的创造力不是在技术方面,而是在商业方面。当时他在美国德州大学读书,修读的大学课程中有些课程很闷,而他人很聪明,喜欢在外面买点儿零部件自己装个电脑,例如当时市场上1 000美元的电脑,他用800美元就做出来了。别人看到了,就让他帮自己也做一个。戴尔就先把这800美元收了,然后再去买来零件装好送给别人,而这时电脑部件已经降价了,这中间就有了赚钱的空间。后来更多的人听说1 000美元的东西他只卖800美元,找他的人就越来越多,结果他就成了校园里的电脑供应商。后来不得了了,一度做成了全世界最大的个人电脑供应商。而商业模式和他在大学校园里做的一样。戴尔公司从消费者那里直接拿到订单,接下来再去购买配件组装电脑。这意味着戴尔公司可以把由于摩尔定律和零部件下跌造成的损耗变成公司利润的来源。而其他公司还在忙于减少库存,缩短供应链呢。这就是商业模式的创新。

我们还要讨论一下创新的环境,包括前面提到的市场竞争、行业准入等。在创新环境中,制度环境非常重要。制度环境包括知识产权制度、法律制度等。我过去几年一直负责北京大学国家高新技术产业开发区发展战略研究院,主要研究高新区的发展,研究院也是"北京大学三井创新论坛"的承办机构。国家在政策层面上有很多推动创新的措施,有863计划、973计划、科技重大专项和国家级高新产业开发区,除了国家级开发区,还有地方性的高新区。在国家级100多个高新区里面成立最早、投入最多、实力最强的就是中关村。中关村核心区在海淀,周围有北京大学、清华大学、中国科学院、北京航空航天大学和北京科技大学等很多名校;中关村高新区研究力量最强,而且资源很雄厚,投入也很多,政策也很优惠,现在还升级成为国家自主创新示范区。在全国众多的高新区中,有这样一个高新区,附近没有什么像样的大学,研究基础也很薄弱,离北京也很远。这就是深圳高新区。和北京中关村高新区比起来差远了,没有众多著名高校和科研院所的支撑。深圳原本就是由一个小村子发展起来的。但是大家比较一下这两个高新区后会发现有一个非常重要的不同：全世界真正有竞争力的中国企业大部分都在深圳，而北京中关村这样的企业不多。真是有心栽花花不开，无心插柳柳成荫。

现在真正在国际上有竞争力的企业——华为和中兴有60%的销售额都来自国外，它们每年的研发费用有几百亿元。华为和中兴两个同城的公司相互竞争，结果越打竞争力越强，越活越好。中兴的专利数在这个行业里面大概是全世界最高的，两家公司相互竞争，但是谁都没死，倒是周围的像诺基亚之类的企业不行了。同样的例子还有腾讯、迈瑞、比亚迪等这一批公司。这是什么原因？可能有一个原因，就是深圳距离首都北京的距离很远。假如你要在中国地图上找一个距离北京最远的沿海地区，那就是深圳了。深圳距离北京远，但距离市场近。

回到我们创新的主题。竞争的环境迫使企业要努力创新。跑步前进是远远不够的，因为政府对于科技创新支持的资源是有限的。企业面对的是全世界的市场，只要你有竞争能力，全世界都是你的。资源从哪儿来？资源来自市场，产品有销路，有利润，就有了进一步发展的资源，而不只是到科技部申请科研项目，当然有些种子基金也很重要，有了种子基金，企业就慢慢地成长起来了。但企业家的成功要有好的创新环境。我有时跟有些领导讲北京和深圳创新的生态环境比较的事儿，北京市的领导下来跟我说，因为北京是中国的政治中心，要保证中央政府的有效运作，中国国家这么大，乱了不行，应该有规矩，要建章立制。确实，北京是中国的行政中心，一定得守规矩、讲纪律。实际上不仅是中国，其他国家也是这样。美国的首都在华盛顿，华盛顿在美国的东海岸，而美国的创新中心在硅谷，硅谷在美国的西海岸，硅谷是美国本土离华盛顿最远的地方，比深圳到北京还远。有人认为美国的创新力强，其实也要看是在什么地方。在电子信息技术发展的早期，美国有两个比较有创新力的地方，一个是加州的硅谷，另一个在波士顿附近的128公路，128公路后来就没发展起来。美国东部规矩太多，创新就是要打破常规，标新立异，要与众不同。这些例子说明了什么呢？说明创新的环境非常重要。中关村现在也在努力打造创新环境，要尽可能宽松的环境、制度和安排。希望中关村也能诞生一批世界级的企业。

回到有关全球化的主题。现代企业面对的不仅仅是竞争全球化的环境,创新活动也在全球化。优秀企业还是要面向市场,面向全球。全球的市场机会给了企业创新的动力,当然这中间还包括创新的组织。经济全球化和竞争全球化对中国企业创新活动有很大的影响。全球化给中国企业带来很多挑战,但也有很多机会。智慧模仿和追赶可能是现阶段中国企业创新的特点,或者是一个比较优势。因为创新实际上是依靠人的智慧,中国有非常丰厚的人力资源,所以中国在这方面具有一定的比较优势。但要创新发展,必须具有整合全球资源的能力,这是提升中国企业国际竞争力的一个重要方面。中国企业的现状也不容乐观,现在中国人口众多,资源匮乏,中国和发达国家之间的差距还很大,还有很长的路要走。希望大家投身到创新活动中去,这也是我们举办"北京大学三井创新论坛"的初衷。我的演讲到此结束,谢谢大家!

互动环节

问:尊敬的武教授,您好!感谢您的精彩演讲,我是北京外国语大学外交系的研究生。前不久刚刚举行了中美战略经济对话,其中对中美如何进一步促进经贸合作以及基础企业的创新也有所讨论。刚才在您演讲中提到很多关于日本的例子,尤其是三井创新论坛。我自己也在做关于日本企业的一些研究,日本有产、学、研方面的合作,高校、政府和整个企业商社在一起进行一定的互动合作。您觉得日本的经验对于中国未来企业走出去有没有一定的借鉴意义?打造中国更多的自有品牌,像三井、三菱等这些大企业,对于中国企业竞争力的提升至关重要。中国未来能不能打造这样的企业?谢谢!

武常岐:这位同学问得好。现在我们讨论创新模式主要是从企业的角度来讲的。刚才你提到产、学、研,实际上国内的创新企业也在进行产、学、研合作,现在不光是产、学、研,还有政、产、学、研、用——这是一个整体,因为方方面面有很大的互补性。大学主要教学,研究院所主要做研究,企业是生产部门,这是以前留下来的一种研发模式。现在发生了很大的变化,日本主要的研发还是在企业。日本政府扮演着很重要的角色,有很强的产业政策整体部署,例如哪些产业是主打产业。实际上日本政府在创新企业上直接投的钱并不多,主要是把本行业相关的这些企业召集起来,协同研发,如电子方面的一些企业,这样就形成了企业的合力,研发成果大家分享,有一些成功的案例。日本企业在工艺、精细方面是非常成功的,一直到今天索尼笔记本在工艺、精细方面还是非常好的。日本企业在创新机制方面,现在也面临一些挑战,最近在市场方面遇到了很大的挑战。因为整个世界在不断地发展,实际上在某些行业里韩国在追赶日本,现在中国企业倒可以从韩国企业那里借鉴一些如何赶超的经验。

问:我有一个学术上的问题向您请教。我是学计算机的。您也知道创新的人才至关重要,菲律宾的教育投入非常高,占 GDP 的比例在世界上也是非常高的,但即便在这种情况下好像最近十几年菲律宾的创新都不是太多,它重视的是高端人才还是低端人才?

武常岐:教育是一个必要的条件,一般来说,没有受教育的劳动力群体很难创新,但教育并不是一个充分条件。假如从经济学的角度来讨论创新,还需要有对于创新的需求。为什么新的产业往往在美国或其他发达国家?因为这些国家有高收入人群。高收入人群会有新的需求,企业就会不断创新以提供更好的新产品增加公司收入,有了新产品,高收入人群才会有兴趣购买。如果国内没有需求,人才也可能会流失。中国的情况和菲律宾比较起来还有不同。中国是一个 13 亿多人口的大国,中国人口的 10% 就是 1.3 亿,10% 的中国人口的人均收入已经很高了。中国人口中 1% 的人群就有 1 300 万,他们的人均收入水平可能会超过瑞士。中国有这样一个群体,需要我们的企业创新以满足这个群体的需求。菲律宾教育投入按比例来讲可能比较高,但从产业环境来讲,市场规模可能不是那么大。此外,居住环境和商业环境可能也是原因。我对菲律宾没有太多的研究,教育整体来讲还是比较发达的。但菲律宾的教育是有些问题的,很多受过教育的人都到国外其他地方去工作了。假如把人培养出来,这些人却都离开了,实际上是一种损失。

问:我想问您一个问题,在全球竞争的环境下,您是怎么理解中国汽车行业或汽车企业的创新模式的,比如我们的一些自主品牌?谢谢!

武常岐:这个问题问得非常好!我们再讨论一次这个问题,因为中国汽车产业结构有两个大的构成部分,一个是合资的,一个是非合资的。合资企业的中方都是大的国企,外方都是大的跨国公司。合资的模式对经济、汽车产业的发展起了非常积极的作用。但合资企业有个问题,就是汽车行业里大的国企和央企有各种资源,加上外资企业例如通用、大众等的汽车技术,在合资过程中形成了一个命运共同体,这些合资品牌车,效益都不错,可以产生相当的利润,有点儿像战略管理中的现金牛。有人可能想有了现金,中方可以用来开发自主品牌,但是这本身也会带来矛盾。在北京,北汽与韩国现代、德国奔驰都有合资,都给北汽本身带来很多收入。假如北汽打出来北京牌,怎么定位呢?竞争对手又是谁?合资企业中的中方在外面成立一个自主品牌事业部,和自己占50%的合资企业竞争?很难。现在民营的汽车企业大部分没合资,将来在国际上可能是自主品牌的后备力量。例如奇瑞、吉利等民营汽车企业的自主品牌在未来的国际竞争中可能会成功,不过挑战很大,因为现在跨国公司也意识到这个问题,在中国加大投资,产能增加了很多。另外在制度上也有些限制,例如吉利把沃尔沃收购了,沃尔沃实际上是瑞典企业,吉利收购了以后想在中国建立沃尔沃的整车厂。沃尔沃在中国没有什么产能——它原来在福特汽车装备,现在要在中国开厂自己造,结果遇到政策障碍。因为沃尔沃是外资企业,沃尔沃的注册地在瑞典,虽然投资者和董事长是中国人,是中国人买下来的,但还属于外资。所以按照规定,外资不能在中国市场设立独资的整车厂,还是要合资。现在合资企业的格局是发展自主品牌汽车的一个很大的障碍,中间有很长的路要走。

问:我是中国人民大学的博士生。我有一个问题请教武教授,有这样一种流行的说法:全球化挑战下企业创新力的竞争实际上也是一种文化的竞争。您是怎样看待中国文化对于中国企业创新模式的影响的?谢谢!

武常岐:文化有差异性,不同的国家有不同的文化,不同的企业有不同的文化。过去中国的文化也一样,但是整体上儒家的文化是主流,某种程度上对创新并不是特别有利。创新就要与众不同,创新也有不同的地域性。我们刚才讲到深圳,深圳是移民城市,大家来自全国各地,在一个新城市创业,要有新产品,企业才能成长。中国文化源远流长,也有一些不同的地域特性,但是和美国、欧洲文化比起来,美国文化鼓励创新,因为它是一个移民国家。中关村文化也是一个很好的题目。说到创新和文化的关系,我曾经有些观察但没有系统研究,我想你可以做这样一个研究。北京本地人的身份证号码是110开头的,外地来到北京的人的身份证号码不是110开头的。你可以做一个研究,按照身份证号码最初的三个数字看看北京和非北京的员工,哪一类员工的创新力比较强。我的想象是,非北京的员工的创新力比较强,因为外地人要在北京生存,如果不努力怎么能行?北京是一个中国文化底蕴比较浓的地方,要打破常规的话往往需要有一个外部的推动力。文化对创新的影响很大,但文化应该怎么度量,它和创新的关系可以是很好的研究题目。也有研究发现,混合多元的文化造就了一个创新的氛围,深圳就是如此,所以多元文化很重要。

问:武老师,您好!我是来自研究所的。我知道现在很多研究所都在做科研项目,也在做很多特定市场的项目。现在有很多研究所都在进行企业化改制,像这类进行改制的企业,它以后的发展环境和创新机制将会如何?会不会出现像联想这样的企业?谢谢!

武常岐:实际上目前在国内做得非常好的企业,有相当一部分是研究所转制过来的,除了联想以外,不少成功的企业,比如中联重科和中材国际,都是从研究所转制过来的。研究所改制实际上要强调研发和市场机制的结合。改制前研究人员不需要面对市场,本身不要求有市场开拓能力,只要从事科学研究就行了。但如果改制了,是需要研究人员具有市场开拓能力的,拥有多元文化背景的科研院所可能会结合得比较好。我也认识一些企业家,在过去的科研体制内的研究所做过很多研发工作,假如机制不改,创新就很难成功。大唐电信,还有过去的"巨大中华"的巨龙也是研究所改制过来的。但是巨龙在改制过程中就遇到很大的问题,这个市场变得很快,它失败了。大唐曾经是一个研究院,由于市场的机制,它的体制改革彻底,市场融合比较好。但比起中兴、华为,大唐现在在活力方面还是有些差距的。所以研究所是很好的一个起点,但是要和企业家精神结合起来,因为衡量企业成功最主要的标准是企业家的社会贡献和商业价值。你怎么能够盈利非常重要,实际上利润就是企业未来发展的资源,再投入进行科研,企业就会可持续发展。所以哪些因素导致科研院所转制成功,哪些因素导致科研院所转制不成功,不能简单地一概而论。

问:我是一位创业者,我对文化产业很感兴趣。北京在科技、文化产业等方面比较发达。现在国家提倡文化和科技相融合,您怎么看待现阶段文化和科技相融合所面临的一些问题及挑战?还有,它们二者的融合有什么发展趋势?谢谢!

武常岐：实际上现在文化产业有两个方面，一个是文化创意产业，另一个是过去的文化遗产。其实文化创意产业和创新有一些共同的东西，特别是一些创新技术手段，也使文化创意产业有很大的空间。你怎么样与传统相融合，将好的要素保存下来，通过各种各样的方式、渠道传播出去，非常重要，但核心还是要创造一个好的环境，去打造这个产业。比如动漫也是文化创意产业非常重要的一个部分，光华管理学院战略管理系今年毕业的一位博士生就研究动漫产业，他的研究是比较中国和日本动漫产业在文化上的差别。他做了一个很好的研究，发现中国文化动漫产业投资的很大部分用于建产业园，但是对最核心的创意人才强调不够；而日本动漫产业园的设施比较一般，核心的是创意人才和创意环境。所以可能文化产业和创新的核心有所不同，创新的核心还是人。

问：今天在这边我们有将近50位同学来自宁波，我们是宁波创二代，来到北京大学进行一个短期的培训。我们大部分企业都是民营企业，而且是属于中小型的民营企业，所以我今天想提的一个问题是，刚才您讲的很多创新的东西其实我们都很认可，但是我们在自己实际工作的过程当中发现，中小型民营企业的生存环境实在是非常恶劣。这个市场从根本上来讲是不公平的，我们其实也很想转型，很想创新，但是要钱也要得很辛苦，要技术没技术，要土地没土地。所以我想请您在这边针对我们这一类中小型民营企业，而且是传统制造业，提几个转型过程当中切实可行的关于创新的建议，也给我们这些年轻人一点信心。谢谢！

武常岐：创新本身需要资源投入。创新的愿望和竞争环境可能是相互矛盾的。创新需要额外投入，例如研发人员和研发费用等。如果企业只能保本，每天的收入只是等于支出的话，哪里有余钱剩米去创新？假如你有很多好的主意、想法和创意，想去银行借钱，可创意是不能作为资产抵押的，银行只借钱给有钱人，不借钱给需要钱的人，特别对于民营企业，这就造成了你提到的困难。关于你刚才讲的情况，我有一个建议，叫做协同创新。面对创新特别是关于商业模式的创新，一个企业的资源可能比较少，但是大家可以组织起来，成立一个创新的组织或者一个机构，就这个行业怎样能够转型升级进行探究。实际上不仅仅是小微企业，大企业有些事情也做不到。任何企业都不可能拥有它想要的所有资源，即使再大的企业也会有资源短缺。所以现在有一些大企业也在联合起来，每一个企业抽几个人,看能不能探索一些事情。浙江宁波是出企业家的地方,是出大企业家的地方,比如世界船王包玉刚,很多上海的企业家也都是从浙江宁波出来的。但这里可能的困难是,我们是同行,我们是竞争关系,可能不愿意分享。不过我看浙江的企业家还是认同联合起来一起做事的。现在包括大的企业都强调竞合,竞合是什么意思?大家在销售上针对各自的客户,但研发和创新方面大家可以共享,我想这实际上就是竞合的本意。政府可能要在信贷方面给予资金支持,但是提供的方式是什么?不同国家在讨论是直接补贴还是风险担保——就是你自己投资研发成功了就成功了,假如不成功政府给你保险,使你的企业还可以继续运营,这是政府的做法。但对企业来说,联合、竞合可能是比较好的办法。大家在一起,有什么问题可以共同应对。大企业不能在一起,是因为大企业有垄断问题。而中小企业不存在这个问题,我们面对的是国际竞争,这时大家可能要通过行业协会和地域协会组织协作。我不知道这个建议是不是有用,我们可以下来再讨论。

(演讲时间:2012 年 10 月 28 日)

第三篇
风起云涌之企业变革

古森重隆：富士胶片控股株式会社代表取缔役会长兼 CEO

今天跟大家分享的不是学术话题，而是一个实践话题，是本人的亲身经历。学问可能是人生的基础，但仅仅是学问可能还不够，还需要个人的一些经历和实践。这两样对于一个企业经营者来说都是不可或缺的。

今天主要介绍我们公司的情况和现在面临的问题。世界经济形势被资金和货币牵着走。在这样的趋势中，以往的主业急剧减少，思维的主线是突破和创新，即如何通过大胆地变革公司的业务，推动企业的不断发展。富士胶片选择了和竞争对手不同的道路，我们成功了，而柯达走向了衰退。我们是如何跨越的呢？今天我想结合自身的经历来与大家分享一下心得和体会。

目前富士胶片已经发展成一家全球性的跨国企业，有员工 8 万人，业务涉及数码相机、印刷材料、医疗设备、化妆品、药品、液晶显示器和工业材料领域。中国的业务从 1995 年开始，当时在苏州成立了第一家生产工厂；2001 年成立了富士胶片中国公司，主管中国业务和销售。我们在中国有 15 家生产基地和 35 家分支机构，目前销售额已经达到 45 亿元人民币。

公司开设以来一直的目标就是赶超美国的柯达公司。半个世纪前，我们和柯达公司之间的差距非常大,但我们一直不停地努力。1976年,我们研发出了世界上第一张高感光底片。二十世纪八十年代之后,高超的生产技术成为我们的产业武器,富士开始在全世界开展经营。在1984年的洛杉矶奥运会上,我们成了赞助商。通过这个契机,我们开始了在美国的市场营销,并一直努力与柯达建立合作关系,在1995年的时候合作领域甚至包括汽车和半导体。柯达在胶片领域是非常封闭的,对日本的胶片业提起了诉讼。当然最终的结果是我们在WTO胜诉,业内企业公正的商业行为受到了全世界的高度评价。柯达使用了政治手段,给我们设置了一些陷阱。两家公司共同面临的威胁其实是数码技术的发展。世界上1980年后就有了数码科技,当时在印刷、医疗、照片等领域我们都能够感受到数码时代的先兆,特别是在印刷领域。1979年出现了用电脑来控制制版信息处理的装置,七十年代就已经开发出了电荷耦合元件CCD,八十年代各个公司都在积极地开发数码相机,当时富士公司也发挥了非常大的作用。在医疗领域,我们在1983年开始销售世界上第一套数码X光图像诊断系统。1988年我们有了DSEP,也就是真正意义上的数码相机。这是我们公司第一个开发的,我们把数码化的危机看成机遇,这就是我们当初的想法。所以当时富士公司主要有两种产品系列,一个是数码技术,另外一个是感光材料。除此之外,我们也涉足了一个既不属于数码,也不属于感光材料的领域,就是我们的第三事业。涉足了哪些领域呢?主要有化疗制剂、喷墨和光盘等,在这些领域我们做了很多尝试。

我在2000年担任了社长,就在那几年,数码时代一下子就来了。所以数码时代对于传统照片市场的影响非常大,整个市场环境都发生了变化。特别是彩色胶片的世界需求,在2000年达到了高潮,之后每年降低20%。之前我们整个销售额的2/3都来自照片市场,但是到了2005年一下子就下降了很多。对于我们来讲,这种照片、相片、胶片需求的急剧减少,就等于丰田没有了汽车市场。那个时候公司内外部都对未来的发展方向抱有一种不安的感觉。今后我们应该怎么办?这是我苦苦思索的问题。首先应该冷静。今后我们的市场会走向何方?我们的公司会走向何方?我进行了一个设想,我认为再过几年我们的经营就会无法继续。也就是说,那个时候我已经预想到这一点了。换做是你们的话,会怎么想呢?当时我的思考是,我们是不是应该再开发一个新的核心技术?是不是要制定新的成长战略？另外，因为传统胶片不再有那么大的需求，那么在世界范围内我们这些生产、销售和研究设备的，必须相应地收缩，我考虑了这两点。还有一点是我所考虑的：进一步增加我们与施乐的协同效应，进一步合作。

我们有很多经营资源，一个是常年在竞争当中培养的技术，主要是以化学为主的一些领域，还有软件领域、光学胶片领域、电子领域、机械电子领域等。这些领域都需要非常高的技术，包括我们之前制造胶片所使用的技术。我们有技术资源，这是我们最大的优势。除此之外，胶片事业为我们创造了一些财务能力。其实我们的品牌也非常好，当然包括我们的领导层，这些都是我们的资源。我们如何把这些资源整合起来？在什么样的领域整合起来，让它去做什么？我们白天晚上不停地想办法，觉得应该能够走下来，应该会有办法。在那个时候，我深深地明白作为社长我需要一种魄力或勇气，带领企业走下去。2004年，也就是我们公司创立75周年的时候，我们把公司的远景放在了2009年，我们要制订一个计划，当时把这个计划叫做展望75年。展望75年，就是确定今后我们公司的形象，也就是确定要在技术上引领新的潮流，同时我们今后的销售额要达到两三万亿日元的规模。这个时候先要裁员，不是说全面裁员、让我们的公司变小，而是在之前不可能裁员的部分减员，此外让其他部分增效，把企业做大做强。这是我们觉得非常重要的部分，也就是刚才所说的结构改革，包括制定新的发展战略，加强联合经营和进行彻底的结构改革。

我想讲一下我们的结构改革是怎么做的。那个时候我们的相机胶片需求量急剧减少，其中很多厂家都倒闭了，或者说是从这个领域退出来了。我们公司觉得照片是一种非常好的记忆载体，它可以记录人类喜悦或悲伤的瞬间，使之永久地保留下来，所以照片文化是非常令人感动的。那时我就觉得我们应该留住它，于是我就向公司内外宣布了这样一个想法，就是我们企业不仅仅是经营，还要抱有这样的社会责任：无论外部怎样变化，都要把照片文化留住。这就是当时我们所想的。但如果要让它作为一种产业或是一种事业留存下去，就必须有利润，当时我们就大胆地进行轻量化和小型化尝试。我们动用了超过2 000亿日元的改革经费，在全世界的工厂，包括冲印站都进行了减员增效。我们用了差不多一年半的时间来做这件事情。

此外就是我们的成长、发展战略,我们应该在什么地方去发展、去成长?如果我们只做结构改革的话,很有可能就会陷入战略领域不断缩小的境遇中。市场的需求到底是什么?或者说市场需要我们在哪一个领域再继续发挥作用?我们有各种各样的技术,那么我们要把自己的技术资源状况理清楚,其一是整理技术,其二是整理市场需求。也就是说,让什么样的种子在什么领域发芽。在这一过程中我们所考虑的重点是什么呢?第一,市场是不是有发展潜力。因为我们面临着险恶的外部环境,没有发展前景的市场我们是不能做的。第二,现有的技术能不能在这当中发挥作用。我们是制造业,基本上就是技术资源,那么依靠既有的技术资源能不能存活下去?第三,一般情况下也不会想到这样的问题,但它是非常重要的,就是我们能不能有持续的竞争力。公司在刚进入某一个领域的时候,可能会有一个突破,但我们有没有基础能够保持持续的竞争力?这是非常重要的。所以这就是当时我们所判断的三个重要的点,我们必须进行充分的考虑。

其实除去现有的成长方案之外,我们也有一些新的方案。我们将图像系统、医疗设备、化妆品等在内的医学、生命科学、高性能材料领域,还有电视和手机等光学媒介材料、数码成像及办公文件处理等一共六个重点业务领域,作为我们成长战略的主要领域。对于一些重点领域,我们抱有一种信念:无论动用多大的资本数额,都要进行比较集中的投资。比如说在液晶显示屏光学膜方面,我们在日本的静冈和九州投建了大型制造工厂。2000年我担任了公司的总裁,到现在,我们的投资金额已经累计达到了3 600亿欧元左右,占据了全球市场的70%左右。这一工厂出产的设备装置,支撑了整个液晶产业的发展。此外,在喷墨打印领域,我们充分利用并购手段,在这方面的业务也有了新的起步,我们并购了很多世界上优秀的喷墨打印企业。建立这样一个新的体制之后,公司专门成立了先进技术研究所。对于一些核心技术,比如化学、机电一体化、光学、电子、软件,包括一些涂层和流延膜等生产技术,能够充分开展新的研发。这个研究所会聚了1 000多位技术人员,这些研究人员横跨了很多领域,针对至少几十个项目。在2006年秋天,我们进入了化妆品和营养保健品领域,亦即所谓的健康护理领域。进入这个新领域主要是借助于我们研究所的技术,因为在这个领域中我们主要考虑人体如何能够更多地去吸收一些好的元素和材料物质。这一技术并不是一项特别成熟的技术,所以我们把它作为一个突破口,希望能够开发出更多更好的产品。

另外在医药产品领域我们也有所突破,比如说实现了用胶原蛋白在20微米的一个单位里进行涂层,在这个涂层当中还有100多种化学物品,使得它能够固定在这样一个涂层上。这是非常尖端的一项技术,可以广泛应用于医药品、保健品领域。以前很多企业也都在这个方面有所尝试,但是由于技术太尖端了,它们纷纷退出了这一领域。实际上这种图像成型的技术和医药领域有着非常紧密的联系,比如说一些特殊的蛋白质可以创造出一些新的蛋白质。当然,我们不会从零开始,我们会通过并购以及自己的技术来推进这方面的业务。现在对于禽流感一类的疾病,我们已经开发了高性能治疗新药,不久就会面市。在高分子领域,刚才谈到,为了防止相片褪色,需要抗氧化技术,实际上我们也利用这样一项技术开发了一些抗衰老的保健品。这项技术在全球范围内也是比较领先的。在营养保健品方面,正是因为有了为防止彩色照片褪色而推出的抗氧化技术,我们才在抗衰老领域有了突破性的进展。在感光银盐方面,它本身是一种明胶,实际上也就是一种胶原蛋白,人体的皮肤有70%是由这种胶原蛋白构成的。因此,我们就采用了原本用于相片的高解像力技术以及纳米技术,开发了一些人体具有强吸收力的化妆品。最近,我们所开发的化妆品也开始在中国市场销售,并且得到了好评。

在新战略当中,我们积极采用企业并购技术。正如爬山的时候,我们不需要从第一节开始爬起,通过并购我们提高了爬山的效率,并且产生了良好的协同效应。基于这样一个想法,我们在日本首先并购了一家叫富山化学的制药企业,这家企业有很强的研发能力。另外在涂抹打印方面,我们也并购了一家生产超音波装置的公司。从2000年左右一直到现在,我们在企业并购方面大概投入了7 000亿日元,非常果断。与此同时,在设备投资和研发方面我们也从来没有吝啬。我们中期目标中的第三项,就是集团经营的强化。通过集团联合经营,集团内业绩好的公司之间形成了良好的协同效应,无论是资金还是人事管理方面都实现了共享。类似这样的一系列改革我们一气呵成,在2007年的时候,由于市场环境比较好,我们创造了历史上最高的销售纪录,实现了28 500亿日元的销售额,利润也达到了2 100亿日元。与传统的胶片业务相比,我们的业务中心已经发生了很大的改变。我担任总裁以来所实施的一系列改革,对传统的胶片业务进行了有效的更替,形成了以技术为中心的领先型企业,也就是我们所说的二次创业。

这个过程听起来好像比较简单,实际上是非常艰辛的。比如一开始我谈到,我们对未来可能会面临一些什么样的变化做了很多考虑,并且对于我们应该压缩什么、挖掘什么也深思熟虑,也伴随了很大的风险。我们的整个改革也付出了几千亿日元的成本,可以说是一场惊心动魄的改革,而且还伴随裁员等一系列难题。但我们还是一步步地走了过来。回顾以往的改革,它们并不是我们在脑子里面凭空想象的问题,而是未来你如何能够有勇气去做判断,并且去正视这种现实。对于所决定的事情,你如何有勇气去付诸实践。另外不仅要用大脑思考,还要用心去思考。所以没有勇气的经营者,是不可能战胜逆境的。虽然说得比较简单,但回顾当初的一些经历,感觉的确不是一件容易的事情。所以光有聪明的脑子并不够,还需要有勇气。做这样的事情,从经营者、管理者来说不是为了自己的名誉,而是为了公司、为了每一个员工以及每一个员工的家庭,或者说是为整个社会去做的。刚才说了富士胶片,我们有很多技术和资源,如何为社会创造出有价值的产品和服务,是我们的使命。经营者必须要考虑这种使命,而不是只考虑自己的名誉。对于学习经营管理的各位同学来说,可能现在体会得不太多,但是我想大家今后一定会意识到这个问题。经营管理并不仅仅是头脑的智慧,还需要你有感情、行动力和勇气,这种能力是需要我们今后逐步去磨炼和培养的。

我认为你如果不想做经营者,可以不用去做,这取决于你有没有这颗心。我们公司是在走上正轨之后出现的经营危机。大家也知道,中国、日本的经济在金融危机的时候受到了巨大的影响。我们占世界市场的份额差不多有 70%,我们企业的经营同样遭受了特别大的创伤。我们当时就在想,现在市场这么低迷,你让它一下子火起来是不太可能的,所以我们只能慢慢前进。我们人类的历史,不是一下子就向前演进的,我们每个人都想过上好的生活,有好的工作,其实是经过一定的阶段后才会有整体的上升。企业发展也是这样。

历经坎坷后走到了今天,对于公司来说,除了医药品也涉足了很多新领域,进行了很多新尝试。现在我们也是在一个低谷时期,其实还需要两三年才能够走出低谷,我们对现在做出的成绩并不是非常满意,对公司今后的发展充满更高的期待。

以上介绍了公司是怎样进行改革的。大家现在比较关心领导力,怎样才能具备领导力?首先分享一下什么叫做企业经营。要怎样做?从哪里开始做?我认为大家可能会产生这样的疑问。企业要向世界提供有用的价值,有用的价值就是商品,比如说硬件或者服务。通过这些商品和服务来向社会提供一种独特的价值,基本上就是这个企业存在的价值。如果没有这种价值,企业就不会在竞争中生存下去。我们向社会提供有用的商品或者服务,然后通过产品的销售或者服务的提供获得利润,再开展进一步的投资,从而让企业不断存活下去,这就叫做企业经营。特别是对于企业来说,有时候还要面对激烈的竞争。在面对竞争的时候,作为领导者应该做什么?首先要理解现实。现在发生了什么样的事情,对我们有什么影响?我们首先要对这个问题进行理解。然后我们需要知道今后会怎么样。也就是说我们要理解未来,或者说要预测未来。只有在进行了理解现实和预测未来之后,我们才能知道今后要往哪个方向走,从而给自己制定一套规划,也就是构想,这是第二点。第三点是,员工都知道公司处于危急关头,大家都不知道该怎样去做,公司以后会怎样。大家都很担心,都束手无策,都很怀疑自己,非常不安。作为领导者应该非常冷静地跟大家讲,现在公司的外部环境是怎样的、今后要怎样去做、要采取怎样的手段。也就是要跟员工交流,要传达自己的想法。第四点就是执行。作为领导者,他是实施的人。如果没有实施,无论你怎样理解、预测和传达,最后都不会有实在的东西,这是第四点。

对于如何理解,刚才我也谈及,要充分地理解现在我们的外部环境是怎样的。在有限的时间和信息的基础上,领导一定要非常正确地把握现在企业的现状是怎样的、今后会发生什么样的问题。不只是商业,所有的事情都是一样的。我们不可能有百分之百全面的信息,而只能获得部分或者片面的信息。怎样理解有限的信息非常重要,这需要有快速理解信息的能力。作为领导者,我认为大家总是有一种倾向,就是我们总想先花时间占有尽可能多的信息,这是大家经常容易犯的错误。我们的时间是有限的,时间和信息哪个更重要?如果大家仅仅强调信息,信息本身就已经没有价值了。所以我们怎样先人一步占有信息,然后做出正确的判断,这是非常重要的。我们不只是要理解现状,还要对未来进行预测,这也是非常重要的。知道这种情况之后,企业应该怎么做、朝什么方向努力、做什么样的事情,也是我们需要考虑的。比如说这条路已经走不通了,那该往哪边走?这个时候不仅是在嘴上说说,而是要想我们具体应该怎样去做。如果有具体的数字,你就要给大家指出来,让大家能从总体上进行构想,这同样重要。在构想之后,我们还要从多方面去执行。大家都从最简单的事情开始做,但其实最好先去做最主要的事情。那么在企业这样一个组织当中,最重要的是什么?就是经营者,也就是领导者。领导者是企业的眼睛,能够支撑企业不断发展,而我们的领导者是不是具有这种能力,往往会决定企业的生死存亡。经营不是民主主义,不是大家讨论,少数服从多数,而是高度依赖于优秀的领导者,他一个人的集权是非常重要的。有时候这种领导者是很难出现的。正因为没有这样的领导者存在,我们才不得不要民主。其实它跟统辖军队是一个道理,在战争的时候,我们有多少时间来决定今后如何去做?上了战场你就要去杀敌,还要讨论怎样去杀敌吗?是往左还是往右?往前还是后撤?这个时候都是由领导者来决定的。所以要有经营者的意识,特别是在遇到危机的时候,要不屈不挠。企业需要有这样的领导者。我们要把领导者的想法传达给大家,让大家一起去做。如果我们绝对要这样去做、往这边走,那么这个时候你就要传达下去、落实下去。我们要传达的是现在正在发生什么样的事情、我们应当去做什么、要朝哪个方向怎样去做,这些一定要清清楚楚地传递给员工。最后非常重要的就是实施,要坚决地实施。这对于企业经营来讲,或者是对于领导者来讲是非常重要的。还有一个非常重要的事情就是在做大的决定的时候,也就是做大的决断的时候,要把握在什么样的时期,用什么样的速度,用多么大的规模去做这件事情。我们做这么大、这么多是不够的,我们还得把规模再做大一点儿,如何做这个判断是非常重要的。我们要把这种预测和理解作为一个非常重要的东西,如果这些做不好,那后面就都做不好了。作为个人来讲,我们有的时候经常会想,是不是要再做一点儿?会不会不够啊?所以我们在确定战略的时候,你怎样去坚决地一下子就把它做到位,要有一种勇气,当然做过了也不行。那我们大概用什么样的规模、在什么样的时期、做什么样的事情呢?这需要靠经营者的一种感觉。这个时候我们在什么样的时期、用多大的规模和多大的度去做这件事情，这是非常重要的。

除此之外，就是优先度。哪个先做？我们最重要、必须做的第一件事情是什么？二十一世纪能够生存下来的应该是什么样的公司？二十一世纪是一个无法预测的、快速变化的时代。在这个时代当中，能够跟上时代变化的企业、可以从容应对时代变化的企业才是最优秀的企业。否则，原来一流的企业也不能再维持生存了。优秀的企业是什么样子的呢？是可以在整个变化之前来预测它并积极做好准备的企业，而这仅仅是更好，这还不是最好。最好是你可以引领世界的潮流，自己去创造变化，这才是最好的企业。比如说苹果公司。其实苹果公司做的不是完完全全的新东西，日本很多的手机厂商已经做过类似的事情，但苹果公司在产品里面注入了很多新的 IT 理念，所以就自己创造出了一种潮流、一种变化，达到了这样的一种境界。

再举一个柯达与我们公司的例子。北京时间 2011 年 1 月 19 日，据《华尔街日报》报道，柯达公司已经正式依据美国《破产法》第十一章提出破产保护申请。可以说一个企业最核心的技术能力、财务能力、品牌能力、市场能力，柯达都已经具备，可以说它是旗帜当中的旗帜，但是它为什么最终会走向破产呢？作为它的竞争对手，我们富士胶片为什么能够生存下来呢？这也是值得我们去思考的问题，请大家注意我不是有意去贬低柯达公司。刚才我也谈到，经营是需要有决断能力的。比如说针对数码化，我们该如何面对？我们公司采取的是正面面对的态度，投入了很多的科研力量来应对这一潮流，或者说即使我们不做，别人也要做，所以这时必须要做一个果断的决策。虽然柯达也做了一些准备，但在面对数码化的时候，它就像一个八爪鱼，只能去啃自己的脚。应该说我们充分认识到了即使我们自己不做别人也会做这一点，但是柯达可能还是出现了一些犹豫不决的情况。此外，美国式的经营和日本式的经营在思想上有着很大的差异。美国式的经营可能会导致追求短期效果和价值，也就是所谓的股本收益率经济，对股本收益率这方面比较重视，会受制于这方面的考量。因此，对于不盈利的产品或领域，它们很快就会放弃，或者说不太愿意去做长期性的研发。而我们现在所做的一些医疗保健品领域的研发是面向未来的，我相信它们不太愿意去做，因为这些短期内不会对股本收益率有贡献。但是日本的企业会去做，它们会站在长期的视角去考虑经营策略。企业不是说三五年就可以经营好的,它常常需要我们考虑十年、二十年、三十年以后的事情,未来必须要去巩固自己的基础科研能力,或者做长期投资,这也是在面向未来的视角中所不可缺少的。这就是柯达和我们之间的一个差异所在。我们从一开始就为未来做了很多准备,柯达在短期内可能有很多经营指标比较好。我们从长期的规划出发,也做了很多多元化的经营战略。比如说某个领域不景气的时候,我们可以去切换到其他领域,挖掘其他领域的成长潜力。我们如今是这样,今后也将同样对未来的变化予以关注,并且不断挖掘开发新产品。开拓新领域,这是我们企业经营的基本方针。现在我们在很多领域都拥有第一的地位,今后我们也将会不断地去追求新的第一。特别在医药领域——社会对这方面的潜在需求非常大,我们会在这方面进行更多积极的开拓。

最后我想分享一下一个企业要在国际市场中得到认可到底需要什么。首先,刚才我已经不断重复地提到过,企业存在的价值,就是利用最先进、独特的技术为社会提供高品质的产品或服务,并且为全社会的文化、科技、产业的发展以及人类健康的发展和环境保护做出贡献,进而改善人民的生活质量。在企业活动当中,我们要努力构建公开、公正和透明的企业文化。要追求这种企业文化,组织构成也必须具有一定的透明度,并且要强调公平公正,坚持公开公正、明朗的企业文化,利用自己独特的生产技术,带着挑战的勇气,不断进行新产品和新技术的开发,创造出价值,这也是我们企业的一个愿景,是我们将会永远坚持的理想。我们始终强调,不管对竞争对手还是对第三方,都必须坚持公正、公开的原则。另外就是要透明,黑的就是黑的,白的就是白的。以上就是我今天要跟各位交流的内容。谢谢各位!

互动环节

武常岐:古森重隆先生给大家介绍了富士胶片成功转型的过程,向我们展示了作为企业领导人,怎样率领企业不断走向成功。下面是互动环节,互动之前,我想向各位介绍一位嘉宾:中国乐凯胶片的副总经理王瑞强先生。大家知道中国乐凯实际上是柯达试图并购的一家公司,现在也同样面临转型的挑战。今天古森先生分享了他怎样带领富士胶片从顶峰、衰落到进入新的发展境界。我想请中国乐凯的王瑞强副总经理给大家介绍一下他们的情况。

王瑞强：古森重隆先生，您好！今天的演讲非常精彩，我想借此机会请教一些问题。关于富士和刚才您讲的柯达——国际感光界两个大的公司，在关键时期如何把握结构调整与产业转型带来的变化，对我很有启发。富士对现在的一些新的产业是关心的，目前转型的这几块主要业务，您最看好的或者说信心、底气最足的是哪一块？谢谢！

古森重隆：刚才我已经谈到过，最具潜力的领域是医药领域。在该领域我们可以从既有的很多研发技术当中开创出新的产品，我想今后在这个领域会出现很大的变化。比如像干细胞技术，可能会给整个医疗界带来很大的改变。另外像生物制药，现在我们大部分的产品都是低分子的，这项生产技术应该是非常重要的。我想这些领域可能会有很大的潜力可挖，不知王总您对这些问题是怎么看待的呢？

王瑞强：我觉得古森先生在平板显示材料与医药领域都做得非常成功，给公司创造了很多财富。但是在生命科学以及化妆品研发领域，我还不是很清楚。我想在化妆品研发、生命科学这两个领域中，生命科学的范围更广一些，化妆品更聚焦一些。贵公司在这个领域现在的情况和未来的规划如何，近期要达到哪些目标？谢谢！

古森重隆：我认为还是重点发展医药领域。药品当然是我们今后要重点发展的，不过化妆品方面现在也开始做了，对性能本身我们非常有信心，大家也都知道。但怎么了解女人的心理是非常困难的，你们知道女人是怎么想的吗？太难了。真正地把我们和女性客户联系起来就更难了，怎样抓住女性客户的心理，在这方面我们是下了很多功夫的。

问：谢谢古森重隆先生！做企业最重要的是用人之道，不管是做什么，最后还是要落实到人。我想问一下，用什么样的方法才能成为像您这样有决断力和统治力的领导者？此外，在您的班子中，您选人的时候最看中的是什么样的人？您最不能容忍什么样的人在您的企业里做事？您怎么开发他的潜力？您怎样去发现他的弱点？谢谢！

古森重隆：在面临很大变化的时候，作为领导者要想很多事情。但无论领导者怎样去设想、去谋划，落实任务的都是公司的员工。如果公司的员工不去实施的话，公司是不会有发展的。虽然我是领头人、领军人，但是没有员工是什么也干不了的。刚才我也讲了,非常重要的是怎样去传达。我们企业现在是什么情况、我们下一步有什么样的举措,要把这种信息传达下去,传达下去才能让员工去做。要把我们的使命非常清楚地告诉员工,这非常重要。怎样来培养我们的领导力呢?光学习是不行的,其实学过了也不行。怎样去挖掘员工的潜力呢?我认为更重要的一项是发挥,那么只要适当学一学就好了,然后抓住最重点的。可能学生一听这话就很高兴了,不用使劲地学,但你还是要把重点的抓一下。进入社会后,知识与实践相结合有一个过程,如果你只是不停地学习,那就会不停地为各种理论所束缚,创造力就没有了。当然也不能说完全不学习。但是日本的企业家,特别是非常有能力的企业家,在学生时代基本上是没怎么学习过的。重要的不只是让你的内脑子灵光起来,更重要的是让你的内心能够敞开,以及想办法去锻炼身体。智力、体力和心力,包括在竞争的时候你的精神力量,都是非常重要的,要把这种集合体用到经营当中。当我们遇到一个危急的情况时,要通过自己的力量把它转化为机遇。遇到危机时,我把它看成是给了我一个发挥作为的机遇,我认为这非常好。所以你要不断地磨炼自己,去想怎样让自己能够更好。

我们怎样选择人?对我来讲,我认为最重要的是这个人能不能对企业有责任心,也就是觉得这个企业是自己的。他不只考虑他自己,他考虑的是企业。如果一个人具有主人翁的意识,我们选这样的人绝对没错。如果是一个为了企业能够使劲努力的人,那么他一定会有所发展。他是诚实的,把企业的使命作为自己的使命,不断去努力。我是这么想的,就这些。

问:古森重隆先生,您好!我是光华管理学院的MBA。我从您的演讲中,能听出来您对富士的这种企业转型还是比较满意的。如今中国的很多企业也面临转型,而转型有风险,所以我想问您如何在转型中规避风险?谢谢!

古森重隆:从个人来说,我并不是非常满意。我们怎样去规避风险?我认为最重要的就是判断力,如有神助的判断力。你如果认为它是对的,它就不能错;如果错了,可能就会导致整个企业的灭亡。如果是中层领导,例如部长或科长还没问题,但如果你作为最上层的领导,一旦错了,整个公司就完了。所以我们在做正确判断的时候,必须要有信息,要好好地收集信息。虽然信息太多的话,你的判断就会慢,但信息如果不足也不行,你要使劲地考虑,去想、去判断应该是什么样的形势。有时你会陷入迷惘,往左还是往右?是 A 还是 B?有时你会怕错,但其实哪个都一样,没有什么区别,无论你决定哪个都没什么区别,都是灰色地带,后面就是你努力去让它成功就行,其实竞争者也都是这样的。

问:古森重隆先生,我是光华管理学院的 MBA,我想问的是在您实施战略转型并开展组织结构变革的时候,您最关注哪个方面?这是第一个问题。第二个问题是目前这个业务领域达到您预期的目标了吗?您对这个领域有什么样的设想?大概什么时候能够实现这个目标?具体一点就是说它占了您公司多大的份额?谢谢!

古森重隆:最有效的改革,就是你要按照优先度去做,考虑什么先做,什么后做。但有时也不是做什么都行,还是有限度的,这个时候要平衡好。你的第二个问题是指生命科学对吧?生命科学,也就是我们的 iPS 干细胞,现在研究的方向也会有变化。其实生命科学今后的发展前景非常好,包括对于我们整个医药事业而言。对于你的问题,也就是现在完成了多少,这个我不可能 100% 都知道。医药事业中我们的投入产出还是不尽合理,因为我们需要时间去研发,也就是我们现在做的这个关于细胞的医疗技术项目,如果按照研发的进展考虑我们事业的进展情况,那可以说是 50%。如果 100 分是满分的话,我们现在是 50 分、60 分,今后要让它做到 70 分、80 分、90 分,一定会的。

问:古森重隆先生,您好!现在富士分为几个大的事业部,是一个多元化的集团。您在确定集团业务范围的时候,是如何平衡事业方向的?比如说在某一个地方如何平衡不同的业务,比如文化,处理事业集团的侧重点是在全球还是在某一个地区?比如说您生命科学这一块的业务主要集中在国外,您是怎样做的?第二个是关于您个人的,我听了您的演讲,觉得您是非常有个人魅力的。尤其您谈到一个企业管理者,不仅要考虑个人的名誉,还要考虑员工、员工家庭以及社会责任等,您是这个集团的最高首长,这么大的压力,您是如何化解的?或者说是如何把这个压力从您的身上化解开,并把它作为动力的?谢谢!

古森重隆:首先说业务领域。我们现在所从事的领域是比较宽泛的,没有一个绝对的所谓核心领域。我想一个企业可能还是需要一个核心领域,我希望医疗保健能够成为我们的核心领域。至于市场分配这一块,比如说我们能够占有多少份额,或者说带来多少利润,这个必须通过数据来验证,需要在这方面做一些测算,并通过数据的分析测算,来进行合理的组合。

关于区域这一块,我们的战略是全方位的,没有特别地固定在哪一个地区。像富士施乐公司,在亚太地区与北美地区可能会有一些区分,但研发是全球性的,我们的产品也不仅仅是在某一个特定的地区销售。

在我面临危机的时候,压力是怎么化解的?这个问题问得很好。一个经营者的压力非常大,想成为神仙,不允许自己犯错,我真的是希望自己能够成为一个神仙,如果那样就不会犯错了。你需要做很艰难的判断,这样压力会非常大,我想经营者所具有的体力就是用来承受这种压力的。另外,像生活习惯,就是不要拖拉。比如说在周末,该去打球、喝酒的时候,就去做。我想最能够让你从疲劳中恢复过来的是家庭,实际上我爱人的笑脸是给我的最大安慰和降压剂。如果不是这样,或者说健康状况不好的话,你很难去做正确的判断和决策。如果状态不好,你会变得越来越消极,所以健康管理或者说压力管理,对管理者自己、对公司都是非常重要的。

问:古森重隆先生,您好!您在富士胶片公司做总裁之前给公司提过转型的建议吗?第二个问题,您觉得东方文化与美国文化相比,在企业竞争过程当中应如何扬长避短?谢谢!

古森重隆:在我做总裁之前一直在提转型方面的建议。比如说二十世纪八十年代 TCR 出现了最新的数码技术雏形,我意识到它会威胁到我们的胶片业务,而且这个模拟技术也会逐渐地向数码技术演变。如果进入数码时代,我们不可能保持原来的这样一个业务结构或者确保收益。所以我们必须要把未来发展的希望,寄托在创造新的业务领域上,我一直在向当时的总裁提这方面的建议。回过头来想,如果我们在八十年代就开始转向新领域,或者做这种面向未来的投资的话,可能在数码时代到来的时候我们就不会那么慌张了。

当我们把美国式的经营思路拿来和日本或者其他东方国家比较的时候,可能会有一个短期或长期的差异。并不是说所有美国企业都不考虑未来的长期投资,也不是说日本的企业都不考虑短期问题,实际上这是一个平衡的问题。如何把短期和长期的平衡关系做好,我想日本的企业在这方面也是做了很多努力的。

问:古森重隆先生,您好！我是光华管理学院的MBA,我问一个非常简短的问题。我们提到富士的时候首先想到的是胶片,这是给我们大家的第一印象,那么经过您这十几年的领导之后,您想把这份事业做成一幅什么样的图景？就是之后再提到富士的时候,您希望大家首先联想到的是什么？谢谢！

古森重隆:我认为这是一个非常高端的问题,是一个特别好的问题。今后我们希望富士是这样的一个企业,拥有非常好的技术和产品,同时也是一个多元化的企业。我们现在所从事的是医药产业,或者说是生命科学产业,该领域在未来也应该是我们的核心。可能再过几年,医药就会正式成为我们的核心领域,以后大家一提到我们富士公司,就会认为我们是一个药厂。那个时候可能社长就不是我了,我不知道他会怎样去做,让他去决定吧。

(演讲时间:2013年10月15日)

第四篇
为企业可持续发展保驾护航的创新概念
——日本企业的实证

井口武雄：三井住友海上火灾保险株式会社原代表取缔役会长

各位晚上好，能够在这么高端的论坛上发言，我感到非常紧张。我是井口武雄，在三井住友保险——一家日本损害保险公司工作。到今年6月份为止，我做了十年的总经理以及董事会的会长。在闻名于世的中国最高学府、在这些优秀的同学面前，我能够做这样的讲演感到非常荣幸。另外，这次的论坛是由日本最强的综合商社三井物产冠名的"北京大学三井创新论坛"，是一个非常好的论坛。我能够在这里面讲演，首先对三井物产表示衷心的感谢。

在我们进入正题之前，先简单地介绍一下日本的保险市场以及三井住友保险的一些具体情况。首先，我们看一下日本的损害保险市场。损害保险是什么呢？正如大家所知，损害保险也叫财产保险，包括对汽车事故、火灾、海难等的保险。财产保险公司为这些事故造成的损害支付保险金，也就是说它将对家庭的生活以及事业活动的持续稳定发挥作用。日本财产保险的办理开始于1859年,有着147年的历史。截止到今年3月末,市场的状况是这样的:直接办理客户保险的日资保险公司一共有26家,外资一共有22家,总计48家。这些公司所承担的风险总额,也就是保险金,总计相当于570万亿元人民币。应对这些风险赔偿的保险金总额大概达到了4 990亿元人民币。所以一旦这些风险在同一时间全部出现,这个保险金是完全无法应付的。但是这种情况是绝对不可能发生的。因此所有公司的总资产达到了25 000亿元人民币。在此之上,保险公司所承担的风险的分散形式、经过再保险的机制是非常健全的。另外承受保险公司风险的,也就是做再保险的专门公司有两家。从事这些财产保险的日本公司职员约有65 000人。日本的财产保险销售是通过财产保险的代理商、代理店来进行的,财产保险代理店和保险公司是由独立的公司和个人来承办的,它们各不相同。这些公司将一定比例的保险金作为手续费。从三井物产这样大的企业到个人,不同规模、业态的企业相互之间有所区别。现在约有27万个财产保险的代理商店。日本财产保险的普及率根据保险的种类有所不同:个人的汽车保险约占71%,住宅火灾保险约占54%,个人的伤害保险约占53%。

接下来是关于日本人寿保险市场的一些介绍。正像大家所知道的那样,人寿保险是在人死亡或者到了一定年龄的时候,为其支付保险金的这样一套机制。最近养老保险受到人们的关注,人寿保险将来对稳定人们未来的生活会起到很大的作用。

日本现有形式的人寿保险的办理始于1881年,已有125年的历史了。截止到今年3月末,市场的状况如下:日资公司的总数是22家,外资公司是16家,总计是38家。比起外国资本的大人寿保险公司和财产保险公司来讲数量众多,这是日本人寿保险公司的特点之一。这些保险公司承担的保险金总额大约有104万亿元人民币,数额巨大。日本所有的人寿保险公司所获得的保险金约2万亿元人民币,保有资产的总额约14万亿元人民币。日本人寿保险的销售传统上是通过人寿保险公司所属的这些销售人员来进行的,大部分为女性,这也是它的特点之一。但是现在年轻男性也参与到了这个销售队伍当中,还有一些专门的金融专业人员也有参与销售的资格。由和财产保险类似的独立代理店来销售的方式也逐渐发展起来,而且取得了很大的成功,会向销售人员提供一定的固定工资,同时根据他们所办理保险的实际情况给他们一些提成,这是销售人员的报酬方式。当然,独立的代理店是没有这样的固定工资的。日本人寿保险的普及率高达88%。从世界的角度来看,日本保险市场的财产保险规模仅次于美国、德国,居世界第三位;人寿保险规模仅次于美国,居世界第二位。

我们再看一下三井住友保险的一些情况。三井住友保险是三井保险与住友保险于2001年10月1日合并建立起来的财产保险公司。前几天我们刚刚过了5岁的生日,但是合并之前的两个公司创立得很早:三井保险创立于1918年,住友保险成立于1893年。截止到今年3月末的情况是这样的:我们经管的保险金收入是890亿元人民币,比前一年增加了2.2%。这是三井住友保险单个公司的情况。在包含中国在内的世界36个国家,我们有支店以及分公司,它们也开展财产保险的业务。所以加在一起合计的保险金为980亿元人民币,比前一年度提升了4.7%。比起单个公司,总计在一起的增长率是非常快的,这也是因为受到了亚洲良好经济状况的支撑。在东盟地区我们是最大的一个财产保险公司集团,因此我们在亚洲的事业对于公司的发展做出了很大的贡献。在日本的财产保险公司集团当中,我们坚守在第二的位置上。另外,我们的人寿保险也有两个子公司关联在一起进行运营。我们公司的人寿保险历史也并不是很长,总的来说以财产保险为中心。公司的全部人员数在全世界是24 000人,其中有6 000人,也就是1/4的员工是外籍的。我们的税后利润总计达到49亿元人民币。

还有一点将成为我们今天话题基础性的一个部分,我把我的想法跟大家讲一讲。第一个方面是,社会为什么允许公司的存在?也就是说公司存在的意义是什么呢?我认为公司存在的意义大体上有三点:第一点,创造价值,为人们提供便利;第二点,雇用能够创造价值的、为了创造价值进行活动的员工,而且为他们提供生活的来源;第三点,提升创造价值后所获得的结果的利润,然后向出资人以及承担风险的这些人分配利润。这几点缺了哪一点,这个公司的存在就会失去意义,它就会被要求退出这个社会。

第二个方面我认为是创新。存在上述三个意义的公司要想保持成长和发展,应该做出更多的创新,而且创造出更好的价值、雇用更多的人来创造更多的利润。如果不这样,它就会在与能够实现那些价值的公司的竞争中失败,起不到作用。那么为此我们必需的东西是什么呢?不用说,就是毫不松懈、进行变革。如果不进行变革,我们就无法进行可持续发展,也就是说公司的存在就没有意义了,就会被淘汰。我就任公司总经理的时候曾经提出了"速度、变革、向前看"等词作为经营口号。

所谓创新是什么呢?有各种各样的实例、各种各样的想法已经被众多的有识之士揭示出来。我想到的是追根溯源,也就是说制造出一种非连续的变化,我认为这一点很重要。所谓非连续的变化,是指不是在现状的延长线上来追求变化,而是从根本上发生变化。当然,连续的变化也是非常重要的,但我不把它称作创新,而认为它是改良、改善。举一个简单的例子来说明创新和改善、改良之间的不同。比如说在马车时代,我们始终是在拼命创造出更强的马,让马跑得越快;而到了一定的时期,马车变成了用马达、发动机带动的车。前者是改良、改善,而后者我认为就是创新。要想做到非连续的变化,需要价值观的变换;因为世界的价值观变化了,所以需要进行变革;而变革的结果恰恰又是世界的价值观发生变化。我们举一个最好的例子——混合动力汽车,人们开始重视起地球的环境、化石燃料等东西,价值观出现转换。再比如说我们发明了具有收发邮件功能的手机、电话等。所有的这些方面,都是以个人为中心的价值观的提高。

今天,本公司对这样的环境变化是如何认识的呢?如何改变自己的经营呢?我想通过五个实例来给大家做一个详细的讲解。我们首先在经营方面进行了革新,此外还有商品的革新创新、销售创新、业务创新、社员能力创新等。我讲解的是以保险为中心的内容,但这些对于其他产业,尤其是服务产业,也同样适用。

第一点是经营的创新。这里主要是指公司治理、守法经营、企业的社会责任。日本公司,包括我们公司的传统,是以最重视顾客、代理店以及社员的利益和方便为原则来进行经营的。但是我们深刻地感觉到要转换这种做法,其主要的原因是经济的全球化和股东意识的转换。在本公司的股东中,以欧美为中心的外国机构投资者所占的比例越来越高——截止到2000年3月31日已经达到了40%。我们看日本整个的财产保险业,10年前外国股东所占的比例整体上是11.9%,这一比例年年在提高,今年

3月达到了26.7%。过去的机构投资者在股票跌的时候买入股票,股票价格高的时候卖出,他们的行动采取的是一种所谓的华尔街式的规则。但是近年来由于投资对象的企业价值的增大,日本国内和国外的一些机构投资者期待着自己资产的长期增加。为此,本年度股东利润分配的增加以及把过剩的资本归还于股东等财务方面的要求也逐渐出现。不仅如此,他们将会撤出利润低的事业,或者是投向新的事业。还有的是通过并购等方式。他们开始逐渐关心所投资的企业的经营,并提出各种各样的要求。所以为了满足这样的要求,我们要提高公司治理水平,以及切实地履行股东所说的这些责任,同时站在股东的立场上建立起对经营进行强化监管的机制。

公司治理的内容,包括社会性的文化,在各个国家也是不一样的。在日本的公司,过去很多时候是由董事来经营,做出关于顾客和公司的决策。这种形式逐渐转变成了由审计来对董事进行监察。所以,我们现在的投资者强烈要求对资本的有效运作,因此他们要求正当地进行监视,同时进行公司治理。所以为了防止企业价值的损毁,要加强守法经营和风险管理,通过内部的整治,对董事自己公司的风险业务的有效性、效率性、合法性等进行检查。这些机制强化了,人们也提出了新的要求。

为了尽快地、准确地应对这种环境的变化,本公司也进行了公司治理方面的转换。尽管如此,是不是遵循每位机构投资者的想法就够了呢?我们并不这么认为。有必要让大多数顾客,比如说日本人或日本企业,认为这个公司是一个很好理解的公司。因此我们要怎样获得平衡?这方面的改革现在还在摸索、推进中。现在我们的经营体制是导入执行董事制度,然后明确董事会以及执行董事的作用和责任,比如董事会决定重大的经营战略以及决定资本政策和业务执行当中的监视、执行董事专心于执行自己的业务等。同时为了明确经营责任,根据业务年度而采取一年制的董事任期。所以董事会成员有11人,其中3人为外部董事,7人为专任董事。我们的董事会当中有作为内部委员会来选举董事成员的人事委员会,还有决定工作人员薪酬的委员会,以及一些监视董事整体业务的监督委员会等。这些委员会过半数的委员都是公司以外的董事。

1996年,日本开始了保险事业的管制缓和、放宽管制以及自由化改革。在这个过程中,我们也出现了很大的变化,其中之一就是公司的经营不依赖于行政,而是根据自己的责任。因此我们经常检查公司如何根据自己的法令遵守规则,也就是说守法经营决定着公司的生死。由此,公司提高了职员们守法经营的意识,同时也进行了组织上的改革以利于他们守法经营。那么作为公司,在制定关于守法经营的方针规划的时候,内部的各个部门要根据实际情况来制订计划,然后在守法经营的活动当中遵守计划。另外在 2004 年 9 月,根据情况,我们没有采用事后报告制度,而是采取了通报制度。当时有很多错误没有及时地通报,所以我们建立了公司职员直接可以向上级通报或者进行报案的通报制度。因此对于这种违法行为,我们在公司内部就防患于未然。同时,如果客户要提出一些投诉——这里面还包含新的业务商品等,我们也就可以从两个方面迅速地、充分地进行反应。

还有就是企业的社会责任。本公司过去充分地意识到顾客、股东、代理商以及保险监督当局等都是我们的利益相关者。企业作为社会的一员,应该广泛地承担起它的社会责任,在包括福利、文化、体育等方面为社会做出贡献。

因此,本公司从承担社会责任的观点出发,从根本上进行事业改革。我们以与顾客、股东、代理商等七种利益相关者构筑起最好的关系作为目标,制定企业相应的经营方针。另外,我们也把与利益相关者的关系作为企业社会责任的一个基础。因此我们在各个方面——福利、文化、体育等方面,做了很多的贡献,同时还进行了社会支援活动。比如说在体育方面,我们拥有能够产生很多奥林匹克选手的女子柔道部。关于环境方面,我们全部的设施都通过了 ISO14001 的认证。通过本公司的业务,减少了我们对于环境所带来的负荷。另外,为了减少负荷,我们为汽车保险等方面的保险金打折,或者进行环境负荷减轻方面的咨询工作。此外,我们通过加入联合国的一个企业合同计划进行了广泛的、全球性的、履行社会责任的活动。对于本公司的一些职员的日常活动标准,我们以为这七个利益相关者负责的精神来制作三井住友保险集团的行动宪章。在全球规模的环境改善方面,我们在印度尼西亚和爪哇岛进行了热带雨林再生项目;在失明者的保险内容方面,运用了使文字内容能够通过声音来表达从而让盲人们充分理解的专门器械,另外还制作了小册子等。

第二点是商品的创新。商品的创新是指什么呢?在开发商品的时候,为了分散顾客所遇到的风险,我们采取了各种各样的办法来尽到我们作为一个保险公司的义务。在最初的管制时代,日本的财产保险事业长期受到法律规则、行政指导的约束,事业的各个部门都受到相当严密的管制。那个时候,为了符合财产保险能够长期稳定地提供——这样一种保险事业的公共性,我们制定相同的商品价格,通过这种方式来销售。对于客户来说,所选择的幅度是很有限的。那个时代保险公司之间的竞争都是以量为中心的竞争。

接下来是《保险业法》的修正以及日本的金融大改革。1996年日本修正了《保险业法》,并开始实施。此后,一些财产保险公司和人寿保险公司可以并轨,在面向大企业的火灾保险领域,也部分实现了保险金的比例自由化。但是为了加快自由化的发展,同年的11月——当时是乔本首相提倡的——所谓的日本的金融大改革和同年12月的《日美保险协议》的决定,明确地提出了日本的金融大改革这样一个理念,到2001年,日本的金融市场将和纽约、伦敦相提并论,作为一个国际市场。因此自由、公平、全球化作为改革的三原则而被提了出来。通过《日美保险协议》的签署,汽车保险以及商品和保险金的自由化的时间表就确定了下来。关于这一点,我们必须考虑到保险商品、保险金比例的自由化波及市场的效果和影响,由此出现了种种议论。但是,由原来计算保险金比例的一个组织所制定的使用保险金比例等被取消了,这源于1998年7月的制度修改。也就是说通过当时关税税率的废止,我们完全进入了自由化。在此之后,日本财产保险公司收入的保险金一半以上都是汽车保险,从而出现了新的保险开发竞争。另外一点,在此之前保险公司的汽车保险只有数量差异,种类很少。我们再看一下服务产业的进展和财产保险的一些情况。为了适应产业结构的这些变化,我们开发出了很多保险产品,其中最典型的是对应服务产业发展开发出来的保险产品。

我们看一下日本的产业结构:1970年以前一直是第三产业的比例在上升,这种现象被称作经济的软件化、服务化,或者是服务的经济化。二十世纪九十年代的时候,第三产业GDP构成比率的上升出现了很大的扭转。2000年时,第三产业的产值在GDP中占70%,也就是说服务经济化进一步向前发展。随着服务经济化的发展,我们在主要以制造业为主的一些火灾保险产品的基础上,加入了一些专门为服务设计的新产品,比如赔偿责任保险、利益保险、费用保险等。这些保险包括面向 IT 通信方面的计算机综合保险，这里含有通信器材火灾、电器事故而导致的物品方面的损害；除此之外，就是对一些媒介方面的损害，比如由于出现数据或者程序上的损害而重新制作的费用，或者是一些机器的事故导致不能持续营业等进行补偿；或者对它们因修整、休息带来的损失进行补偿；另外就是对于由于通信线路的中断而导致的停业损失，或者器械的租赁等继续营业费用进行补偿，我们将其称作网络中断保险；还有进行对因个人信息泄露而导致的赔偿的保险……这些我们都逐渐开发了出来，这完全是时代的反映。

此外，随着经济的发展，老百姓的业余时间、度假时间越来越多，人们越来越关注旅行、体育或者是度假。因此在这方面我们开发出了国内国外旅行专用的保险。还有对于体育和度假活动中与天气有关的保险等，比如打高尔夫的天气保险，或者是滑雪当中的天气保险，以及度假的一些服务设施费用保险等。这些都是新开发出来的商品。面向体育爱好者的保险有体育赔偿责任保险，比如滑雪滑冰的旅行伤害保险、登山的旅行保险、垂钓保险、网球保险、狩猎保险，以及高尔夫一杆进洞保险、节假日保险等。这些都是人们非常关注的，对此表示有兴趣的人络绎不绝。

另外，大家对教育的关心越来越多。由于有很多的私塾在经营方面产生了一些危险，综合地对这些风险进行补偿的私塾综合保险也被开发了出来，包括关于私塾的一些设施的赔偿责任，或者对于私塾里读书的学生受伤的风险、学生们上下学的路上出现意外的风险等。

除此之外还有对医生、注册会计师、建筑师、司法人士、辩护律师、税务师等专业人士的赔偿保险。对他们的保险也是由于服务产业的兴隆产生出来的。另外，最近知识产权以及品牌价值等在企业当中所占的比例越来越高，对这些资产的保护变得很重要。我们为了充分地应对这个动向，开发出了知识产权诉讼费用保险以及品牌形象费用保险。一般来讲，和制造业相比，服务业资本规模小，融资较多。它的自我资本所占的比率比较小，因此在应对紧急情况以及灾害的时候，经济基础很薄弱。因此，这些财产保险不仅有利于这些服务业的经营稳定，同时对于其社会信誉度的提高也将会起到很大的作用。这对于服务业的发展将会做出贡献。另外，我们还积极采取各种方式，通过保险以外的方法来规避风险。随着产业的发展，企业活动所产生的风险越来越多，而且所处的环境也越来越严峻，所以大家要求更多的企业管理，包括风险管理以及准确的资本管理和盈利管理。在这样一个大背景下，企业的风险管理种类就越来越多，而且人们也要求高水平的风险管理。现在的保险技术和保险市场已经无法应对这样的风险了。因此，本公司在进行风险规避的同时，为了提供更多的风险规避方法，开发了金融派生产品，包括衍生工具、金融保证等高水平的商品。其实这些商品都不属于保险范畴，比如说天气衍生商品，但它是符合社会要求的，因此发展的速度非常快。天气衍生商品是1999年本公司在日本首次开发出来并销售的。它是以降雨量、温度等气象条件为测量手段，然后支付约定的保费金额。我们可以通过这样的方法来解决台风和地震等风险所产生的问题。另外，我们也可以通过这样的方法来解决其他的一些涉及风险的问题。

我认为与创新有关的第三点就是销售。我们让顾客购买保险产品，最重要的就是要给他提供很高的方便性。刚才我已经提到过日本传统的销售方式了，现在我们正在挑战打破传统的新销售方式。首先就是通过银行销售保险产品的一种方式。以前银行通过相关的公司将其指定为保险代理店，然后针对存钱或者融资的顾客间接地进行保险销售。法律上是禁止银行直接销售保险产品的，也就是说禁止银行的窗口销售。但是在2001年4月，对于一部分的保险产品，这个规定解禁了，之后对象产品就越来越多。比如说住宅贷款所伴随的长期火灾保险以及保险公司与此类似的金融产品等，消费者要求银行能够销售这些产品，也就是说大家要求这种一站式消费的方便性。另一方面，通过自己的信誉，银行可以依靠优越的地位和影响力去销售一些强制性的保险产品。但是由此在顾客权益的保护，以及同其他同业竞争者的公平竞争方面会产生一些问题。另外，通过存钱和决算所获得的信息有可能会挪用到保险销售这方面。因此在这方面，我们就首先导入了对于利用者比较方便而且弊端比较少的一些住宅贷款合约者的长期火灾保险，以及返还保险，包括海外旅行意外伤害保险等。这些可以在银行通过窗口销售。在这些销售的基础上，明年，也就是2007年的12月，窗口销售将对所有的保险产品全面开放。

接下来就是通过邮局、便利店这种广泛的网络进行保险销售。日本的邮局实际上是国营的，在全国各地大概有24 700个网点。我们利用这些网点来普及保险,但是邮局参与民间的保险业务也有可能会导致官商对民商的压迫。所以采用这种方法一开始是为了减少摩托车不上保险的情况发生,邮局可以销售摩托车的强制保险。这种销售从 2001 年 4 月以邮局与民间的保险公司签署一种代理店委托合同的形式开始。另外,在全国拥有很多网点的就是大型的便利店连锁企业——最大的连锁企业的门店超过了 10 000 家。通过这些网点的保险销售也是可能做到的。现在除了摩托车、汽车的强制保险之外,包括海外、国内的旅行保险,以及一般的保费的收缴都是通过便利店来实施的。此外,在店内也迅速地增加了银行的 ATM 机,这样就可以通过 ATM 机来接受网络的商品采购,包括各种票据的开具,可以说它是非常方便的。除此之外,保险合同程序的简便化和方便化也是保险产品销售的一个重要因素。本公司以顾客满意为中心,于 2002 年开创了一个以高速、高效为目的的新的业务流程。现在代理店和顾客可以面对面地交流,从合同的签署到保费的收缴可以完全实现无纸化、无现金化,而且不需要盖任何章,用一个被称作 MOVIE MS1 的插件就可以实现这些。这样的话,有时保险合同中的所谓费用表、申请表、收取表等纸张就不需要使用了,就颠覆了以往办理保险的方式,在日本这是一个划时代的变化。这样一个程序的完成,对于相关人员是非常有利的:对于顾客来说,原来复杂的保险合同的办理时间缩短了,而且更准确了;对于保险代理店来说,原来的保险合同程序减半,它可以专心地提高服务质量;对于保险公司来说,纸张的使用量大幅度减少,也不需要太多的人员来核实申请表,所以可以大幅度地减少人力。

  销售创新的第二个重要方面就是信息通信技术的利用。对于我们来说,信息通信技术的进步是非常惊人的。在保险产品的销售领域,这种信息通信技术的利用也是非常快的。现在家庭已经普及了网络,通过网络来购买商品也是相当普及。这一状况也波及了保险产品的销售领域。在一开始的阶段,人们只是在网上查看保费的预算书,包括保费和公司的信息。但现在呢?比如说汽车保险、医疗保险,可以在网上直接完成保费合同。随着宽带的普及,上网速度加快,上网费用也降低了。随着电脑费用的下调以及认证技术和安全技术的提高,我认为通过网络的保险销售今后还会有所增长。

  接下来我想讲一下第四点,也就是业务方面的创新。业务的创新究其根本,就是公司的合并和收购。这方面是从1996年开始的,1998年日本的保险市场迎来了最大的财产保险公司的合并和收购。随着保险市场的自由化,各公司为了在市场上争取一席之位,不断地提高各种能力。有以下几点:第一点是保费的竞争能力,也就是价格的竞争力。为了提高这一方面的能力就有必要降低公司的经费。第二点是新产品的开发能力,我们要迅速并且频繁地向市场提供顾客可以选择的产品。第三点是ICT的投入能力,利用ICT是需要巨额投入的。在此基础上,由于新技术不断被开发出来,如果我们不迅速更新的话,马上就会被市场淘汰。第四点是雄厚而健全的财务能力。我们必须要拥有让顾客能放心并且让其能够信任的高水平的财务能力。第五点就是对新业务的进军能力。我们为了向顾客提供复合的保险服务,必须要开展新的业务,我想这方面是需要很大投入的。要先让这些力量在短时间内强化起来,我想到的方法就是发展业绩比较好的公司的合并和收购。合并和收购是伴随一定风险的,但如果顺利的话就可以一举成功。

　　三井住友保险也是为了成为行业的领头人而合并创立的。各公司竞相合并的结果是,现在日资的财产保险公司已经成了六大保险集团——1997年时日资的财产保险公司是21家。这个动向实际上是外国的大型集团渗透日本市场的一个影响。其结果是虽然日本财产保险市场的自由化程度比较高,但是没有一家公司因为顾客失信而受到影响。在海外事业方面,本公司也是日本首屈一指的:现在本公司在世界39个国家拥有分公司和子公司。在东盟,我们以其为中心拥有英杰华(AVIVA)为主要品牌的事业;在印度,我们和当地的公司也开设了合资公司;在中国,我们在上海有分公司,也开展财产保险业务。本公司在很多非日本的国家开展事业有以下几个理由:经济是有一定周期的,只在一个国家开展事业的话,这个国家的经济状况不好自然也会对我们公司的业绩产生不良的影响。而世界各国的经济状况是有各自不同的循环周期的,因此一个国家的经济状况处于下降时,另外一个国家可能正好处于上升期。这样我们把多数国家的经济状况的周期复合起来,就可以描绘出一个稳定的大周期。我们在几个国家同时开展事业,就不会受到一个国家的经济状况的大的影响,可以实现比较稳定的增长,特别是在增长比较显著的亚洲各国。这种业务领域的复合不光是靠我们自己的力量,也是通过收购英杰华亚洲事业部门,或者是收购亚洲当地的公司等来实现的。收购和合并一样,可以一下子扩大我们的业务领域。在变化比较激烈的时代,我们需要迅速地采取行动,尽早地采取措施应对正在变化的环境。公司的收购可以为我们应对正在变化的环境赢取一些时间,因此我们公司不仅拥有日本的顾客,而且也拥有当地的顾客。在亚洲,当地顾客的比例已经占到70%,而且本公司的职员中,外籍的当地职员已经达到6 000人左右。为了进一步增长,我们必须强化企业管理,而且必须制定符合当地情况的战略。

所谓风险规避,就是为顾客解决伴随着工作、家庭所产生的各种风险。根据1996年实施的新《保险业法》的规定,财产保险公司可以通过成立子公司的形式来开展人寿保险事业。之后我们在1996年就成立了人寿保险公司,开始了人寿保险的业务。接着在2002年,我们和美国的CT集团成立了合资公司,针对老年人的生活风险开展了个人不定额养老金保险业务。这样,针对个人生活的风险规避保险可以说是非常完善的了。

我们公司人寿保险的销售,采取了以往人寿保险公司所没有采取的一些方法。刚才我提到过,传统的人寿保险公司在本公司拥有很多的销售人员,由这些销售人员来进行销售。到了1996年,我们开创的人寿保险是通过本公司的财产保险代理店来进行销售的。而个人不定额养老金保险,是通过银行以及证券公司这种金融机构来进行销售的。这样的话,以往的人寿保险公司没有接触到的客户,我们也可以发掘出来。而且我们不需要针对任何保险都给职员支付固定的工资,可以提高销售费的效率。在日本,1946年到1949年人口大量增加,在这个年代出生的人马上就要迎来退休的年龄。为了退休后的稳定生活,这种不定额的养老金保险和医疗保险对于他们是必需的。我是在1965年进入公司的,当时完全没有想到今天我们公司还会开展人寿保险业务。

企业风险的分析评估、事故的防范,以及损害的减少,都被称为风险管理服务。我们也成立了这样的公司开展相关的业务,这其实也是风险规避的一部分。燃烧风险演习服务、台风洪水风险分析服务、食品安全对策服务、生产责任对策服务、医疗风险管理支援服务、业务中断风险诊断服务、土壤地下水污染风险诊断服务、劳动安全咨询等都是我们这个公司的主要业务。

另外，针对现在的社会情况，我们还开展了以下服务：信息安全定位诊断、紧急对策规划测定支援，以及合理的评估；投诉处理，包括 ISO9000、ISO12100、ISO14121 等，以及有关食品业界的卫生管理规格（也就是 HAC-CP）的采用和认证方面的支援；化学物质的管理等。在这些服务中，我们和顾客一起以解决问题为目的开展各种工作。在风险管理事业中，我们每天都有 100 名左右拥有专业知识和技术的专职人员在工作着。

最后我想介绍一下第五点，也就是职员能力的创新。公司成长、发展的源泉是它的牵引力和创造力。而这个源泉就是职员的能力，其实创新也在于此。某一位词作家曾经写过这样的歌词："人们为什么害怕新的想法呢，我无法理解。我所害怕的，其实是旧的想法。"我觉得这种说法正是我们为了培养有利于公司成长发展的"人财"所必须考虑的一个问题。

我刚才提到了"人财"。那么我们公司的这个"人财"的"财"字，不是一般的人才的"才"字，而是用了"财产"的"财"字。在服务业，尤其是金融业，我觉得价值的创造不是倚赖于机械和设备，而是人。只有人才是公司的财产，我们是基于这样的一个想法才用了"财产"的"财"这个字。我们如果只单纯地按照现在的发展趋势来发展的话，将来是不会辉煌的。其实现在有效的一些想法也会在瞬间变得无效，被社会淘汰。企业必须要不断地提供有价值的商品和服务，来维持可持续的成长和发展。为此我们就必须拥有具有创新能力而且有丰富新想法的职员。为此，公司也要不断地为职员提供这个环境。

为了提高公司职员的能力，我们三井住友保险集团开展了国外人才培育项目，我想在这里介绍一下。刚才我提到过，本公司在世界上 39 个国家拥有分公司和子公司。特别是在东盟各国的英杰华，以及英国的劳合社，它们是以当地的风险业务为专业的，事业的规模也在不断地扩大。因此，我们让本地职员从事经营活动，而且所有的业务都是由他们来进行的。为了推动这样一个全球性的战略，我们认识到，最重要的是人才培育。所以我们制定了本地职员人才培训战略。在这个人事战略中，我们首先制定了集团内各公司都共享而且共通的一个最基本的方针，也就是全球人事三原则。

第一点就是公平公正的人事制度。我们把这个制度贯彻到了录用的标准、加薪和升职的标准、惩罚的标准等方面。无论在何种情况下,我们都绝对不允许所谓的歧视,或者骚扰等问题。

第二点就是尊重个性、多样性和异文化。也就是我们要尊重每一个职员的个性和多样性,而且要尊重我们事业所在的各个国家、地区的各色各样的文化和习惯,加深相互之间的理解。

第三点就是崇尚学习的氛围,培养面向新世纪的人才。集团的核心事业在保险金融服务领域。为了使它长久地增长和发展,人才培训是非常重要的。说起人才培训,大家可能马上会想到集体研修等。那么,用集团培训的方式培养领袖精神或者逻辑思维,是否能培养出面向新世纪的人才呢?我想答案也许是"不能"。我们需要职员能够在不依靠他人的情况下,自己去学习。因此公司必须要提供这样一个环境。我觉得在这个基础上,加上 OJT(On the Job Training)和 OFFJT(Off the Job Training)的组合,才能实现这样一个目标。

关于人才培养,除了培训以外,还有什么样的方法呢?我想介绍一下我们公司正在实施的五种方法。

第一种,就是业务职责的整理和明确化。我们把当地公司的业务流程全都列出来,然后进行整理,明确什么部室承担什么样的职能和流程。在此基础上,以部室为单位,对业务和分工进行整理。接下来再以个人为单位进行整理和分类。将个人的分工和业务具体化,实际上也就显示了公司对每个职员的期望。这样的话,也会提高公司职员的工作欲望。如果我们只是对职员说你要拼命地干、认真地干,其实职员并不会理解应该怎么样去干。

第二种,就是目标和信息的共享。为了培养能够承担经营业务并且具有专门技能的、能够支撑经营的这种人才,我们需要明确地去公开一些信息,比如说公司处于什么样的状况,或者以什么为目标。而且需要针对管理层和一般职员提供不同的信息。这是非常有效的。这样的话,公司的职员就可以自己去设想公司的前景,自己去制定一些规划。

第三种,就是部室作为组织的构成部分,提供一个共通的而且必要的职员形象。公司需要一个什么样的职员呢?公司需要职员怎么样去面对自己的工作呢?公司需要把这些信息明确地传递给职员。在此基础上,把这些和人事的评估制度连接起来。这样的话,职员就会变得更加自觉,更加积极。这一点我们是在分工行动项目中列举出来的。

第四种，就是提供场所和机会。我们一开始让公司职员去理解公司的立场和方向，并且了解到公司需要什么样的职员——也就是说他已经掌握了思考的资料。但是，如果他没有自己去挑战或者实践的机会或场合的话，也是没有意义的。所以公司有必要给职员提供发挥其能力的场所和机会。另外，我们必须要鼓励职员有挑战精神，并且要对这种态度给予很高的评价。为此，我们可以通过给他升职的方式，让他参与到责任范围更大的工作中，制定一个中长期的规划。

第五种，就是岗位轮换制。通过岗位轮换制，他不但可以在另外一个部室积累新的业务知识和经验、获得新的知识，同时还可以把在前一个部室所获得的一些经验和知识运用在新的部室。本公司在整个集团之内的各个公司实施的都是岗位轮换制。由于语言、生活方式的不同，肯定会给调动者本人以及接收的部室带来一些问题，他必须要去克服。但是，通过解决这些问题，双方反而会积累很多的经验。

以上我所介绍的内容，就是人才培养的基础中的基础。大家可能会认为没有什么特别新鲜的东西，但是，其实正是由于扎扎实实地贯彻了我提到的以上这些内容，才会培养出真正的人才。我们需要培养这样不断挑战新事务、不断走在前沿、不断创新的职员。我们经常会这样说：对于优秀的公司，老顾客会吸引一些新的顾客。对于职员来说，也可以。这个道理是一样的。工作意欲比较高而且创新能力比较强的职员比较多的公司，其实会吸引越来越多这样的职员。我想这正是公司真正的实力。

以上我介绍了本公司的五种创新方法。我想大家对于创新的必要性是非常理解的，但是，在我们公司里面——实际上是在每个公司里面，都会有很多不喜欢变化的人。创新这个东西，其实是说起来容易，做起来难。另外，创新本身是不会停顿的，因为我们周围的环境是不断变化着的。

以上就是我的发言，谢谢大家！

互动环节

王其文：刚才井口先生介绍了很丰富的内容。我听过以后，发现他的发言和原来我看到的介绍材料是不一样的，内容丰富得多。我有几点

体会:

第一点,井口先生实际上是以他丰富的经验来向我们做介绍。他在1965年就进入保险业了。虽然两个公司后来合并成三井住友是在2001年,但是,他在之前有十多年的高层管理经验。所以他介绍关于工作中的这些事,都是如数家珍。我很难记得清他当时提到商品创新时说的那么多丰富的产品。比方说天气衍生商品。今天中午吃饭的时候他说道:"现在中国国内哪个地区来了台风,事后咱们就捐东西;哪个地方来了洪水,事后咱们就进行捐助,捐衣服、捐钱,什么都捐,或者国家从某一个方面进行应对,却没有真正的商业保险。农村种粮食、种菜,种下去以后怎么样呢?就是靠天了。万一来了冰雹,来了什么坏天气,就完了。"其他的他还列举了好多好多……像一个创新的果篮似的,这个果篮里有好多水果,我一时来不及一个一个地尝,回去还可以消化,还可以品尝。他的报告内容特别丰富,而且都很自然。因为这些都是他经历过的,而且是作为高层的管理人员思考过、实践过的。

第二点,就是三井住友海上火灾保险这个公司不是像原来想的那样只从事海上火灾保险。它可能还有其他的保险产品,后来的那些创新产品根本不是海上保险,也不是火灾保险了。它是日本第二大的保险公司,是在39个国家运营的国际化公司,而且是很有创新精神的公司。三井住友能够扎扎实实做成功,能够在国内很有影响、在国际上的多个国家经营,而且有45亿元人民币的利润,24 000名员工——粗略一算,就是每个人有超过20万元的利润。大家想,真正成功的企业不是员工人数加起来多的这种"大",而是真正要"强",有效益的"强"。所以你想,要能够做到这个程度,它得有经验。而且三井住友在中国上海已经有业务了。并且,实际上日本国内持有的三井住友的股份大大低于国际上的股份。刚才说了,欧美持有的股份已经占30%多了,所以它真是一个国际化的公司。

第三点,就是对可持续发展的体会。中国一说可持续发展,主要是与资源、环境有关的可持续发展;而这个地方说的是企业的可持续发展。从一个角度来说,一个企业经营时万一碰到意外怎么办?如果只靠自己一个企业,就难以抵御这种意外,就会破产。因为知识产权,或者因为信息系统瘫痪耽误了,靠什么赔付?破产了怎么办?所以在现在这样变化迅速的信息社会,如果一个公司总想自己单打独斗,又要冲破重围,觉得永远不会落入危险境地,很难。所以要为企业的可持续发展保驾护航,保险业的存在特别重要。家庭也是这样,个人亦是这样。谁都希望总是平安、健康,但是,万一得了什么病,或万一出了什么灾,怎么办?所以保险与可持续发展这个题目很契合。从另外一层意思来看,保险公司的可持续发展就更重要了。如果保险公司没有可持续发展能力,谁能够放心地去它那里买保险?所以井口先生作为CEO最后讲了员工能力的开发,实际上是如何调动潜能,使得企业的各个层次都发挥作用,保证企业常新。他最后说到创新时的体会。就是说创新说起来容易,做起来难,而且是永远不能停歇的事。公司永远在学习,永远在进取,才能有这种信誉。而保险公司的信誉正是这个公司的生命线。

  第四点,就是中国的保险业。今天中午我和曹凤岐教授也说到,今年12月中国加入WTO的过渡期结束以后,实际就实现了全面解禁。对国外的金融类企业来说是很好的机会;同时,对国内的企业也是个挑战。关于挑战、机遇这些词,经常用到。不管怎么样,就是在WTO过渡期过去以后,国内外的企业,还有合资企业,都要面临新的问题。企业要做什么工作呢?一开始井口先生说到企业存在的价值,对于社会他说了三个方面的价值。实际上第一个是为社会创造价值。咱们说,要在中国的保险领域为中国的老百姓创造价值。另外,当然是要为企业的员工创造价值,也为替企业承担风险的出资人创造价值。就第一个价值来说,关于中国的社会保险,现在在网上大家发表很多意见和引起讨论的一些问题都与保险有关。中国还没有普遍的医疗保险政策,除了医疗保险,还有好多的社会保险。实际上中国在保险这个方面现在还很薄弱。如果要和别的国家比,特别是要与先进的国家比起来,我们的份额要小得多,从直观上来说就是很薄弱。而这要怎么办呢?不能都让国家去做,这是商业的事情。对于企业、保险业在这里面如何发挥作用,还真是提出了一个新的任务。做好了以后也是一个很好的平台,或者说是很好的市场。厉以宁老师说到中国农民担保的时候,说中国的土地不能用来做担保,因为没有土地所有权。所有权也不能用来做担保,房屋也不能用来做担保,所以农民运作资金的能力很差。因此中国农民处于贫困状况,收入提高得很慢。但是是同时也提到,中国农民如果把好多问题解决了——就像一把钥匙似的,解开这个锁以后,蕴藏的潜力相当于"十几个金矿"。这个基数太大了——

我们有八九亿农民,两亿多户。比如原来看的是黑白电视机,换一个彩色的;原来不用冰箱的,用上冰箱;或者再买一辆小汽车,又当运输工具,又能载人……每户经济能力的提高并不是遥遥无期的。考虑到每一家的消费,这是多大的一个市场啊!实际上保险也是这样,这是保险业很大的一个市场。现在中国是独生子女政策,一个孩子长到十几岁,如果得了什么病,致残了,怎么办?这是特别尖锐的社会问题。

第五点,就是和谐社会。和谐社会很重要的一个方面就是有一个相当好的社会保险体系。这个社会保险并不光是用养老金来做。如果整个中国没有一个很好的社会保险体系,怎么能建成和谐社会呢?它与今天咱们探讨的这个问题很契合,就是说保险业的发展起到的社会功能是很重要的。

第六点,是我很有感触的地方,就是人才战略。井口先生讲到人才战略,他说他把那个"才"加上一个"贝"字,就是财富的"财"。他提到,像这种服务业,不靠机器,就靠人,这就是财富啊!因为这里有好多咱们的学生,有些可能明年或者后年就毕业了,就要找工作。现在在座的也有来自企业的。中国现代服务业的发展,还是要靠人,还是要靠人才,而且要靠对人才的重视。今天,井口先生后边说到了培训之外的培育,提出的五种方法是很宝贵的。这不是从一个理论推导出来的,而是从他在公司多年高层管理中的大量实践得来的。所以感觉特别好,特别感谢!

问:谢谢!井口先生,您好!我想提问的问题是这样的:我叔叔是在保险公司工作的员工。他跟我说,在我们中国,保险公司的第一个问题是美誉度不是非常好;第二个是从业人员的总体素质不是非常高;第三个是从业人员的流动性又非常大;而且现在外国的保险公司已经在逐步地侵占中国的保险市场了。我想请问您的就是,中国的保险公司面对这种越来越激烈的国际竞争,应该有哪一些转变?您对我们中国的保险公司有哪些意见和建议?

井口武雄:中国的财产保险,我觉得我不是百分之百都知道。但是对于这个问题,我想阐述一下我个人的观点。

从一般的老百姓来看,如果没有意外伤害的话,就不会有保险。没有这个信任的话,就没有保险。所以保险公司必须要树立自己的信誉。

为此,第一点就是,对于发生事故的顾客,必须尽早地、尽快地和他取得联系,然后确认事实,尽早地向他支付保险金。作为保险公司不是只收取保费的。不支付保险金,或者保险金不能让顾客满足,这种情况在50年前的日本也发生过。但是我们克服了这样一个状况,现在发生了转变,像我刚才介绍过的,现在我们会马上和顾客取得联系,确认事实,支付保险金。

第二点比较重要的是,对于加入保险的顾客,我们要对保险的内容进行详细的说明;对于买了东西的顾客,我们必须要让他知道这些商品所附带的不好的一方面——有的人害怕让顾客知道不好的一方面之后顾客就不买了。在财产保险方面,无论什么保险,或者无论什么产品,肯定有不能支付保险金的情况。比如说,在火灾保险方面,无论是中国、韩国还是日本,发生战争的话,都不会支付保险金。针对这些内容,我们必须要向顾客进行详细的说明,让他了解以后,再购买相关的商品。

第三点和这个也有关系。特别是在财产保险业界,保险公司的职员在没有直接向客户销售产品的情况下,首先要向顾客讲解这个保险产品的内容,特别是负面影响的方面,这是非常重要的。特别是销售保险产品的代理店,或者通过网上、电话销售等,销售人员必须认真地了解保险产品,才能给顾客提供详细的内容;如果不这样的话,就不行。在日本也是一样的。在40年以前,通过财产保险公司的代理店来销售保险产品时,参与保险销售的业务人员不具备专业的知识,也无法向顾客详尽地说明。发生事故的时候,就会出现各种各样的纠纷。所以,在40年前,大家就认识到要团结起来,必须加强对保险销售从业人员的教育。所以说,我们才进展到了今天这样的一个状况。除此之外,作为保险公司,比如说财务能力必须要健全,也就是说没有破产的风险,必须给予顾客这样一个让他能信赖的信息。也就是说,要让顾客知道我们的公司是处于业绩成长阶段的。

问:您好!谢谢您刚才从各个方面为我们讲了创新的成果。在影响三井住友增长的核心竞争力方面,有没有一个比较核心的创新成果?能不能给大家介绍一下?谢谢!

井口武雄:三井住友火灾保险的核心创新成果正像我刚才说的那几点。也就是说,我们是通过这种创新增强了我们的强项,这是我们的核心竞争力。再说具体一点,就是产品的创新。日本的管制已经自由化了,产业结构也发生了很大的变化,加上这两点,我们开发出了很多新的产品。

在日本的保险业中,论开发的产品的数量以及新意,我们是第一的。正像刚才所说的那样,我们不仅在保险业,在金融方面的一些期货生意等上,也使用各种各样新的技术来开发这些商品。对于专门的一些工作人员,比如说辩护律师等,我们教育他们,向他们说明社会责任,这也是我们革新的一个非常重要的内容。

第二点,销售方面的变革。刚才说到了"革新"这个词,我们公司发生的是 ICT 形式的变革,就是通信技术的变革,或者是通过各种形式的销售进行变革,如通过代理店来销售等。这一点已经讲了。其实还有很多。在许多保险公司中,将要销售的这些产品更多的是用传统的方式进行销售的,比如说财产保险产品,都是用传统的方式来销售的。在日本的保险销售中,我们和它们不一样,就是通过代理店,通过团体的力量进行销售。关于这个"团体"销售哪种财产保险的产品,我们会经常与之切磋。这种方式为我们公司做出了很大的贡献。

第三点,我们在亚洲的不断发展。现在东盟十国中直接允许销售的有八个国家,另外在中国、韩国、印度等国家,我们也在销售我们的保险产品。尤其是进入这些国家的市场的一些公司,当这些公司回到日本的时候,我们的服务将会对它们产生很大的作用。

第四点,我们的排名非常靠前。在日本的金融机构中,我们能够获得最高的评价。所以,我们通过反复地进行变革,来强化我们公司的力量,这也是取得的成果吧。

问:井口先生,您好!您在讲座中提到,有一部分保险产品是在银行或者证券公司销售的。我就想问,贵公司采取了什么样的措施,让银行和证券公司推销贵公司的保险产品?如果其他的保险公司也让银行或者证券公司来推销它们产品的话,贵公司有什么样的方法让银行或者保险公司更多地推销贵公司的产品?谢谢!

井口武雄:我们有两种方式,我想分两点来讲。第一点,就是财产保险。我们通过银行销售财产保险。我们下的功夫最大的、增长比较强的地方,就是电脑体系和网络的连接。也就是说,银行的职员不一定是保险方面的专家,但对保险的客户,他必须要说明一些内容,这样他就可以方便地通过电脑的画面来进行说明。另外,签署保险合同的时候,合同的程序也是他通过看电脑画面来完成的,而且完成的这个合同,也是通过电脑输入进去的。也就是说,对于这种保险,我们通过一个能够简单地操作保险的程序,实现了银行的窗口销售。我们开发了银行保险窗口销售专用的程序,发挥了它的作用。在和其他保险公司的竞争中,最重要的就是一旦我们的体系进入某一个银行,通过这个体系,银行的职员就可以从事我们的保险销售,其他的保险公司就参与不进来了。所以说,开发好的体系,让银行采用我们的体系是最重要的。

第二点,就是开发银行容易销售的产品,而且开发适合客户从银行购买的保险产品。这种开发竞争确实是非常严峻的。有时可能一些保险公司会向银行推荐比我们开发的要好的保险产品,从而把我们赶出去;当然也有相反的情况出现。所以,在人寿保险方面,个人的不定额年金保险是主要的。这种个人的不定额年金保险要求投保人到一定的年龄时就必须支付年金。对于这种年金,我们可以通过证券、股票或者其他外国政府的国债进行运营,灵活运用市场价格不断变动的这些金融产品。如果我们能够把这种资金运用得好,今后我们支付的年金就会多;如果失败的话支付的年金就会少。也就是说,对于伴随一定风险的保险产品,决定我们销售这种产品成败的重要一点就是银行的顾客。银行的顾客是不一样的:大银行的顾客,总的来说,一般都是有钱人;而以地方为中心的一些小银行的顾客和大银行相比所拥有的资产比较少。一部分的银行顾客不喜欢风险高的产品,而另一部分的银行顾客喜欢风险高的产品。也就是说,根据银行的不同,顾客的倾向也是不同的。所以我们要分析这样的情况,然后开发出适合这种银行顾客的产品。我们用一句话将其称为个人不定额年金产品。但是针对不同的银行,我们销售的保险产品是完全不一样的。而且,因为银行的职员不熟悉保险产品的销售,也没有专业知识,所以我们在各个银行的窗口会派专业的人过去,了解这些银行销售人员存在的一些问题,然后进行解答。这样的话,就可以解决银行销售现场发生的各种各样的问题。通过解决这些问题,我们让从银行退职出来,比如说退休了的一些人来做这些工作,因为他们对银行还是很熟悉的。所以说,现在我们的这种效果也是非常好的。只用了四年的时间,我们的增长率就已经很高了,业绩增长得也很快。其实,这可能也算是王婆卖瓜一类的话了。

问：井口先生，您好！我是光华管理学院的 MBA。谢谢您严谨、务实的演讲！在我提出我的问题以前，我需要讲一个关于经营创新的小案例。最近几年是日本企业的多事之年。有一家日本企业，从国外召回出了故障的笔记本电脑，但召回的国家不包括中国。另外一家日本企业，利用中国法律的漏洞，把一种毁容而不是美容的化妆品销售到中国。我的第一个问题是，请问您怎样评价这两家企业"经营创新"的行为？第二个问题是，您觉得三井保险应该采取什么措施，避免在中国提供保险的时候，出现类似的"经营创新"行为？谢谢！

井口武雄：不同的企业，应对的方式也不一样。刚才你提到因商品缺陷而导致召回的情况。对于这样的企业，我们将采取什么样的应对方式呢？首先，在日本我们也销售这样的保险，就是针对在投保企业不得不采取召回的时候所花的费用、成本等的保险。但是我们对很多公司都无条件地提供这个保险。因此对于品质管理、召回时的一些应对程序，我们要提前进行调查。在这个基础之上，我们觉得问题好像不大了，才会这样去做。有的时候我们可以承担，有的时候我们无法承担。

刚才你说的另外一个问题，是关于风险的管理。事先我们会和企业就这个产品所拥有的特性、风险进行商谈。就是说，我们会对销售的费用情况进行一些检查。不得不召回的时候，或者是出现了一些需要负责任的情况时，我们要提供这方面的相应服务。

在中国的活动这一点，我觉得让我来评价有点不太适当。一般来讲，绝对不能销售企业不得不召回的商品。在这个意义上，在日本国内，汽车召回等情况都时常会出现。关于这一点，如果出现了必须要召回的情况，是必须要召回的。以前在日本国内有很多这样的情况：应该召回的时候企业并没有把它公布出来。但是现在，只要有一点小的情况，社会上就会马上把它弄清楚，通过传统媒体、网站等把它公布出来，然后采取措施。从这个意义上来讲，现在企业对于安全都非常认真仔细，它们的要求越来越高。并且，绝对没有任何有缺陷的产品流到社会上对于哪个公司都是很困难的一件事情。因此从这个意义上来讲，出现了这样的情况，就要马上公开，然后采取措施。

问：您好！我想问一下，对于你们日本保险公司自己的雇员，他的保险是由公司来买，还是他自己来买？谢谢！

井口武雄：您说的是保险公司职员的社会保险吗？日本的社会保险大致可以分为三种：第一种是医疗保险，也就是健康保险，是针对医疗和健康的；第二种是针对将来养老的年金保险；第三种是失业或者是发生劳动事故的劳动保险。所有的这些保险都是强制购买的。所以公司会为职员加入所有的这些保险。其中的健康保险、养老保险是由公司和职员各分担一半，职员负担的一半费用是从工资里直接扣除的。另外，所谓的劳动保险，比如说失业保险等，是由公司全额负担，职员不需要掏这部分的钱。这三部分构成了日本的社会保险。我再重复一遍，在日本它叫做国民保险，所有的老百姓无论在哪都必须要加入这个保险。

问：非常感谢井口先生的演讲！日本保险公司中主营财产保险的有48家，主营人寿保险的有38家，我想问一下关于保险业竞争的问题。第一个，费率竞争的激烈程度如何？有没有最高费率优惠的限制？第二个，三井住友公司服务竞争的优势是什么？有什么保险以外的衍生服务？谢谢！

井口武雄：首先，费用的竞争曾经是非常激烈的。但是我刚才提到过，从1997年4月1日开始，所有保险产品的内容和价格就实施了自由化。所谓的自由化，就是各个保险公司可以根据自己的统计和能力来制定相应的价格，而且可以制定相应的保险内容。这样的话，关于汽车的保险就首先出现了非常激烈的竞争。我们看一下是什么样的竞争：第一，就是保险的内容，怎么样扩大保险所涵盖的领域；第二，就是把所有的保费都降低，也就是提供了一种打折的制度；第三，就是借鉴了欧美的一些直接市场的保险公司的经验，也就是说直接销售的形式。在1996年到2001年年末的这几年之间，我们三井住友保险大概半年就要调一次价格，不这样的话就无法在竞争中存留下来。结果所有保险的保费大概都降低了10%—20%。但是之后，所有的保险公司从这个恶性竞争中吸取了教训，现在已经不是半年必须下调一次价格的状况了。现在的状况就是，我们必须要不断地将新的保险产品推向市场，也就是说，一年必须有含有一些新的保障内容的新保险产品走向市场，现在是这样一种竞争的状况。

另外一个，就是您问的所谓的派生服务、派生产品。比如说汽车保险的派生产品的竞争也是很激烈的，我想在中国可能也有。最多的就是服务的竞争，就是顾问服务。有一些有故障的汽车，车主离开车的时候会把自己的钥匙放在车里,结果就把车门锁上了。有这样的事故发生。为了拿这把钥匙,他必须把车拖到修理厂,打开车门。还有就是,有人去开车旅行,结果汽车发生了故障,之后的旅行就无法持续下去了,必须把汽车送到修理厂,而且之前预约的旅馆都必须取消。对于这些费用我们会提供相应的保险。现在大概所有的保险公司推出的产品都是很全面的,所以说,这方面的竞争倒不是很激烈了。另外还有价格的竞争,以及衍生服务的竞争。特别是火灾保险这方面的竞争,企业的火灾保险的竞争非常激烈,基本上所有企业的火灾保险都是订单制的保险。各个保险公司产品的内容是不同的,价格也有所不同。此外还有一些火灾保险的衍生服务。比如说下水道或者上水道冻住了,管道破裂,需要支付修理管道的费用;结果修理的时候,水又漫得到处都是,要解决这个问题也需要一些费用。火灾保险这方面的服务竞争,现在和汽车保险一样,各个保险公司的产品都非常完善了,基本上也是处于一个很成熟的状态。

三井住友这个品牌是有着非常高的价值的。而且秉承挑战与发展,三井住友的品牌价值不光是我们一家努力造就的,比如说还有三井物产、住友、三井银行等。我们集团所有的人100来年的不懈努力铸就出这样一个品牌。这个名字我们也在使用。因此我们构筑起来的这些品牌的价值是很高的,所以也不想改变。不过在中国,三井住友这个品牌的价值到底有多高,反而想问问大家了。我觉得即使在中国,我们也希望使用三井住友这样一个品牌,而且要继续使用下去。因此,在上海的公司,我们也采取三井住友海上火灾保险上海分公司等形式。中国也允许建立100%外资的子公司了,所以如果有可能的话,我们还是想采用这样一个品牌,建立三井住友(中国)保险这样的公司。在这个意义上,我们所考虑的不是改变这个品牌的名称,而是说,我们在进行创新的时候,怎样提升这个品牌的价值,怎样进一步地向前发展,发现问题。比如刚才说了,认真地去理赔、尽快地去理赔。今后也希望大家进一步地支持我们三井住友这个品牌。

王其文:其实三井住友后边还有"海上火灾保险"几个字,是继续用比较长的名字,还是用三井住友(中国)或者其他名字?就是说,如果有"海上火灾保险"这几个字,会不会让有的顾客认为只卖火灾保险?

井口武雄:确实是您说的这样。在日本,根据法律的规定,保险公司要把两个主要经营的保险业务放在公司的名称里。当这项法律条文修改了以后,也就是可以把"损害"这两个字放在保险公司名称里的时候,我们也讨论过,是把它改成三井住友损害保险公司,还是沿用三井住友海上火灾保险公司这个名字。我们也考虑到这个品牌的价值问题。其实和三井住友一样,海上火灾也具有品牌价值。确实这个名称本身是很长的,但是在日本国内,还是使用三井住友海上火灾保险。所以在国外,我们在美国、欧洲用的是"三井住友保险公司"这样一个名称。在中国,因为日语中的损害保险在中文中叫财产保险,所以,我们是叫"三井住友财产保险(中国)"。我想这可能是最适合的。确实像王教授说的一样,如果把"海上火灾"加上的话,可能会产生误解。

问:井口先生,您好!刚才在您的演讲里面,提到了很多服务业保险的内容创新。刚才王老师也提到了中国农村和农民的问题。我想请您介绍一下在农业保险方面的创新。谢谢!

井口武雄:关于农业保险方面,在日本有一个农户加入的组织,叫农协。不是100%的农户都加入农协。农协里边也有一套叫"共济"的、类似于保险的机制,所以它是一种互助保险。比如说出现了涉及果树受灾等的问题时,农协对于这些自然灾害所导致的财产损失进行补偿。因此,农户加入了农协,以他们为中心来运营一些互助项目。我们如果进入这样一个领域当中,就会给农协的业务带来很大的影响。所以在历史上,我们从来也没有进入过这个领域。但是一般来讲,作为农户,虽说有农协,但是有的农户也想加入民间的这些保险公司。刚才已经讲到了一些,像金融保险、金融产品、天气等,比如说,农民进行水稻的栽培,水稻成熟的时候,也就是8月份的时候,平均气温在多少度以下、低于一度或者高于一度的时候,我们支付多少;另外,某个地区遇上台风灾害,风速超过了每秒多少米的话,支付多少。也有类似这样的保险,但是我们在农业方面介入的不是很多。

不管怎么说,关于这个衍生的产品,对于农户来说,对于自然灾害的补偿是一个非常有效的制度。

问:我来自山西大同发改委,最近在北大进修。我提一个问题,我们目前国内的保险企业,在招募员工当中的随意性非常大,而且流动性也很大。我想请问贵公司,你们在中国开办业务,要招聘员工,大概是个什么样的标准？谢谢！

井口武雄：您提到了对于职员流动性的对策。对于日本的经营者来说，其实这方面的应对能力是很低的。因为日本的公司基本上没有经历过职员来回跳槽的情况。其实包括我也一样，进入公司以后，就会一直干到退休，基本上大多数人都是这样一种情况。所以说，为了防范流动性而采取措施，这种经验对于日本的公司来说是没有的。当然，我们需要给职员提供一种令他满意的工作氛围，或者是创造一个值得工作的公司，要朝着这个目标努力。比如说在待遇方面、各种优惠措施方面，或者其他的劳动福利方面，我们会提供不比其他公司或者不比其他产业水平低的优惠待遇，我们会完善这方面的措施。从这个方面来说，今后在中国，我想会雇用很多中国的本地职员。我们让他们在我们的公司里工作，我们也必须采取这样的一个优惠措施。在座的各位告诉我们，为什么中国人那么愿意跳槽，那么愿意换工作呢？其实在任何一个国家、任何一个市场，对于职员来说，最重要的就是，首先愿意在这个公司工作，无论工资待遇或者工作的内容如何；其次，需要通过在公司的工作，实现一种有价值的人生，比如说劳动时间非常宽裕或者有创造性等。那么我觉得我们在中国开展事业的时候，至少要具备这些条件，而且在这些基础之上，我们必须要完善我们公司的环境，使得中国的职员不去跳槽。我刚才提到过，我觉得在座的各位可能对三井住友也是很有期待的，我希望大家只要进到我们公司就能干到退休。

问：非常感谢井口先生精彩的演讲！我来自农村，对农业方面的保险比较感兴趣。刚才井口先生谈到的农业保险，提到气温低于多少度、风速大于多少米，我觉得这种保险可能在中国很难操作。我小时候经历过蝗灾，基本上大面积的玉米就没了；经历过棉铃虫灾，我们家的棉花产量就基本为零了；还经历过冰雹，我们家的西瓜产量就为零了。不知道三井公司有没有支持农业方面的保险？现在在中国有失业保险、健康保险、医疗保险，我也经营过几家公司，倒闭的公司已经有三家了，现在还有四家在经营。有没有一个险种，能够让公司稳定、持续地发展，然后就不用有失业保险了？谢谢！

井口武雄：在日本国内，这些灾害的损失由农协来承担，它们有类似的机制。农户以互助的形式来解决问题。因此，民间的保险公司不介入这方面。对于损害农协的一些活动,我们会尽量回避。有一些地区没有农协这种机制,当然,我们这些保险公司就会介入到那个地区去。所以我们开发出了更多的保险商品,我想在中国可以进行。但是,您刚才说到经营方面的一些问题。比如说冰雹,这是限定在某一个地区的现象;而蝗灾、洪水、台风、地震等,这些是一个地区范围内非常广泛的重大灾害,可能性极大,作为保险公司,完全承担所有的风险是非常困难的。因此在这种情况下,比如说日本或者印度尼西亚等,我们作为财产保险的提供者,会支付一定的金额,但是超出这个金额之外的,要由政府来承担。也就是说,政府和民间组合在一起来进行保障。通过组合,解决这个问题。也就是说日本采取的是这种办法。

您刚刚说到另外一个失业保险。日本国内是国家运营这些强制保险,所以各个公司都要给员工上保险。但是与失业相关的一些保险只有一个,那就是住宅的分期付款还贷的一些支援。比如说,由于失业而导致还不上房贷。房贷还不上的时候,如果他买了这方面的保险,保险公司能够替他支付这方面的还款。我们有以这种形式对失业进行赔付的一种保险。

顺便说一下,这在日本过去也是很难实行的。经过放开管制,银行和证券公司有很多衍生产品。如果保险公司做不到的话,银行、证券公司会采取各种方法。比如说对于一些农作物的灾害,或者气温、风速、降雨量、湿度等所导致的损害进行赔付,它们也可以做这样的产品。

问:坦白地说,作为承保人和保险公司,我们都不希望风险的发生。所以我想问贵社有没有预测风险以规避赔付的技术或者是机制?比如说,在人寿保险中,为承保人提供免费的体检;或者说提供天气保险的时候,如果能够提前预测到自然灾害的到来,提前把消息预告出去,让承保人提前离开,这样就可以减少双方的损失。谢谢!

井口武雄:我们会让客户到签约的医院接受身体检查,然后我们去确认,之后我们才会受理他的人寿保险。但是如果做到这个程度,对于客户来说,他的负担也是很重的。如果是小额的保险,或者是只负担医疗费的保险,我们会有一个健康问题表,然后让顾客来填写。我们通过他回答的情况,来判断能不能受理这份保险。如果说这个回答的人写的是虚假的情况,我们会跟他说,如果你不写真实情况的话,对于因此而产生的一些问题,我们将不会赔付保费。

另外还有一种,就是在财产方面。刚才提到过,我们会充分地开展一些风险管理的工作。比如说对于台风袭击,它会给多大范围的地区造成危害;比如说对于洪水经常发生的地区,这些洪水会给多大范围的地区造成灾害,我们会有一个计算的体制。比如说某个顾客有工厂,我们会对工厂周边进行调查,然后输入计算体系里面,计算他到底能够获得多少的保费等。其中,如果达到这个雨量,或者达到这个范围的话,我们就会通知他,给他提建议,要求他的职工赶紧去避难等。我们不会干预到每一个灾害发生的具体情况,但是会提前进行调查。比如说灾害会发生到什么样的程度,我们会有这样的一个预测。比如说预测雨量会达到一个什么样的程度;或者说,如果要是被淋湿的话,你的产品会受到怎样的影响;如果你有这种产品的话,达到这个雨量时,也要把它移出去等。我们会提出这方面的一些建议。

(演讲时间:2006 年 10 月 17 日)

第五篇
便利店业务在日本的引进及技术创新

铃木敏文：柒和伊控股股份有限公司代表取缔役会长兼 CEO

在中国中央政府、北京市政府和成都市政府的大力支持下，柒和伊集团在当地开设了伊藤洋华堂综合超市、王府井食品超市、7-ELEVEN 便利店和奥乐多合家欢餐厅。现在伊藤洋华堂在北京有 8 家，在成都有 4 家；王府井食品超市在北京有 1 家；奥乐多合家欢餐厅在北京有 2 家；7-ELEVEN 便利店在北京有 92 家，在天津有 3 家，在上海有 48 家，另外，包括香港、澳门、广州在内，我们约有 1 600 家 7-ELEVEN 便利店；在北京、武汉、深圳、沈阳及香港一共开设了 9 家新百货店。

今天我要演讲的题目是"便利店业务在日本的引进及技术创新"，包括以下四个主题：一是向日本引进 7-ELEVEN；二是从顾客立场出发，打破行业传统观念；三是开展全球战略；四是 7-ELEVEN 在中国的发展。

一、向日本引进 7-ELEVEN

现在日本便利店的销售规模已经超过百货店行业,成为日常生活中不可或缺的社会基础设施,深入到了人们的生活之中。便利店这种经营模式虽然诞生于美国,但在 1973 年引进到了日本,并且日本便利店发展成为引领世界便利店行业的典范。我就是推动将 7-ELEVEN 引进日本的人。但是当时流通业的人士、经营顾问还有学者都反对我的决定。不仅如此,当时我是综合超市伊藤洋华堂的董事之一,其他董事基本上也都反对我的意见。零售业的专家们无一例外地都表示强烈的反对,他们表示便利店模式在日本不可能成功,不可能在日本扎根。那么他们为什么这么反对在日本引进便利店呢?他们认为便利店能够在美国发展的背景是美国的大型超市在不断扩张的过程中,在住宅区附近的小型商店越来越少了;但是在二十世纪七十年代初,日本各地还有很多由中小零售店构成的商店街,所以像便利店这样的小商店不可能有发展空间。

1974—1995 年,日本处在一个经济飞速增长的时期,开始形成了真正的工业化社会,大量的生产和销售掀起了空前的消费热潮。可是在这样的形势之下,中小零售业的经营环境却越来越严峻了。究其原因,是因为当时日本中小零售业仍然是以家庭作坊为主,生产效率很低,消费环境本身也已经从卖方市场转向了买方市场。而我认为中小零售店不景气的主要原因是生产效率问题,只要建立有效的机制、提高生产效率,零售店和大型商店就可以共同生存和发展。

当时我每开一家伊藤洋华堂,就会到各地的商店街去说服他们,跟他们说只要提高生产效率,全面满足各种需求,小商店也一定能够与大商店共同生存和发展。可是,当地商店街的人听不进去,他们说这只不过是强者的强词夺理罢了。于是我就想还不如自己去试试好了。那个时候,我去美国出差看到了 7-ELEVEN 的店,当时就觉得在美国居然也有这样小规模的零售店。回到日本以后,我经过调查发现这些零售店是由一家公司经营的,当时在全美有 4 000 家门店,业绩非常出色,是一家优秀的企业。知道这样的事实之后,我觉得即便是小商店,只要做得好,也能够得到发展。我有了强烈的想法去了解它的机制和秘诀,但是我到 7-ELEVEN 店里看不出有什么特别的地方,从外面观察也学不到什么,于是我觉得通过业务合作的方式在日本发展 7-ELEVEN 的连锁店可能是最好的办法了。

我在 1972 年 5 月访问了位于达拉斯的经营 7-ELEVEN 的美国南方公司,当时这个公司对于日本的市场完全没有兴趣,我吃了闭门羹。后来我找到了门路与这家公司谈判,但是他们提出的条件非常苛刻,让我难以接受。最终,经过我们的不懈努力,我们的要求基本上被接受了。并且,在 1973 年 11 月,我们与该公司签署了地区服务及许可协议。合作开始前,我在日本成立了现在的 7-ELEVEN 的前身。当时我登报招聘员工,招来的都是一些贸易公司的职员、制造业的营销员等,他们基本上是没有零售业经验的门外汉,一共 15 人。决定合作以后,我马上带着这些职员去参加了美国公司的培训。我当时非常希望通过这次培训能得到该公司的经营秘诀,但是我的希望完全落空了。培训的内容都是收银机的输入方法、清扫方法等非常基本的一些知识。签约后他们给我拿来一大摞经营手册,一共 27 册,都是一些面向初涉经营者的入门书,从中也找不到需要的经营秘诀。

日本和美国在文化、生活、消费方式上有着很大的不同,即便这种方法在美国能获得成功,在日本也可能全然行不通。零售业就是一个非常本土化的行业,通过在美国公司的培训我深切地体会到了这一点。当然,我们不能因为该公司的经营手册派不上用场就撕毁合同,我们下定决心要在日本率先挑战真正的连锁便利店经营模式,于是我们开始摸索符合日本顾客需求的体制。日本的 7-ELEVEN 从美国公司引进的只有招聘和快捷系统的一部分,剩下的全是由日本独立开发的。零售业是一个非常本土化的产业,在美国的 7-ELEVEN 汉堡包是主打商品,但是在日本,汉堡包没有扎根到日常生活中,所以不可能卖好。因此,我们只能去寻找符合日本人日常生活方式的一种快餐食品,那就是日本的传统食品——饭团和便当。当时我也遭受了很多人的反对,他们觉得饭团和便当在家里做是理所当然的,不可能有人花钱买这个东西。但是我想既然有这么多日本人每天都要吃饭团和便当,潜在的需求量应该是很大的。如果我们能够提供味道、质量都非常好的饭团和便当,一定能赢得顾客的支持。最终,我用这种想法说服了那些反对者,并开发了这些商品。此外还有像关东煮、好炖、各种面类等食品,这些都是源自生活文化和适应时代需求开发的商品。

一开始,我们被周边的很多人反对。这些主打商品在 7-ELEVEN 的专用工厂生产,生产后运到各家门店。7-ELEVEN 的商品开发专员与厂商的人员联合成立团队进行商品开发,我们把它称为联合商品开发,开发团队共享市场信息和生产技术等。而当时日本还没有这种超越公司组织范畴去共享信息的情况。从传统的观念来看,跟其他竞争对手合作,共享信息和技术,这完全是不可想象的一件事。然而,如果过分拘泥于组织的范畴,就无法生产出令顾客满意的味道和质量。所以我们就请很多人加入我们的团队,共享必要的信息和技术,从而生产出了真正能够令顾客满意的商品。我们必须要一起合作,形成一个团队,然后彻底地去发掘顾客的需求。我们之所以能够摆脱零售业和制造业的传统观念,创造新的模式,也是因为没有拘泥于过去的成功经验和业界的固有常识,能够不断地从顾客的立场出发考虑问题。当然,在日本,之前没有便利店这个东西,想模仿都模仿不了。因此无论是商品的开发还是体制的形成,我们都没有去模仿其他公司的成功案例,而是站在客户的立场去思考并做出决断。

我们以为把美国 7-ELEVEN 的经验拿到日本就能够成功,但是美国的经验不能适用于日本,如果那个时候我把美国的体制完全拿到日本,那么我觉得至少一年以后会是全军覆没的结果。从这个角度上来讲,7-ELEVEN 到底是诞生于美国,还是诞生于日本?我觉得,日本的 7-ELEVEN 以及北京的 7-ELEVEN 都是诞生于日本的,而且在全球有将近四万家的 7-ELEVEN 基本上都是参考日本的经验。我的基本经营方针是不模仿他人,因为时代是不断变化的,如果模仿过去的东西,不去挑战新的东西,肯定是不能成功的。为了满足不断变化的需求,我们经常需要推翻原有的工作从头再来,但正是因为能够克服这样的困难,我们才会有今天。通过反复的假设和验证,不断思考顾客需要什么,这种态度正是我们 7-ELEVEN 发展的原动力。

二、从顾客立场出发,打破行业传统观念

提高效率,全方位地满足客户需求,这就是我们的创业理念。除了新产品开发之外,各个门店还要长期地配齐符合客户需求的商品,避免断

货。我们从物流等各方面打破了原有的体制和流通的常识。首先我来谈一下关于物流系统的创新。一家店开张时，如果要订购罐头，最小的订购单位一般是一大箱，这个箱子里面至少有 12 个，或者是 24 个，一家小店能够卖掉这么一大箱还是需要时间的。当时 7-ELEVEN 每家店铺经销的产品有 3 500 种左右，如果每一种商品都要订购这么多的话，我们的库房很快就会被塞满。而且，如果卖掉一种商品需要几个月，就不能灵活地结合顾客的需求来及时更换商品。这样一来，我们就无法保证那些能够完全符合客户需求的产品不断货，这就背离了我们理想的便利店的经营原则。我认为要想同时保证便利店的商品种类和存货处于理想状态，就一定得缩小采购单位，实现小额配送。于是我反复做供应商的工作，争取他们的理解。虽然这种做法完全有悖于当时行业的常识和观念，但是如果不改变这种旧观念，我们的 7-ELEVEN 就不可能很好地发展连锁业务。

于是我们与各家供应商开始了物流体系改革的谈判，但是几乎所有的供应商都认为小额配送不符合当时连锁店的传统做法，他们认为非常不划算，因此大家都予以拒绝。但是如果按照原来的做法，生产方单方面将想要卖的商品塞到门店来卖，只会越来越卖不出去。因此门店在进货的时候，必须想方设法地保证那些符合客户需求的商品不断货，我反复强调了这种必要性，并且锲而不舍地跟供应商谈判。另外，我们所做的少量配送的物流改革还包括一个创新，就是共同配送。在创业之初，由于流通机构是由厂商主导的，厂商各自为政独立配送，有时一天一家门店的送货车辆会多达 70 辆。当时我想如果能够将多家厂商的商品用一辆货车来运送，这种混载方式就可以提高效率。我将混载方式的想法告诉供应商以后，同样遭到了大家的反对，他们认为与竞争对手一起运输商品，是不可以想象的。为了实现这个想法，我们通过不懈的努力争取供应商的理解。最终在 1972 年，我们在面点、沙拉冷藏食品等领域实现了共同配送。1980 年起，我们的牛奶也实现了共同配送。当时在日本，牛奶的生产厂家一共有六家，必须要有六台车来送货，我们想说服厂家用一辆车来配送。为了说服他们，我亲自到各个厂家找他们总裁，跟他们耐心地说明，最后获得了他们的同意。

现在，我们 7-ELEVEN 对供应时间比较集中的一些盒饭产品，每天都会有三个时段进行集中配送。共同配送的好处是使得产品能够在很短的时间之内送到店铺,这样一来各店就可以结合各自的时间来进行商品的订购,进而提高各店的经营效率。共同配送的好处之后也得到了社会的认同。现在我们将商品按照不同的温度分成四大类,进行保存和配送,从而向客户提供既新鲜又安全的食品。

刚才我介绍的独立的物流体系之所以能够建立起来,原因就在于7-ELEVEN的门店是在一定区域内集中开设的。这样一来我们就能够在每一个区域建立配送中心,高效率地为各家门店配送商品。我们把在一定区域内集中开店的方式称为高密度集中开店战略。从第一家店开始到现在,我们一直在坚持这样的战略,这种战略也是跟美国7-ELEVEN完全不同的一种经营战略。门店集中于一个区域,不仅可以提高物流的效率,还可以提高7-ELEVEN在该区域中的知名度和认知度。另外像饭团、便当等产品,如果我们的专用工厂都设在离门店不远的地方,就可以用最短的时间把商品送到店里,这样也可以为客户提供更加新鲜的商品。此外,在进行广告宣传的时候,也可以结合门店所在区域的具体情况,高效地向客户传递信息。另外,总部的店铺经营指导员会负责走访各家门店,为各店提供咨询,传达总部的重要信息。如果总店铺经营指导负责的门店集中在一定区域内的话,就能够提高访问的频率,也可以花更多的时间对各家门店进行具体的指导。

为了满足顾客的需求,除了开发新商品之外,各门店还需要不断了解顾客的需求,将不符合需求的商品撤离货架,引进符合需求的商品,我们需要有这种坚持不懈的精神。但是我们刚开始经营7-ELEVEN的时候,没有任何具体的方法和工具来帮助门店了解顾客的需求。进入二十世纪七十年代后,日本国内物质不再匮乏,市场迅速地从卖方市场转变为买方市场。在买方市场的时代,客户的需求才是真正推动市场的主角。对于我们卖方来说,站在客户的立场上选择商品、订货,并在店里备货,才是赢得顾客信赖的唯一途径。订货很重要,因此我一直向各门店强调,订货是门店最重要的权利,门店应该按照自己的意愿去订货。按照自己的意愿去订货时,各店必须很好地了解来到本店的顾客。门店必须了解每种商品的销售情况,才能知道在订货时对每种商品订多少才能将断货或者是滞销所引起的损失降到最低限度。先进行一个假设,再通过实际销售业绩对这种假设进行检验,这种反复便可以越来越接近顾客的需求。我把这一系列假设验证的过程叫做单品管理，我认为这才是我们业务的根本。

在二十世纪七十年代后期到八十年代初，我深切地感受到了单品管理的重要性。这段时期，像经济高速增长期那种扩大销售额就能够获得高利润的时代已经终结，而是出现了一种状况：即便销售额增加，如果存在滞销或者是断货引起的损失，也会限制利润的增长。要想适应这个巨大的时代变化，并继续发展下去，就要解决这种滞销和断货的问题。为此我们必须通过单品管理，对每天卖出去了几个、是在一天中的哪个时间段卖出去的、哪个商品卖断货了等实际的商品销售状况进行全面了解。

但由于当时没有能够采集这种销售数据的系统，门店只能使用各种票据，以人工的方式统计各种商品的销售状况，来实现这种单品管理。为了在各个卖场贯彻单品管理的观念，这种人工统计销售数据的方法是十分有效的。但是要针对大量的商品去分析顾客的购买行为、断货和滞销所造成的损失，并迅速在采购中反映出来，依靠人工作业是不可能的，于是我们把目光投向了POS机系统。当时美国零售业已经使用了POS机系统，令人意外的情况是，当时使用POS机系统的公司，目的是节省劳动力，提高收银结算正确率，以及防止违法行为——但没有一家公司想要对通过POS机得到的销售数据进行分析或者利用。因为即便是用POS机收集到了销售数据，也找不到软件可以分析数据，并用于单品管理，所以我们只有依靠自己的力量去寻找应用POS机数据的方法。我们把这些诉求告诉了信息设备专家，并与他们彻底地讨论，努力地寻找一个我们需要的POS机系统。同时门店方面也需要彻底地掌握POS机系统，比如了解单品管理的理念。终于在1982年我们引进了独有的POS机系统。

在将POS机系统应用于连锁店的市场开发方面，我们在全世界是首屈一指的。如今我们的年销售信息的数据已经达到48亿条，我们可以从数据信息中获得顾客不断变化的需求，用于我们的商品开发和门店建设。另外，除了门店和总部之外，像联合配送中心以及商品供应商，也是通过信息网络联系在一起的，从商品的生产到物流的所有阶段，我们都可以共享信息，提高生产率。

综合的信息网络结合了单品管理对提高精度的需求，以及信息通信技术的发展。2007年，我们终于采用了最新的科技成果——第六代综合信息系统并完成了对其的升级。门店的经营者可以利用这一综合信息系统,获得库存情况、准备推入市场的新商品的信息、当地的天气情况、当地的活动和商品陈列的诀窍等各种各样的信息。我们的 7-ELEVEN 对这些高水平信息的利用,得到了全世界的关注。但是,使用信息通信技术这件事本身,并不是我们建立信息网络系统的目的。可能大家从我刚才的发言中也理解到,正是因为我们想让各个门店能够全面细致地进行单品管理,所以才诞生了这样一个愿望。从我们引进 POS 机系统开始,好多人就认为只要用 POS 机系统,就能自动地了解哪些商品卖得好。一直到今天,还有人误以为只要使用高水平的系统,就可以实现经营的现代化。但是实际上最重要的是,我们当时在引进 POS 机系统的时候,是为了推广单品管理的观念。你是为了什么才要用这个?究竟需要什么样的信息?使用信息的目的是什么?这是十分重要的。如果只是模仿别人的外形,就会是形而上学的,实际上是无济于事的。

三、开展全球战略

接下来我想介绍一下全球 7-ELEVEN 的情况。7-ELEVEN 连锁店的母公司,也就是美国的公司,现在已经更名为 7-ELEVEN,Inc.。事实上这家公司在 1991 年就申请破产了,该公司破产的最大原因是业务多元化和卷入了超市的价格战。在这样的情况下,我们为了保住 7-ELEVEN 这个招牌,将该公司纳入了我们 7-ELEVEN 日本的旗下重组经营。虽然我们的重建之路漫长而艰险,但我们的努力终于见效,现在该公司已经恢复了发展。当时美国的 7-ELEVEN 状况非常惨,它卖的东西全都是一些便宜的东西,是一些既没见过也没听说过的商品。这样的话,顾客肯定会越来越少。所以我觉得美国的 7-ELEVEN 也应该植根于当地区域,发展一种不与当地大超市竞争的经营形式。与我们的子公司 7-ELEVEN,Inc. 签署地区许可协议的被许可人遍布世界各地。现在,在世界 16 个国家和地区,已经有将近四万家 7-ELEVEN 的门店。7-ELEVEN 的这种连锁店规模,即便算上餐饮业,也是首屈一指的。近年来,在日本真正是独此一家。我们在中国、泰国等亚洲各地的网点飞速发展,占到了全世界网点量的 3/4。可以说便利店业务萌芽于美国,盛开于亚洲。

大家可以看到美国的门店数量曾大大地减少,现在又开始逐渐地增加了。另外，7-ELEVEN 的全球总销售额在 2009 年达到了 4 527 亿元人民币，我们预计今后五年，销售额将会提高到 8 230 亿元人民币。虽然打着同样的 7-ELEVEN 的招牌，但是由于各个地区的 7-ELEVEN 被许可人的经营方法以及水平的差异，业绩方面会存在巨大的差别。比如我们来看一下中国境内的 7-ELEVEN。由 7-ELEVEN 全面提供经营诀窍的被许可人和 7-ELEVEN 未直接干预的被许可人在销售额上有很大的差异，7-ELEVEN 未直接干预的被许可人采用的是原来美国的经营方式。香港、澳门、广州很早以前就开了 7-ELEVEN 的门店，但上海去年刚开。我们看到上海的门店已经有了很大的增长。所以说，经营诀窍和经营经验是非常重要的，我觉得这个差距才是真正的增长点。不仅局限于中国国内，只要提高各国被许可人的经营能力，配合积极的开店战略，总的销售规模达到 8 230 亿元人民币并不是遥不可及的，关键在于全球被许可人共享 7-ELEVEN 日本多年的经营手法，包括商品开发、门店建设、运营、物流体系和信息体系等开店战略。具体来说，我们 7-ELEVEN 日本和 7-ELEVEN, Inc. 将会携手对各国的被许可人进行支持，从而提高全球 7-ELEVEN 门店的水平。以 7-ELEVEN, Inc. 和 7-ELEVEN 日本来说，去年和今年我们已经在东京主办了 7-ELEVEN 被许可人的峰会，旨在提高他们的向心力，共享相关的信息。另外，从今年开始，我们还将向各国的被许可人提供刚才介绍过的 7-ELEVEN 日本的一揽子的创新技术。今后 7-ELEVEN 将会作为一个遍布全球的连锁店，利用全球的规模优势，在一切方面开展合作，为顾客提供更具竞争力的高质量服务。

四、7-ELEVEN 在中国的发展

7-ELEVEN 日本已经获得批准，于 2004 年 1 月设立了 7-ELEVEN 北京有限公司。7-ELEVEN 的北京公司，由日本公司出资 65%，剩下 35% 的股份是由两家中国企业来出资的。获得批准的开店区域包括北京、天津以及河北等地区。2004 年 4 月，北京第一家门店在东直门隆重地开业了，后来我们按照高密度经营方针陆续在北京等地开设门店，目前在北京已经有了 92 家门店，在天津也有 3 家。2008 年 4 月，为了在中国发展 7-ELEVEN 业务，我们成立了由 7-ELEVEN 日本百分之百出资的子公

司——7-ELEVEN 中国有限公司。现在已经获得授权在上海经营的企业一共有 48 家,包括香港、澳门、广州在内的 1 600 家 7-ELEVEN 的门店,将由 7-ELEVEN 中国有限公司向中国的门店提供商标以及门店运营方针,进一步提高中国 7-ELEVEN 门店的运营水平。

在门店的建设方面,由于零售业属于本土化的产业,因此我们不会将日本的机制照搬过来,而是要结合中国市场现状来发展各家门店的经营能力,这是我们的基本方针。我们也愿意为中国流通领域现代化和高水平化发展做出贡献,并且希望能够为推动中国就业助一臂之力。

在北京的 7-ELEVEN,快餐食品的销售所占的比例要高于日本,卖得尤其好的要数关东煮,以及在店内现场制作的便当。现场制作便当是北京独自开发的,日本没有这样在店内直接制作便当的,只卖包装好的,但是北京店可以在店内加工加热,向顾客提供可自由选择的热气腾腾的饭菜。因为在北京要求饭菜现做的客户比较多,这是属于北京特有的服务,可以说这也是响应本地化需求的非常典型的例子。这种重视快餐食品的战略是我们所独有的,这与我们其他地区的公司有很大的区别,完全是我们重视本土化经营的一个典型成果。

从各店的平均业绩来看,每家门店每天的销售额大概是 16 500 元,客户是 1 200 人左右,每位顾客的平均消费金额为 13 元人民币左右,这个金额是日本的 1/3。中国和日本的门店并没有太大的区别,平均消费金额的差异,体现了中日物价的差异。

除了中国香港地区以外,中国还将逐渐引进加盟经营体系,这个体系在日本已经非常普遍,甚至形成了日本特许经营协会这样的机构,7-ELEVEN 日本就是以这种特许经营模式发展而来的。如刚才所提到的,特许经营方式有利于中小零售商、零售店的共同生存和发展,能够促进它们的现代化,提高它们的活力。除此以外,跟自己开发店铺相比,这种方式的优越性是能够高效地开展连锁经营。鉴于这种经验,我们今后将在中国采用这种特许加盟的经营方式。在中国,我们的业务刚开始起步。现在中国正在引领世界经济,发挥着引擎的作用。我相信中国的未来仍然蕴藏着无限的可能性,能够在中国市场发展业务,我们觉得非常荣幸。今后我们将进一步向中国客户学习,开创能够适合中国各地生活习俗的零售业务。

最后我想重复的是,所谓零售业本身就是一个本地化的产业,因此应当与各国的实际情况相结合,经营的手法并非千篇一律。但是从客户的立场出发,响应顾客的变化和时代的变化,这一点应该是国际共同的。我们必须认识到,照搬他国的案例,或者是竞争对手的范例是没有用的。重要的是,不要局限于过去,而要应对变化,不断挑战,创造未来。按照不同的地区实行本地化。比如,日本虽然不是一个幅员辽阔的国家,但根据地方特点,不同乌冬面的调料有六种不同的口味。所以今后在中国,我想可能便当也好,或者是饭菜的口味也好,各地的口味应该都是不同的,我们必须要根据这样的情况来开发我们的产品。

互动环节

问:铃木先生好,我想问一个比较细的问题,7-ELEVEN对于一线的管理者是如何考核和管理的?一线的管理者可以理解为店长。

铃木敏文:没有特殊的考试,而是一种自我申报、自我报告的方式。

7-ELEVEN原店长:7-ELEVEN日本每年会进行考核,采用自我评价的方式,有固定的表格,店长对各个项目进行自我打分,交给自己的上级,逐层上报。这种自我考核一年进行一次。

问:我想问一下铃木先生,7-ELEVEN怎么跟中国的从业者竞争?刚才您提到7-ELEVEN从美国来到日本,它的创新精神非常重要,它结合了日本的经营特色和消费习惯。我们相信在中国的企业当中,零售企业也会有类似的创新精神存在,请问您怎样看待7-ELEVEN走进中国后与中国零售企业的竞争?

7-ELEVEN中国区总经理:铃木会长在创业的时候就跟我这样说,竞争不是与其他公司的竞争,而是与客户需求的一种竞争。我们必须要寻找客户的需求,去满足他们的需求,这才是真正的竞争,而不是与其他企业的竞争。他一直在灌输这样的理念,我个人也是一直在摸索,比如说北京的老百姓需要什么?他们感到了哪些不便?我们应该提供哪些商品?我们一直是在和需求进行竞争。

问:铃木先生,您好!我想问一下,泰国的7-ELEVEN的价格都是非常便宜的,所以在某种程度上挤垮和打压了当地的家庭百货商店,对于这种情况您怎么看?这是第一个问题。第二个问题是,我知道广州和上海的

7-ELEVEN，价格都比别的地方稍微贵一点，跟泰国的7-ELEVEN的定价正好相反，我想问一下这种定价策略您是怎么认识的？谢谢！

7-ELEVEN中国区总经理：刚才铃木会长也说过，不同地区有不同的许可经营协议，它们是按照自己独特的经营战略来开展的。所以并不一定是价格战略或者商品开发战略，并不是千篇一律的。在全球战略的过程中，我们要逐一提高每个门店的水平，所以我们开展了现在的全球战略。

另外，关于价格战略，铃木会长说过，在一般的情况下，我们所说的全球性的商品，比如可口可乐、矿泉水，像这些哪儿都有卖的商品，我们会有一个确定的价格定位。但是我们自有的商品，比如说哪儿都没有的商品，我们必须要提高它的价值。比如在北京我们有一些便当就是其他地方没有的，我们必须要让顾客去评价这种价值，认同这种价值，所以我们有这样的价格定位。我们一般的商品，价格不会很高。但是因为我们是365天、24小时经营，所以不能靠价格战打赢我们的战役。比如说超市价格定得低，我们也定得低，这样我们就成为折扣店了，从而卷入价格战，因此我们开发有价值的东西，定出相应的价格。另外这些价格，也需要符合客户的需求，这才是我们真正的价格战略。

问：铃木先生，您好！非常感谢您今天到这里来给我们做介绍。从刚才您的介绍中，我听到7-ELEVEN有一段曲折的历史，我想问两个问题。第一个问题是，现在7-ELEVEN这个品牌的拥有权、使用权已经到日本了还是还在美国那边？不知道现在是怎样一种关系？第二个问题是，您讲经历的时候，谈到最初购买7-ELEVEN是想挖出一些经营的秘诀，但实际上发现并没有特别值得学习的地方，那么我想知道如果将来7-ELEVEN要在世界某一个地方有一些新的并购，但在您购买之前无法测度究竟有没有价值，我不知道在这方面，您能不能给我们一些启示和启发？谢谢！

铃木敏文：许可权是在美国，但是美国的7-ELEVEN公司现在已经是7-ELEVEN日本的100%子公司，所以相当于日本拥有了这个品牌。关于零售业，一些实际经营技巧，表面上是看不到的。除了技术因素以外，实际上很多东西都不是通过眼睛可以看出来的，你需要亲自去做，就像在美国的7-ELEVEN，我也是通过自己的亲身经历才看到问题的。所以在自己去亲自实践的时候，必须要做很细致的体验和调查，仅从一些统计数据进行判断是远远不够的。

问：对铃木先生和您的团队，我有两个简单的问题。第一个是关于销售额业绩的。在全亚洲来讲，中国大陆和中国台湾地区这两个地方，它们的销售额业绩实际上是一致的，不知道绩效目标是不是全球一致？会不会因为业绩的制定标准是15 600元人民币，就会影响到质量的要求？

铃木敏文：对于每家店我们都会有一个预算的管理，比如说它的土地费用、建筑费用、工资成本，实际上每家店的成本构成都不一样，所以每家店的损益点也是不一样的，每家店有一个盈亏平衡点，只要是在盈亏平衡点之上就可以。

问：铃木先生，您好！我认为一个企业如果不能生存下来，如何去谈发展呢？在您演讲的过程中，我发现您说在收购美国的公司，以及采取小额配送的过程中，遇到很大的困难，您只是说经过很长时间的努力，然后就带过去了。我想对于我们大学生来说，创办的企业很难发展下去，早期就夭折了，根本无法再谈发展。我想问，您处理与社会上比如说与政府部门的关系，还有供销商之间的关系时的谈判手段是什么？比如您有没有采取权钱交易之类的办法。我希望您能如实回答，因为我想获得最真实的信息。谢谢！

铃木敏文：首先要有说服对方的信心和热情。另外，如果我们能成功的话，给对方也会带来利益，不要仅仅告诉他我只是考虑自己的利益。如果你仅考虑自己利益的话，对方是很难接受的。比如刚才介绍小额配送的情况，最初对方可能会说我的成本会更高，当然不会同意。但是我们会跟他提到我们的店会越来越多，我们会让你的车装满货，会在送配的时间方面很有效率，我们会扩大店铺规模，而且最终会给你带来利益和收益。这样的话，他就会逐渐地理解了。所以说，你在谈判的时候，不要仅仅站在自己的角度，而一定要告诉他，他的利益在哪里，要能够让他理解这些。

问：您好！我想问一下，刚才您提到了到每一个地方都要本地化，了解当地的需求，这会不会对您的商业模式复制造成一定的困难？您是怎么解决这个问题的？谢谢！

铃木敏文：你在新的地区开店的时候，最根本的还是要进行彻底的市场调查，这是首先必须要做的功课。特别像我们这样的零售行业，要知道这个地区有一些什么样的需求，我们如何去满足这样的需求。这是我们能否在这里成功的一个最关键的因素。

问：您好！我最近看到一些资料说日本的企业判断中国的便利店还有很大的发展机会，据说要在国内发展大概5 000家有日资背景的便利店。

我的问题是7-ELEVEN中国公司的股权构成是日本全资还是中日合资？因为我知道王府井食品超市、伊藤洋华堂是跟中国合资，7-ELEVEN在未来有多大的开店计划？谢谢！

铃木敏文：现在我们做的还是合资，今后在情况允许的情况下，我们可能还会有不同的考虑。但是今后在成都，我们7-ELEVEN和伊藤洋华堂会一起去推出7-ELEVEN的店，所以我想可能会根据地区的情况不同而采取不同的战略。

问：您好！我想问两个比较具体的问题。第一个问题是，我注意到北京的7-ELEVEN跟当地的比如说好邻居一样的便利店比，进口商品的比例非常高，比如有星巴克咖啡，比普通的饮料价格高60%左右；还有瑞士莲的巧克力，比普通的巧克力价格高60%左右。刚才您说7-ELEVEN的店日收入比其他店的日收入高在这部分，而不是在饭团和馄饨的价格差价上面。由此引出第二个问题，当我问起7-ELEVEN便利店在哪儿的时候，我身边的很多同学会很奇怪地问一句，为什么非要去7-ELEVEN，有好邻居不就行了吗？就是说，现在7-ELEVEN在中国，它的销售人群定位在比较高消费的白领身上，还是在平民大众化的水平上？谢谢！

铃木敏文：我们7-ELEVEN的便利店是面向一般大众的，而不是面向高收入层的。另外，虽然我们的进口商品比较多，但所占销售额的比重也只有百分之几而已，所以说并不是因为我们卖了进口商品，而导致销售额的增加，而是说我们是在一般的商品上和其他的本地零售店形成了业绩方面的差异。

问：您好！我想请问一下7-ELEVEN是如何管理它的各个加盟店的质量的？如何对这些加盟店进行质量控制？谢谢！

铃木敏文：刚才我也说过，我们有专业顾问，每个专业顾问会负责本区域的六七家店，这些专业顾问会经常去这些店里进行检验，会花很多的时间去做质量管理，这样就会全面地提高它的质量。

另外，每个月我们还会发一份经营管理表，对每家店的经营状况进行彻底的掌握。我们掌握这些情况以后，再去进行检验管理。所以我们7-ELEVEN的店，无论在哪里，每天都会有它的决算书，然后会提交上来，是这样一种形式。

（演讲时间：2010年11月8日）

第六篇
环境、资源、能源新时代下的东丽公司经营战略
——以尖端材料的技术革新为中心

榊原定征：东丽株式会社代表取缔役会长兼 CEO

今天我讲的题目是"环境、资源、能源新时代下的东丽公司经营战略——以尖端材料的技术革新为中心"。我于 2002 年就任东丽公司的社长、总经理，当了八年，从去年 6 月开始任会长兼 CEO。除了公司的业务之外，我还担任过日本政府内阁府综合科学技术会议成员、日本化学纤维协会会长、碳纤维协会会长等职务。我目前担任日本经济团体联合会的会长，从事科学技术、产业技术的强化振兴等工作。在历史上东丽公司一直对中国充满敬意，我们在 1953 年就在中国开展了业务。此外，东丽公司从 1997 年起与中国田径协会和上海市体育总会紧密合作，为东丽杯上海马拉松比赛提供了赞助，去年全球一共有 3 万多名选手参加。

一、东丽公司概况

东丽公司是一家经营尖端材料的全球性生产销售的综合化工企业。产品可分为纤维、塑料化工、生命科学产品等六大类。对于我们集团2010年的业绩预测,如果把销售额换算成人民币,大概是1 200亿元人民币。东丽公司在1926年成立时是一家制造人造丝的公司,在此之后的85年间,我们在人造纤维等业务成熟之前不断地开发新业务,实现了所谓的业务多元化。现在除了纤维、塑料、化工之外,还在信息、电子材料、生命科学、医学、医疗材料、碳纤维以及水处理分离膜等高性能领域开展了业务,我们的目标是通过尖端材料达到全球第一。除了业务多元化之外,我们还进行着全球性的投资业务。2010年,在日本以外地区的主要产品生产中,纤维占67%,薄膜占73%,树脂占69%,碳纤维占59%。现在我们在全球21个国家和地区拥有240家下属企业,员工总数达到38 000人。中国是我们最为重视的国家之一。在中国,我们一共有36家企业,开展着纤维、塑料、水处理以及贸易等方面的工作。

接下来要给大家介绍一下我们公司竞争力的源泉——公司的研发情况。高分子化学、有机化学、生物技术是东丽公司的核心技术,此外还要加上纳米技术。我们进行技术的融合,以化学的力量进行创新,希望能够在尖端材料领域成为全球龙头企业,尤其碳纤维和水处理膜的开发是我们的重点。我们觉得这能够为地球环境做出贡献。我们的目标就是要兼顾环保和经营的可持续发展。公司在研发方面有一脉相传的基因,就是追求极限。

我想就这个方面介绍几个具体的事例。首先是纤维。从成立以来我们一直在把纤维做得更细方面倾注全力,纤维越细,布匹的手感就越柔软,就越会有高贵感。但是简单地做得更细的话,在高速的纺纱过程中就会出现断丝的问题,所以普通的通用纤维的细度最多达到直径10微米左右。怎么做出更细的纤维来?实际上在40年之前我们就开发出了高分子相互排列体技术的突破性超级细合成纤维制作技术,制造出了直径1微米以下的极细的纤维丝。通过特殊的喷丝版技术,在1根丝中排列近1 000根超纤细的纤维丝,然后进行纺丝,织成面料后将其中的聚合物溶解。这是一种划时代的技术。这就是所谓的人造革材料,现在被广泛用于服装、家具等,是全球最高档的服装面料。而且我们又进一步地把它做得更细,最近开发出了直径 10—20 纳米的纤维,可以达到 0.15 克,也就是从一粒米大小的尼龙片里面拉出一根足够从地球到月球长度的纤维丝来,大家想象一下,就是这么细,这是我们目前拥有的最为极限的技术。

我们的薄膜也非常薄。薄膜的厚度通常是从几微米到几百微米,是 3 层结构,然而我们公司开发出了可以在一张薄膜中做出 2 000 层的多层复合结构技术。如果把层的厚度减到极限的话,从某一个厚度开始,它的物理特性就会出现急剧的变化,出现纳米效应,这样的话薄膜的耐撕裂强度也会大大提高。如果说在玻璃上贴上这种纳米膜的话,即便是一个铁球掉下来,玻璃也不会被砸坏,等于是玻璃的保护薄膜。除此之外,通过将高折射率聚合物和低折射率聚合物进行多层复合,我们还开发出了这样的薄膜:它的薄膜的层次有 2 000 层。这里面没有任何的金属,纯粹是塑料,但是它有一种金属的效应。因为没有用金属,所以可以透过电磁波,比方说在电脑、汽车上都可以用。

为了持续进行这种追求极限的技术开发,不管公司的经营情况好坏,我们每年大概都投入 500 亿日元的研发费用,而且一直保持着 3 300 人的研发队伍。此外,为了更好地利用全球的优秀人才,我们在全球 11 个国家和地区建立了全球性的研发体制,尤其是在中国、美国、韩国、新加坡等地,设立了可以进行从用途开发到尖端材料的基础研究等各种活动的研发基地。我们利用各国的优秀研究人员,通过不同领域、不同文化的融合来产生新的构想。比如 2002 年,在江苏省的南通市成立了东丽纤维研究所中国有限公司(简称 TFRC);2004 年,为了加强在水处理膜尖端材料方面的基础研究工作,我们在上海紫竹科学园区成立了上海分公司,公司的骨干绝大多数都是中国人,现在的规模已经达到了 300 人。

接下来我在这儿给大家介绍一下 TFRC,也就是在南通开展的研究情况。我们从基础研究到产品研发有一套体制,很有优势,因此开发出了各种各样高性能的产品,而且其中的部分产品还获得了日本最具权威的奖项。另外在上海的研究所,我们正进行创新型电池元件以及源于非化石资源的高分子材料等基础研究方面的工作。我们还在长江自来水厂及北京污水处理厂进行着与中国水处理情况相适应的各种水处理技术的研发工作。中国南通研究所和日本研究所之间的合作也在不断加深,我们希望通过发挥协同效应孕育出更多优秀的研发成果。

我们如何把研发成果转化到产品之中实现产业化呢?举几个例子。比如碳纤维复合材料、水处理系统还有服装面料,具体来说是发热、保温服装的事例。首先给大家介绍一下碳纤维复合材料,它是石墨碳化丝,直径大概是头发的1/20,也就是几微米,非常细;重量只有铁的1/4,很轻,但是强度超过钢铁10倍,另外又不生锈,耐腐蚀性强;它是纤维状的,容易加工,拥有如此之多的优越性能。我们从1961年开始真正启动对碳纤维的研究,1971年在全球最早实现商业生产。它在二十世纪七十年代主要是用于鱼竿、网球拍、高尔夫球具等,到七十年代后期在飞机领域开展了性能实验,现在航空航天领域已经成为其重要的使用方向。比方说在今年第三季度预计投入运营的波音公司新型787客机上,每架都要用35吨碳纤维。鱼竿过去是竹竿,现在已经是用碳纤维做的,10米长,非常轻。然后是高尔夫的球杆,打高尔夫的人都知道,大概70%的高尔夫球杆都用的是我们提供的碳纤维。日本三菱帕杰罗车的驱动轴,过去是用钢的,但是要100千克重;现在用碳纤维,只有5千克,轻极了,所以碳纤维对于减轻汽车重量有非常大的作用。电缆的中间有碳纤维,一般电缆要用电线杆把它接起来,因为电缆比较重,每个电线杆的距离都必须比较短;但是我们用碳纤维就可以把电线杆之间的距离拉长,而且它又很直,非常好,可以降低电线高度,拉大电线杆的间隔。在碳纤维领域我们大概占了40%的全球市场份额,开发碳纤维的历史可以说是对强度和弹性无限追求的历史。首先是强度,决定碳纤维强度的因素是纤维表面切线的大小及数量。在七十年代的开发初期,碳纤维的表面存在着在电子显微镜下可以看到的微米级的伤痕和缺陷,当时它的强度无法达到3G帕斯卡以上的水平。此后通过技术研发,我们在八十年代把缺陷的尺寸缩小到亚微米级,实现了拥有世界最高强度7G帕斯卡的碳纤维。现在已经可以把缺陷的尺寸极大地缩小到纳米级,强度提升到10G帕斯卡。

接下来要给大家介绍一下碳纤维发生变形的难度,也就是弹性模量进行改进的历史,这是由石墨结晶的大小和分子的定向度决定的。七十年代石墨结晶最小也就是2纳米,纤维纵向定向度大约为80%左右,弹性模量处于230G帕斯卡的水平。但是在此之后通过各种各样的技术研发,可以制造出具有 700G 帕斯卡的世界最高弹性模量的碳纤维。当前，石墨结晶的大小已增大到了 6 纳米，定向度也提升到 95%，已经接近于极限值了。如果把这种高弹性模量的碳纤维放在超高倍率的显微镜下进行观察，在表面上可以看到蜂窝状的石墨六圆环结构，同时在剖面图上可以清晰地看到石墨的结构。这是我们追求极限所取得的成果。当然，开发碳纤维绝对不是一件容易的事情。从七十年代后半期到八十年代，欧美的大多数大型化工企业都企图涉足碳纤维业务，但是最后几乎所有的企业都从这个市场退出了。由于在纤维技术、高性能化以及在用途开拓方面的残酷竞争，最终存活下来的仅有包括三家日本企业在内的极少数企业，从中你可以看出碳纤维的技术研发和竞争的残酷程度。谈到这段历史的时候，有人会问，为什么你们东丽公司在 40 年之中能够孜孜不倦地进行研发？我想有四点原因。第一，我们公司是一家材料企业，所以在研发的初期阶段就看出了碳纤维的材料价值。第二，我们有一个强烈的信念，碳纤维一定会成为二十一世纪的主要材料，在这种信念之下我们不光孜孜不倦地进行研究，而且历代的企业精英管理人员也都秉承了这样一个非常强烈的意志。此外，我们将东丽公司的基础技术、聚合物设计技术、纤维技术、表面控制技术作为主要的优势，而且在开发初期就与波音公司和空客公司建立了很好的合作关系，和汽车企业也建立了很好的合作关系，这也是成功的重要原因，这是第三点。第四点，我们从日本政府方面得到了对新一代结构材料和成型技术开展基础研究所需要的持续的支持，这对我们打好基础也起到了很好的作用。现在碳纤维已经用于很多的领域，刚才介绍了有飞机、汽车，还有压力容器，包括风电的风车叶片，甚至在要求高精度的产业设备领域也得到了广泛的应用。其中尤其是在飞机方面，碳纤维的使用量得到了稳步提升。1982 年，碳纤维首次用于飞机，当时是波音 737 型号，是用于一些辅助性的结构，它被称为二次结构体，如果有问题的话是可以更换的。1995 年，波音 777 开始主要将其用于类似于尾翼的结构上。波音 787 今年秋天会正式投入使用，每架飞机都用了碳纤维，而且尾翼或者发动机罩都是碳纤维的。我们正在迎来一个全碳纤维的飞机时代。每架飞机重 35 吨，如果用碳纤维的话，可以使飞机的重量减轻 15%。由此燃油经济性可以改善 20%，而且二氧化碳的排放也能减少 20%。另外，碳纤维很简单，所以组装的工序就会减少；它的强度很大，可以扩大悬窗的面积和内部的空间。同时,它耐腐蚀,因此可以提升飞机内部的湿度,用这种纤维可以把机舱的湿度提升到50%。2006年,我们和波音公司签署了向波音787提供碳纤维复合材料的长期供货合同,这样一个订单的金额将达到60亿—70亿美元。

接下来我来介绍一下水处理技术。大家都知道现在全球各个地方都有水资源不足的问题,而且越来越严重。现在全世界总共有65亿人口,但是其中有10亿人难以确保饮用水,而且卫生设备不齐全的人达到24亿人。所以水问题的解决可以说对二十一世纪人类的发展而言是最重要的一个课题。为了解决这个问题,近年来我们利用高分子膜来进行水处理,这项技术获得了很高的关注。我们根据膜的孔径将之分为四种高性能膜。现在这种高性能膜是一种能够解决世界水资源不足和水质污染问题的非常重要的王牌技术,而且在确保可持续水源发展方面也起到了非常大的作用。东丽公司在世界上率先开发出了这种高性能膜。接下来我想以反渗透膜,也就是所谓的 RO 膜为例,进行一个更加详细的介绍。我们在1967年的时候率先在全球进行研制,1975年时我们在全球建立了一个最早的生产 RO 膜的工厂。在二十世纪八十年代的半导体用的膜上,我们已经占据了世界上最大的份额,这巩固了我们业务的基础。到了二十世纪九十年代以后,我们还开发出了多种膜。可以说现在东丽公司已经成为世界上唯一一家拥有所有类似水处理膜的公司。最近在膜的高性能化方面备受瞩目的一项技术就是膜的脱硼功能。海水当中还含有微量的硼元素,据说它能够引起柑橘类植物的枯萎以及不孕症等这样的后遗症。因此通过膜脱硼是对海水淡化膜的一种很高的要求。如果将膜的孔径缩小,虽然脱硼的比例会提高,但是反过来造水量就会降低,所以针对这个问题东丽公司就灵活地运用了这种纳米技术,成功开发出了可以脱去95%左右的硼同时又能保持比较高的造水量的高性能膜。这种技术是东丽公司 RO 膜最重要的特征之一,而且成为获取全世界海水淡化成套订单的最大亮点。我们公司的 RO 膜应用累计日产已经超过1 800万吨,现在全世界有7 200万人正在使用东丽公司生产的 RO 膜造出来的水生活。

日本很流行的发热保暖内衣,是我们和优衣库公司一起开发出来的。优衣库公司是全球首屈一指的服装零售业厂商,我们和它是战略合作伙伴关系。东丽和优衣库在合作关系下实现了集加工材料、成品、策划、开发、生产、物流于一体的产业链。今天我们介绍的保暖内衣就是在这样的模式下生产出来的。这种保暖内衣是既保暖又时尚的产品,也是一种对极限追求的体现。它可以在室内很寒冷的环境当中温暖发热,如果进到有暖气的房间后你可能还会出汗,但是这种衣服可以吸汗。去年我们达到了8万件的营业额,它成为很受欢迎的热销产品。这种保暖内衣具有发热、保温、吸汗、速干的功能,是我们公司各种创新技术在背后提供支持才造出来的。这种材质的衣服复合地使用了五种不同的纤维。比如发热方面,从身体蒸发出来的水蒸气可以被人造纤维吸附,将水分子的动能转化为热能;而保温功能是通过控制微米级的腈纶纤维实现的。吸收水分并通过分子的扩散可以解决皮肤发黏的问题,这是一种高科技纤维。此外,我们在和优衣库公司达成这种合作伙伴关系时,也成功地创建了新型的商贸流通模式。传统纤维业务的供给链是在多阶段、复杂的商贸流通过程中实现的,其中有一些地方的效率比较低。在新的战略性合作伙伴关系当中,东丽和优衣库之间进行了强强联合,从而实现了从头到尾的整体性的产业化,构筑了一条从高效化到极致的生产零售的供应链。在战略性合作伙伴关系当中,我们还构建了全球性的一条龙的伙伴公司。在中国、泰国、印度尼西亚进行纺丝、染色、服装缝制一条龙作业。我们向全球优衣库的连锁店直接供货。因此我们构筑了一种全球绝无仅有的新纤维商贸模式。

二、经营改革方向

下面就我担任东丽公司社长以后所进行的一些具体的改革来向大家做个介绍。世界经济在2001年至2010年经历了泡沫阶段,全球经济陷入低迷,东丽公司在2001年的业务受到了非常严重的影响。在业绩大幅下滑的情况下,我在2002年6月份就任了社长。为了摆脱这种危机状况,我就任社长后立刻进行了非常果断的经营改革。通过强化体制、机构、事业机制的改革实现了收益能力的强化。从我2002年担任社长起到2007年,这种改革的结果一直在持续发挥作用,这五年之间连续实现了营业额和营业利润的双增长。而且从2004年到2007年,我们连续四年创造了利润最高纪录。2008年金融危机发生后,我们的业绩又大幅下滑。因此我们再次进行了新的经营改革,命名为 IT2 工程。通过实施这样的工程,我们在 2010 年度已经恢复到了雷曼兄弟倒闭之前的经营水平。现在在公司内外,我们都能向大家宣布东丽公司已经克服了全球经济萧条的影响。

接下来我想向大家介绍一下我们应对这次危机所采取的经营改革计划,即 IT2 工程。在这个工程当中,我们把重点放在了如何应对金融危机上,进行了一次彻底的强化体制机制的改革。我们的基本方针主要有三点:

第一点是削减成本,强化成本的竞争力和革新体制。在强化整体成本竞争力的项目当中,我们设定了总额为 1 000 亿日元的成本削减目标。整个集团的所有领域都开展了彻底的成本削减努力,我们缩减 600 亿日元固定成本费的目标提前一年得以实现。

第二点是推进增长战略。在推进增长战略项目当中,我们的支柱之一就是中国这个巨大的成长中的市场。比如比较一下日本和中国的服装市场。今后日本的市场会朝着萎缩的方向不停变化,但是与此相对的是中国市场在不断扩大。到 2020 年的时候,中国的市场规模将会达到现在日本的 4—5 倍之大,也就是达到 40 万亿日元左右的规模。中国的产品当中,高端的或者中层的产品会有一个非常大的份额。中国巨大的市场能力结合日本的技术,可以为中国的人提供很好的服务。

第三点就是水处理业务。东丽公司在 2009 年 7 月的时候和中国化工集团公司的核心企业——中国蓝星集团成立了水处理业务相关的合资企业。我们将会向这个合资企业转让东丽公司水处理的尖端技术,致力于中国水问题的解决。我了解到,在 2008 年中国政府提出了节能减排和零排放政策之后,温家宝总理对蓝星集团做出指示,要确立国家级水处理公司。所以此后蓝星集团和我们公司进行了接洽,最终成立了一个合资公司。此前我们已经在中国市场上自主进行了 RO 膜的销售,预计未来在中国每年可以实现 20% 以上的增长,可以说是增长速度非常快的市场。通过 RO 膜的销售,我们可以为中国水问题的解决做出贡献,这符合我们公司为社会而存在的企业理念。在这样的认识下我们最终成立了合资公司。新工厂的建设进展顺利,今年 1 月已经投产运营了。今后我们希望通过这家合资公司对各个业务的范围进行大幅度的扩张。除了刚刚介绍的 RO 膜销售公司 TBRC 之外,最近在中国开展的工作还有一些制造高性能面料和无纺布的设备、光学用聚酯薄膜设备的强化和扩充,我们希望今后在中国的业务能进一步扩大,并为中国业务的发展做出贡献。

东丽公司另外一个成长战略就是为环境、资源、能源等可能会限制未来经济增长的制约性因素提供一揽子整体解决方案,而且将它与我们的业务开展结合起来发展。地球环境问题包含很多方面,如全球变暖问题、人口增长引发的水资源不足问题,以及石油等不可再生资源的枯竭问题。为了向这些地球环境问题提供我们的解决方法,东丽公司投入了大量的经营资源,包括碳纤维汽车、飞机用的材料、RO 膜等。我们在讲环境问题的时候有一个新的概念——生命周期评估,也就是 LCA。从资源采掘到运输、制造、使用乃至最终的报废阶段来说,LCA 是对环境复合情况进行定量评估的一种方法。我们不仅仅着眼于在产品制造阶段的二氧化碳排放量,而是要纵观整个产品的生命周期,从科学、定量的角度评估对削减排放量做出较大贡献的产品和服务,以此来促进新技术的引进。它同时也是一个实现兼顾环境和经济指标的理念。我举几个尖端材料 COE 减排的例子。对于飞机的机身或者机翼等处的机体结构,如果能将它 50% 的结构置换成碳纤维复合材料的话,就要比传统的飞机轻 20%,就可以减少油耗。假如这架飞机的使用周期是 10 年,那么就可以削减 27 000 吨二氧化碳的排放。按每吨碳纤维换算,也就是说削减了 1 400 吨二氧化碳的排放。如果将碳纤维运用到汽车上,将汽车的各种构件换成碳纤维复合材料,也可以实现重量减轻 30%,也就是说每吨碳纤维削减二氧化碳排放 50 吨;将火力发电机组置换成风力发电的话,也就是说每三兆瓦的发电量可以减排 5 万吨二氧化碳;在海水淡化方面,如果将传统的蒸发方法改换成用 RO 膜,就可以削减排放量的 54%。为了在全球削减二氧化碳排放,我们还需要在制造阶段对排放量进行削减。然而很多的情况下,在使用阶段削减排放量更加重要,因此这个生命周期的概念是我们从始至终都要有的一个观点。

最后介绍一下我们在生物能源产品上的努力。我们认为在二十一世纪的较早阶段,化石燃料这种资源可能就会枯竭,人们不得不依赖太阳能、风力发电这些新能源或者生物质能源。这样的时代就要到来了。东丽公司特别致力于开发的有代表性的东西就是聚乳酸,在这项业务扩大方面我们做了很多的工作。聚乳酸要在世界上广泛地扩大,就需要改善其作为材料的性能,而且要降低成本。东丽公司正在利用以前的纳米技术和阻燃技术等强化这方面的工作。现在生物质原料使用的是大豆和玉米,但是它们本身就是粮食。所以从长期来看,如何处理好它和食品、粮食安全之间的关系是一个需要考虑的问题。棕榈椰子树、椰子壳是不可以食用的,用这些原料就不会和粮食供应产生竞争,未来如何发挥好这些原料的作用就变得尤为重要。我们也正在开发具有独创性的膜的发酵供应,将这些不可食用的生物质尽可能分解为糖。不仅是分解成糖,还有合成为低成本的聚合物原料的发酵工艺技术,从这方面努力实现材料的供应。

东丽公司将致力于碳纤维的轻量化、风车和水处理膜等业务,希望今后这些产品的销售额能够有一个大幅度的提升。2010年,东丽公司的产品在飞机、汽车、风车、水处理膜等方面的运用使得二氧化碳的减排量达到了3 500万吨,我们希望今后继续通过碳纤维以及水处理等技术,让有利于解决环境问题的产品不断地得以应用,并使应用不断地得以扩大。我们希望将削减的规模扩大到2亿吨,为地球做出我们的贡献。

东丽公司治理地球环境问题的企业活动获得了很好的评价,其成果在2008年10月得到了联合国的人居奖。东丽公司希望将这次的获奖作为一种奖励,积极地为地球的环境以及人类水资源问题的解决做出贡献。我们的信念就是尖端材料可以拯救地球,希望今后可以继续通过我们的尖端材料,为地球提供解决环境问题的综合方案。

互动环节

问:我来自中国老舍研究会。榊原定征先生好!向您请教一个问题,在生命科学产品方面,东丽公司会有哪些重点?您认为中国的生命科学研究和生物产业发展应当实施怎样的战略?原因是什么?谢谢!

榊原定征:我们的生命科学有两大支柱,第一个是制药,第二个是医疗材料,规模大概不到1 000亿日元。在药品方面我们是研发型的医药企业,一个是干扰素,比方说针对皮肤癌或者其他癌症使用的一些干扰素,是二十世纪八十年代在全球最新开发出来的。我们开发出了一些全新的产品,开创了全新的市场,现在有四种新药正在研发之中。我们自己不销售医药产品,每一种产品都由医药领域具有实力的药品销售企业来销售,我们自己只做研发。还有一个是医疗材料。我们在全球首先研制出了人工肾脏。大家都知道肾脏不好的人要进行透析,我们有三种透析仪,在日本生产,向全球销售。我们希望不久之后能在中国生产这种透析仪,以及包括人工肾脏在内的医疗材料。还有不少产品我们也正在研发,而且部分实现了商用,比方说导管,或者是心脏病人所使用的特殊医疗材料。像刚才所说的人工肾脏,在中国应该有很大的市场需求,因此我们现在正在为在中国的生产做准备。

问:尊敬的榊原定征会长,您的报告相当精彩,使我受益匪浅。我是光华管理学院的博士后,我想问您两个问题。第一个问题:您当了会长之后进行了大规模的改革,其中有削减成本、革新还有开发新的增长点,在削减成本过程中您肯定遇到过很多棘手的难题,很多企业也都进行过削减成本的工作,但大多都失败了。在削减成本中最棘手的问题是什么?或者如何克服棘手的问题,取得辉煌的成功?第二个问题:碳纤维技术非常好,性能相当完美,但是我们在平时生活中没有发现,也就是说离我们老百姓非常远,离这么远的原因有哪些?也就是说我们还要等多久才能享受到碳纤维给我们生活带来的快乐?

榊原定征:2002年我当总经理,当时是IT泡沫破灭,经营环境非常困难,我做的第一件事情就是降低成本。我的目标是要降500亿日元的成本,其间付出了巨大的努力,但取得了圆满的成功。六年之后,又发生了雷曼兄弟倒闭的事情,又得降成本,我提出的要求是降1 000亿日元。其他的一些高管说,我们四年前刚降了500亿日元,现在已经没有任何可降的余地了。我说你说得不对,大企业一定是有降成本的潜力的。即便其他人说成本降低1 000亿日元是绝对做不到的,我却说绝对能做到,而且我们最终实际上降了1 020亿日元。这里面我们付出了巨大的努力。我觉得重要的是要保证员工的就业,一个都不裁掉,这是大前提,在这种前提下考虑降成本的问题。日本的其他企业也有在降成本的,它们是通过裁员,这是最简单的。在这种经济不景气的情况之下裁员,被裁的人就没有出路,活不下去了,我们觉得不能这么做。对于我来说,这个课题就是在不裁员的前提下如何降成本,具体是把总经理的工资降一半,高管降百分之几十,当然,这是在一定期限内的,现在大家都领全额的工资了。其实,把总经理的工资降一半省的钱也是有限的,但是给大家的感觉不一样。因为大企业很多地方都存在浪费的现象,这些东西积少成多就能省几百亿日元。另外,作为大企业,我们每年要从外面采购9 000亿日元的东西,这就是采购成本,如果我们降5%,那就有400多亿日元了。我们可以选择这种产品,但是不是必须就用它?能不能用别的产品代替它?我们不断地研究、摸索、积累,两年降了1 020亿日元的成本,这是非常大的数字。最困难的是在保证员工就业的前提下降成本。另外对于我们的高管、员工,他们在过去的五年里面已经将成本降了500亿日元,我要让他们相信能够再降1 000亿日元,做成之后无论是员工、高管还是我,都觉得很有成就感。

第二个是关于碳纤维的问题,我们开发出来已经有40年了,但是刚开始的时候是用在高尔夫的球杆、鱼竿、网球拍等地方,现在已经用到了汽车、飞机等领域。新型波音787客机通过碳纤维的使用可以使燃油经济性提高20%,减少二氧化碳排放,而且很舒服,湿度还可以提高。所以在各位消费者的日常生活之中,采用碳纤维的产品会越来越多。因为它很轻,对于地球环境很友好,比传统产品的能耗会更低,二氧化碳排放会更少,所以碳纤维本身就对地球环境做出贡献了。

问:我是从国外回来的一个研究机构的工作人员,现在正在研究中国的低碳经济。今天很高兴参加这个会,非常惊讶、非常难得有这么好的东西。顺便请教一下,在中国这么巨大的地方,如果从中小企业做投资的角度分析,会发现很多瓶颈,它们可能没有那么大的营业额,无法支付如东丽投资这么高的费用,有什么方式可以帮助中国国内,以及亚洲其他地区的企业进行节能减排和环保?另外,7天前发生了大地震和海啸,您对未来的低碳建筑有没有比较好的建议?我们也在思考,未来会不会出现像诺亚方舟那样的建筑?在所谓的城乡一体化上,可不可以有新的思维?包括日本在内,建筑的部分是不是也可以考虑到未来无法抗拒的大型的天灾人祸问题?

榊原定征:我先来回答一下第二个问题。这次地震、海啸还有核电站的危机确实给日本经济带来了很大的打击。日本经济刚刚有所恢复,今年人们都认为经济开始步入一个回升的阶段,但这立刻又使得日本经济面临一个很大的危机,经济上蒙受了很大的损失,这是人们非常担心的事情。第一,现在要做的事情是尽可能地救灾,使得这些受灾地区的经济能够重建。我们公司在这次地震当中也遭受了很大的损失,当然我们自己公司的损失也是要考虑的,但是可能比这个更重要的首先还是要致力于灾区的复兴。另外,这次大地震、大海啸中,有很多房屋没有因为地震而倒塌,包括我住的东京的一幢28层的楼中,那幢楼左右各摇晃了1米的幅度,但是摇晃之后毫发无损,没有因为建筑倒塌引起人们受伤或者死亡的事情发生。现在相关的受灾情况仍然在调查之中,由于道路、通信中断,全部受灾情况还不了解,死亡或失踪的人数可能多达15 000人,甚至更多。但是其中并没有因为地震导致房屋倒塌砸死人的情形,基本上死亡原因都是缘于大海啸。而且这次海啸是千年一遇的规模,给日本提供了一个大的预警。关东地区也遭受了一定的影响,过去也有海啸,当时有200多名民众被海浪卷走,因此筑起了200多米的防护堤,但是这次大浪轻易地超过了这个防护堤,而且海浪涌入了5公里内的地方,很坚固的房屋遭遇千年一遇的大海啸后都无以抵御。日本的房屋从耐震的角度讲没有问题,在日本的建筑物标准方面已经克服了地震灾害的影响。

关于第一个问题,如果说运用我们的技术能够带给中小企业发展的机会,我们当然可以提供很多尖端技术,为中国各个领域产业的发展、就业机会的扩大做出贡献。这些产品可以为地球环境的改善,或者解决人类水资源、能源的问题做出一定的贡献,今后我们也愿意在这方面进一步加强和中国的关系。不光是中国,我们也愿意和中国以外的其他亚洲地区进一步强化这样的合作。我们采用多种多样的形式,不仅将我们的技术转让给大企业,也包括一些中小企业。希望更多的企业利用我们的技术,用我们的技术来进一步为中国经济的发展,包括为低碳经济的发展做出贡献。

问:东丽集团曾经在孟加拉国投资2亿美元建造服装厂,我想知道服装面料在中国市场目前的占有率和渗透率是什么样的状况?未来三年的发展规划是怎样的?优衣库在中国也是快速扩张,但是它的整体风格、颜色、款式并不很符合中国人的偏好,我想知道您未来在高级定制领域或者是功能型的服装领域方面有没有什么纤维领域比较尖端的技术?

榊原定征:去年我们在孟加拉国建了一个服装厂,现在做得很顺利。优衣库有一个保暖的服装品牌,我们提供一部分纤维原料。我们在江苏南通有一个年产 10 万吨的纤维工厂,生产出纤维后把它再织成布染色。但是年产 10 万吨,按照中国的业务规模来看还是太小了,中国实际上的纤维规模是 3 000 万吨,10 万吨只是百分之零点几,量很少。但是我们生产的不是通用纤维,而是高附加价值和高技术水平的特殊产品。保暖内衣里面用的纤维是星状的,是非常高科技的,它有吸汗的功能。关于您刚才提到优衣库的产品不符合中国人的偏好,这是非常宝贵的建议,我们得回去好好研究研究。但是我刚才说的南通的研究所,既做产品也开发产品,包括优衣库的产品,我们要开发出符合中国消费者偏好的产品来,我们会努力去这么做,无论是款式还是颜色,希望都能够满足中国消费者的需求,也希望你对我们有所期待。

问:榊原定征先生,您的演讲非常精彩!您十分注重研发资金的投入,在 2008 年金融危机的影响下,贵公司的业绩也有所下滑,公司的应对方案是削减成本,我想问一下公司有没有削减研发资金?如果没有削减的话,公司在什么情况下才会削减研发资金?

榊原定征:2008 年的研发费用是 500 亿日元,比 2009 年稍微少了一些,但是实际上加起来看的话,这笔费用不管是营业状况好还是不好,差异都不会很大。其中,我们也有部分是政府项目,政府也会有一定的资助,但是资助不太大,所以基本上研发费用的变化也不太大。研究贵在坚持,在经济状况不好的时候,如果我们把 500 亿日元缩减成 400 亿日元,两三年内看似业绩好,但是过了两三年你就会发现不起一点作用,而且这样的做法会影响今后公司的长期发展。为了今后长期的发展,短期内要忍痛,要舍得付出,不能说经济不好了就把这笔费用缩减了,这样就难以让搞研究的人持续做研究,不可能有长期的效果。我们在这方面的做法是这样的,没有减少这部分投入。我们在做 RO 膜的时候花了 40 年时间,最近终于有所盈利,这 40 多年当中有很多学者相继加入进来,人员更替很多,但是我们没有削减这方面的投入。碳纤维也一样,40 多年的研究之后,我们坚信它一定能够成为当今最主要的一种材料,这 40 年来我们一直忍耐着、坚持着,咬着牙过来,才有今天这样的效果。我刚才也说过,欧美的企业也有很多在做碳纤维,几乎所有的公司都在做研究,但是最终几乎所有的企业都撤出来了,它们忍受不了这种长期的过程,纷纷退了出来。我想应该要有坚强的意志,也要有坚信明天会更好的信念和忍耐力。

问：榊原定征先生，感谢您的精彩分享！我是学历史专业的，不太知道太多的经济学理论，我比较关注生活中实际的东西。我想问为什么东丽集团一定要和优衣库合作？是否因为它是日本第一大服装企业？是否因为它在中国有1 000家店的发展战略？但是在我印象中它的衣服质量不好，甚至不如北京动物园批发市场的衣服质量好，我买过几次它的衣服，洗不了几次衣服就被搓烂了。您也提到你们的技术运用到了优衣库的服装上，那为什么它的质量还是那么差呢？谢谢！

榊原定征：优衣库不是日本最大的零售商，但它是有创新性的。它属于制造型零售商，自己做、自己卖，自己有生产的能力，但是自己没有面料，所以必须购买。我们是厂家，我们既生产丝也生产面料，我们和优衣库就像一个虚拟的合作公司一样，一起来生产产品。优衣库中使用我们东丽面料的产品只占20%，您刚才所说的质量不好的不是我们提供的面料，那是其他企业提供的，我们的产品再洗也不会破，至少洗两三百次都没有问题，衣服不会受损。这一点我可以给你打包票，我可不是开玩笑的，我们非常有自信。

问：榊原定征会长，您好！我来自黑龙江鹤岗市，首先感谢东丽公司在尖端材料方面对全球做出的贡献。鹤岗是个资源型城市，我们现在正在致力于资源型城市的转型，引进高新技术产业，我觉得东丽公司符合我们引进公司的类型，而且我们鹤岗市所辖的萝北县拥有亚洲最好、最优质的石墨资源，请问榊原定征先生，东丽公司今后有没有兴趣在中国的东北，特别是黑龙江省鹤岗市投资建厂？谢谢！

榊原定征：今天我们中国的总代表就在这里，机会难得，让他来回答这个问题吧，这种可能性也是可以讨论的。冈本先生你来回答一下这个问题。

冈本秀宏：很好，我很希望去看一下，看看我们到底能不能做些事情，如果有可能的话我们近期就会去拜会。

问：尊敬的榊原定征先生，您好，感谢您精彩的演讲！我想请教两个问题。您刚才介绍东丽一直致力的方向是把材料做得更强、把纤维做得更细。我们知道1991年的时候日本科学家发现了一种比碳纤维更细的材料，就是纳米碳管。20年过去了，这种比碳纤维更强、磨量更高的材料，除了传感器领域外，大规模的应用并没有开展，所以第一个问题是，从您的角度看,这种材料未来的应用爆发的时间点是怎样的?现在在研发上还需要解决的问题是什么?第二个问题,据我所知,现在有一部分中国企业已经在碳纤维领域探索,以我的观点,在T300领域已经能做到比较稳定的量产。从您的角度来看,这些企业做到更高端的领域,比如T600、T700的领域存在的困难或者所需的时间是怎样的?或者您认为东丽在这个领域面对的挑战是什么样的?谢谢!

榊原定征:第一个问题涉及的纳米碳管,也是我们常年进行研究的项目之一,现在仍然处于基础研究的阶段,终于可以进入运用的阶段了。我们也在各方面积极探索它的应用,但是它到底什么时候才能够开花结果,没有人知道,我觉得还需要一段时间,五年或者更长。技术是有了,但是如何应用它是我们现在面临的一个课题。

另外,关于中国的碳纤维厂家,我所知道的应该有30家左右在生产碳纤维,而且其中有很多水平很高的公司。T300以上的产品也有在生产的,T600、T700会在下一个阶段,或者开发出我今天和大家介绍的朝极限方向努力的更高强度的产品也只是时间问题而已。我们在碳纤维的开发方面花了很长时间。从某种意义上来讲,如果要追赶的话,根本不需要像我们那样花那么长的时间去做,可以在很短的时间内就追赶上我们。因为原理大家都知道,所以追赶起来会非常快。我们的课题就是今后怎样能走得更远一些,不被大家超过。

问:榊原定征先生,您好!我十年前读到过一篇关于日本碳纤维产业研究的报道,大概说在产业最初的开始阶段,这个产业内日本的公司也是赔钱的,工业产品是赔钱的,靠民用的产品就是女性的胸衣支架来赚钱。另外,中国消费者的消费能力还很有限,贵公司的产品功能性很高端,这样一个高端的产品价格一定很贵,倾向的市场定位应该是功能性的服装,像户外服装或者防护服。和优衣库这样的品牌合作的话,与你们的产品定位有没有一些冲突?

榊原定征:我是1967年进东丽的,对碳纤维开发的过程有直接或者间接的参与,我没听说过碳纤维被用作女性胸衣支架。碳纤维在开发出来以后一直是亏损的,我们扭亏为盈,不是女性胸衣支架的功劳。像飞机、汽车这样的新用途被开发出来,使我们的开工率提升了,这是唯一的扭亏为盈的原因。要靠某一个用途来实现扭亏为盈是不可能的,所以对您的问题我不是很清楚,很抱歉。

优衣库的服装里面没有任何碳纤维的成分,碳纤维在普通的医疗领域也没有运用,据我所知其他厂家的碳纤维也没有用在这些领域。谢谢!

(演讲时间:2011 年 3 月 17 日)

第七篇
综合商社的创新与人才

饭岛彰己:三井物产株式会社代表取缔役社长

  各位晚上好,我是饭岛彰己,今天是我第一次来北京大学做演讲。大约30年之前,也就是1982年1月,本人第一次来到北京。而这次到北京与上次来访只隔了一年。每次到中国来都会发现街景和人民生活的巨大变化,中国发展之快再次让我非常惊叹!

  三井物产创建于1876年。作为一家定位于国际业务的综合商社,我们在很多国家和地区开展业务,拥有国际视野,着力于培养有益于社会发展的人才。2006年,在北京大学时任校长许智宏和北京市副市长陆昊等相关领导的大力支持下,我们和中国最高学府北京大学一起创建了"北京大学三井创新论坛",初步计划要做10年,一直到2015年。三井创新论坛的讲座主要邀请商业或研究机构中成功实现创新的政府官员、企业家、专家学者等人来分享他们关于创新的经验,希望论坛能够在今后的发展中助同学们一臂之力,同时也希望能够通过论坛的开展加深中国和日本的相互理解。到现在为止,已经有30位讲师参与了讲座,其中来自日本的有9位,包括CEO、著名学者等;参加讲座的学生加起来大概有7 000人。在首次讲座之中,三井物产株式会社社长、总裁枪田松莹以"三井物产现状"

为题做了开坛之讲。在迎来五年转折点的今天,我想就综合商社的创新与人才分享我个人的看法。

在过去五年里,本论坛提供了非常丰富的内容。我想回顾一下五年来全球发生的比较大的事件。首先是2008年年底美国次贷危机引发的全球经济危机,使全球金融体系陷入了功能瘫痪的境地,各地的经济活动急速衰退。在这个过程中,中国经济的发展也有所停滞,但由于政府的巨额经济刺激政策发挥了作用,经济迅速触底反弹,成为在经济危机中引领世界发展的领头羊。中国成功举办了2008年北京奥运会和2010年上海世博会,国际影响力进一步上升。另一方面,日本受到经济危机的影响很严重,在这个过程之中实现了历史性的政权更迭。当然,最大的一件事情莫过于至今仍未平息的东日本大地震。今年3月17日,在日本东北地区发生了巨大的地震和海啸,夺走了将近2万人的生命,而且影响了100万人的生活。当时我本人处在东京本部大厦24层,在总部的干部会议上听取新任执行董事的工作报告,生平第一次感受到如此强烈的摇晃。住宅、工厂建筑都遭受了巨大的财产损失,截至目前损失达到17万亿日元左右。主要灾区的经济活动停滞,当地的企业和工厂停产,影响到了占世界很大份额的汽车零部件和原材料的生产。这不单是影响到了日本本国的经济,而且也使美国及亚洲各国的生产活动陷入停顿。当然,生产方面的恢复速度远远快于当初的预计,对海外造成的负面影响也在逐步消除之中,但仍有8万人被迫疏散,而且人们正常生活的恢复重建才刚刚起步。从地震发生到今天,日本得到了全球许多的援助,中国在地震后两天便率先派遣救援队赴日,现场开展搜救工作。除了政府之外中国的各界民间人士也纷纷捐赠善款和提供紧急物资,给了我们很大的援助和支持。灾难无国界,中国民众温馨的支持给了我们勇气,同时也让我们强烈地感受到邻居伙伴的难能可贵。福岛核电站发生事故后,周边的居民因放射性物质泄漏而被迫撤离,很多地区的蔬菜、肉类等农产品停止上市,影响和涉及范围很大。除此之外,很多民众对核电的安全性表示担忧,日本的核能政策乃至能源政策面临巨大的调整。接下来我们要进行重建,除了必须尽快地重建灾区之外,还要建设包括非受灾区在内的防灾城市,建立稳定的供电体制,实现节能、节电,课题堆积如山。针对诸多的课题,三井物产正在通过自己的努力提出并实现各种商务解决方案,我们公司已经向灾区提供了大约 4 亿日元的善款,今后还将提供 4 亿日元的援助,并且通过 2005 年设立的三井物产环境资金,在东日本大地震恢复重建以及研究等方面提供 14 亿日元资助。公司还将为员工赴灾区开展志愿者服务提供支持;着眼于中长期恢复重建、创造就业机会,专门成立了新的组织——国内业务推进室;同时还将跨部门汇集公司的知识、经验、技术,用于农林水产业的复兴,以及与当地企业之间的合作,为建设新型城市构想也就是紧凑型城市构想做出贡献;并且要搞活与当地密切相关的产业。三井物产自 1876 年创建以来,为解决日本面临的各种课题,不断地做出贡献,对此我们深感自豪。

接下来我想回顾一下迄今为止三井物产解决课题的历史。三井物产创业之时,日本已经结束了原有的锁国政策,在明治新政府的领导下逐步开始与各国建交。公司的创始人益田孝在创立三井物产时怀有强烈的使命感,希望让资源匮乏的日本能够比肩欧美强国。但是当时日本的贸易当中,欧美商人实力强大,因此日本在不利的条件之下进行交易的情况屡见不鲜。将贸易活动的主动权收回到日本人手中,这是当时的一个十分重要的课题。在此期间,日本为了赶超欧美发达国家,将引进近代产业作为最大的课题。三井物产就是为了解决这个问题而设立的。三井物产通过聘用和培养精通欧美企业实务的人才,成功地开始了贸易业务。到十九世纪九十年代,三井物产已经能够向亚洲各城市派遣为数众多的人才。可是要引进最大的产业,就必须从欧美购买与产业相关的各种机械和技术。为了得到所需要的巨额外汇,只能扩大日本的产品出口。三井物产通过出口大米和煤炭积累外汇,同时进口纺织机械,发展机械产业,为日本产业的现代化做出了贡献。在第二次世界大战后的高速增长期,能源从煤炭向石油转换,制造业水平不断升级。在此背景之下,人们已经认识到确保原料、燃料、资源稳定是长期的课题。三井物产在开展上述原料、燃料、资源能源进口的同时,还以投融资的形式在世界各地参与铁矿石、焦煤、铜、镍、石油、天然气的开发。我本人是在高速增长时期结束的 1974 年进入三井物产工作的,时年 23 岁,此后长期从事金属资源相关业务。在此之后日本经济进入稳定增长期,三井物产顺应信息技术发展的潮流,着手发展计算机产业和信息通信产业;同时,为了满足日益多样化的国民消费需求,引进了保龄球等休闲产业;并且在以餐饮等为主的贴近消费者生活的领域开展业务。可以说这都是将各个时代的技术创新用于产业的举措,或者说是对产业本身进行的创新。为了在业务中采用创新的技术,三井物产结合时代变化不断进行商业模式创新,形式之一就是我们称为物流网络型的商业模式。一开始在业务中引进创新的形态主要是以进出口为主的产品买卖以及中介业务,我们利用遍布世界各地的分支机构形成的具有集聚优势的信息收集能力,为日本企业、政府寻找产品买家或原材料采购点,并担任中介或者代理谈判,来收取手续费、佣金;或者是承担滞销风险或价格波动风险,成为产品卖家或买家获取售价和进价之间差价的中介渠道。

但在此之后,日本的企业不断发展,并且具有业务拓展能力和信息收集能力,能够自行发掘买主和采购点,同时也能承担滞销和价格波动的风险。作为一家综合商社,我们的分支机构遍布世界各地,信息收集能力强大。但是随着信息差距逐渐缩小,我们参与买卖的空间越来越有限。为了适应这些变化,三井物产承担了生产或物流功能的一部分,从而参与了产品或原材料的交易链,也就是价值链。例如在钢铁业务之中,根据汽车制造商的要求向钢铁制造商购买钢板,并且进行切割加工,再交给生产车身等的工厂。将这种功能一揽子交给与多家钢铁制造商和汽车制造商有交易关系的商社,效益要高于单个钢铁制造商和汽车制造商自己来做。通过降低成本,各方都能获益。此外,我们还拥有储存商品原材料、农产品的仓库,可以及时运输用户需要的商品。我们通过物流的功能参与价值链,而且把它推进到全球各个地区、各个产品领域。像这种通过在多个采购点及用户之间的网络中承担部分物流功能的价值链商业模式,我们称其为物流网络型业务。对于从事各种产品的交易及中介业务的商社来说,这是最为基本的商业模式。这种物流网络型业务能够提供的功能、服务是多种多样的,从利润形态来看依然是以通过提供服务来获取相应的佣金以及服务费,或者获得进价与售价之间的差价为主。

近年来还有一种核心商业模式逐渐发展起来,也就是投资各种业务或权益,从中获得分红或股权利润,还能通过所投资的事业或权益附属的商品买卖收益得到多种形态的利润,就是所谓的事业投资型的业务。这里所说的投资并不是像投资银行或投资基金那样只投资金,而是会与世界各地的优秀伙伴合作,从零开始去创业,或者是利用我们公司的物流能力、信息能力或广泛的合作伙伴关系,为现有的业务开拓出新的市场,提高生产流程的效率,或者是参与到经营之中,通过这些形式的投资来发挥我们公司的作用,提高事业本身的价值,投资的对象涉及各种各样的领域。

目前,三井物产的主要业务是资源和能源领域、基础设施领域以及生活产业领域三大板块。最近收益的主力是资源和能源领域。发展资源和能源领域的业务,确保稳定供应铁矿石、煤炭、石油及天然气等产业和社会不可或缺的资源,同时还要兼顾解决二氧化碳排放这样的环境问题;在基础设施领域,为社会提供电力、燃气、水以及铁路、公路、船舶等生活必需的社会基础设施——在该领域,以前我们只负责采购和交付基础设施建设之中所需要的材料及设备,后来逐步发展到承包整个基础设施建设工程,进而投资基础设施,同时在建成之后进行运营;在生活产业领域,我们从事医疗保健、中老年相关事业、媒体、时尚、房地产服务等满足全球各国消费者多样化需求的业务——这个领域过去是以产品的买卖为业务中心的,其对象仅仅包括粮食、服装面料、木材等几个有限的业务。

通过运用事业投资型商业模式,我们参与事业的领域更广泛了,包括医院、媒体、服务等。它能够使我们以更加多样化的手法和形态更好地实现创新。此外,我们还在物流网络型业务的基础之上进行事业投资,或者反过来以业务投资为起点建立物流网络型业务,也就是所谓的混合型商业模式。

综上所述,三井物产的业务结构、商业模式随着每个时代日本经济和产业问题的演变而不断变化,可以说正是这些变化才使我们公司能够保持 135 年长盛不衰。在这些业绩的背后是从事业务工作的每一个人无数的积淀。他们敏感地预知时代,领先于时代,以战略的眼光不断对自己的任务进行创新和改革。这可以说是三井物产为不断实现各个领域、各种创新而完成的自我创新。这就是三井物产的历史所在。

现在的三井物产已经在全球 67 个国家设置了 154 个分支机构,从业人数大约是 6 000 人。如果将全世界关联公司的员工都包括在内已经达到 40 000 人左右。到今年年底分支机构将会增加到 170 个,分布在 157 个国家。2010 年我们的净资产达到 86 000 亿日元,销售额为 99 000 亿日元。三井物产的实业有着相当大的规模,涉及各种领域,遍及全球各地。三井物产目前的发展态势不过是顺应时代要求的暂时状态,其实我们每天都在不断变化。三井物产制订了为期两年的中期经营计划,这个计划指出了三井物产今后发展的方向,该计划的中心是加速全球发展和战略布局。我们将"金砖四国"、印度尼西亚、墨西哥等地作为我们的重点业务发展区域,进一步加强全球事业的发展。我们计划在这些国家和当地优秀的伙伴共同合作,打下我们今后发展的良好基础。比如在中国,我们与鄂尔多斯集团,以及中国首屈一指的钢铁公司——上海宝钢集团就有常年的合作关系。在内蒙古,我们和鄂尔多斯集团的贸易关系开始于1979年,当时鄂尔多斯还是一个专门生产羊绒的公司,双方建立了长达三十多年亲密的伙伴关系。而这期间鄂尔多斯集团也向其他领域,比如说煤炭、资源开发、金融、原材料制造、发电、化学品等领域推进多元化发展,和我们公司也在各种各样的领域开展了合作。今后我们还将进一步加深双方的关系,扩大合作的范围。另外,我们还有一个重要的合作伙伴就是上海宝钢,我们的合作始于1993年,当时成立了城市钢材加工和销售方面的合资公司,一起在中国各地不断发展业务,目前正在开展钢板的加工、配送基地网络以及汽车零部件生产等业务,在14个业务领域有合作关系。我们也在探索未来在亚洲其他国家以及欧洲开展业务。我相信双方的伙伴关系将不仅仅局限在中国国内,今后还将拓展到更加丰富多彩的领域和业务范围。

关于三井物产今后要发展的业务领域,我们将在加强收益、发挥综合实力的前提下保持目前最大收益的业务,也就是占我们净利润大约八成的资源方面的相关业务,同时我们也要在其他非资源领域加强我们盈利的基础。为了适应时代的变化,我们希望通过为世界的发展做出贡献来提高我们企业的收益,这是公司在发展业务上的基本原则。非洲和中东带动了世界人口的增长,新兴国家的经济也在迅速地发展,因此我们要创建范围更大的市场。当今世界显然和过去不同,已经不再是发达国家独享经济成果的时代。为了创建一个更大、更富裕的世界,各方面的原料能否跟上是一个大问题,资源问题对于今后的世界是非常重要的一个课题。如何在人们的生活当中实现经济发展、给人们创造更富裕的生活也是我们的一个课题,包括人们的衣食住行、学习、娱乐等各种各样的领域,也包括在发展中国家提供医疗服务,这都是人们享受富裕生活的基础。此外,需要扩展的更加广阔的领域与我们这个领域同样存在环境问题。经济的发展稍有不慎就会破坏环境，如何防止破坏环境或者改善环境，与我们能否过富裕的生活都是密切相关的。这些都是全球面临的很大的课题。

接下来我介绍一下三井物产解决这些问题的举措。首先在能源方面，我们认为能够改变世界能源领域格局的是页岩气方面的发展。我们现在积极从事页岩气传统技术的开发。在很深的地下，泥土和黏土堆积硬化后形成了岩石，这些页岩气就储存在这些岩石中。公司从2010年就开始从事页岩气的研发业务，今年又在波兰获得了页岩气的探矿权，也是第一家参与欧洲页岩气业务的日本企业。今后我们还准备在储量丰富的产地发展和扩大我们的业务。在粮食方面，三井物产很早以前就把目光投向了巴西，2007年我们在巴西从事以大豆为主的农业生产事业，与粮食收购销售业务的企业进行资本合作。今年5月，这家合作公司已经成为我们的全资子公司，今后将继续扩大在巴西的农业生产以及粮食物流业务，在那里生产的粮食还将提供给亚洲。2010年，大豆业务的量已经超过200万吨，其中150万吨是面向中国出口的。水业务方面，进入二十一世纪之后，公司开始关注泰国、墨西哥等民营化发展较快的国家的水业务，在这个领域也积累了很多经验和知识。2008年，三井物产收购了墨西哥专门处理水的一家公司，随后又从墨西哥走向了世界，不断扩大水业务。其中，在华的业务也不断扩大。2011年，三井物产和新加坡大型水务公司各出资一半，成立了一家合资公司Galaxy，收购了中国22处水务公司的资产，业务范围包括江苏、河北等产业化水平比较高的8个省，为这8个省供应水。为了响应迅速发展的中国对水技术的需求，我们今后还将进一步扩大我们的新客户，为解决水问题做出贡献。

另外，在和人们是否可以享受富裕生活密切相关的问题方面，我们长期以来特别重视与以中国为首的亚洲各国的关系，这些国家和地区的市场正在茁壮成长，经济增速也非常快。在中国，我们与新希望集团、光明食品集团等流通企业都建立了业务联系。我们与日本企业7-ELEVEN发展便利店业务。在日本的7-ELEVEN业务中，为了确保开展稳定的物流管理，2006年我们公司成立了一家全资子公司百望达。为了确保7-ELEVEN大约700种物品不会缺货，我们在上海、成都设立了分所。同时，还致力于目前非常受关注的食品安全问题，尽量地减少在运输过程中的损耗。此外,我们还和上海锦江集团成立了合资公司,引进了日本的技术和经验,发展低温保管以及配送低温物品的物流业务。今后我们将继续致力于产地和消费地等多地区之间的联系,建立全国性的冷链网络,这也是我们今后的发展方向。

对于发展中国家和新兴工业化国家而言,建立一个稳固的基础医疗服务体系,是人们能享受富裕生活的大前提。为此,公司于今年4月份向亚洲最大的医院集团IHHSB出资。这家集团旗下有新加坡最大以及马来西亚第二大的医院集团,除了开设医院之外还在亚洲各国开展广泛的保健业务。他们正在探讨在中国开设医院的议题,也希望为中国的医疗发展做出贡献。

最后是环境方面的。除了天然气、页岩气和水务方面的业务之外,我们也正在着力于开拓可再生能源以及资源再生利用等方面的业务。可再生能源方面,我们正在发展太阳能、风力等发电业务。在西班牙,我们收购了太阳能发电站,通过当地的配电公司销售我们发出的电力;在美国,公司旗下的太阳能发电系统销售公司从事的是向终端用户供电的业务,包括住宅以及产业用的太阳能电池的设计、安装;在澳大利亚,我们采购了木制生物质的燃料提供给日本等亚洲煤炭火力发电站,通过与煤炭的混合燃烧可以抑制二氧化碳的排放。另一方面,资源再生利用也是解决环境问题的一项业务。我们向Sims公司出资,作为这家公司最大的股东在全球发展废金属、废旧电子设备再生利用等业务。此外,在电脑、手机等小型家电产品中含有贵金属和稀有金属,这些废弃的电脑和手机当中含有的这些金属是可以再利用的最好资源,在日本叫"城市矿山"。公司将投向这个产业,去年实施了报废手机回收项目,一共收集了57万部手机,进行了贵金属资源的回收。在中国,随着经济的发展,环境问题也变得越来越重要,公司和泰豪科技、松下电工成立了北京泰豪公司,在北京实施了很多工程,包括人民大会堂的节能灯,以及使用人体传感器的控制系统。无论在哪一个年代,三井物产都在不断地改变、调整着业务结构,将丰富多彩的创新引进我们的业务发展中来,现在我们正通过业务发展解决日本、世界各个国家乃至整个世界面临的课题,不断贡献自己的力量。

我们的中期经营计划,就是实现这一目标的路径。而综合商社的综合性这个特点在不断地实现各种与时代相结合的创新,以及在自我创新中发挥重要的作用。综合商社的综合性体现在业务领域、活动区域和商业模式三个层面,换句话说就是到底从事什么业务、在哪里发展业务和到底以什么样的方式实现盈利。但并不是说任何时候、任何地点以任何方式开展任何业务。大家也可以了解到,在三井物产业务变迁过程中,业务领域、活动区域和商业模式是与时俱进的,综合商社的"综合"是要以符合时代要求的形式、灵活地对我们的业态做出调整,具有在任何地点、以任何方式、开展任何业务的潜在能力。所以我们可以将综合商社三井物产看作具有未来前景的一个可能性的综合体,因为三井物产在不断进化、变革,能够以持续性业务发展的形式解决各个时代日本产业和社会的课题。其实这就是创新、进化和变革。通过创新、进化和变革能够给企业带来稳定的投资组合收益,同时在业务环境发生巨大变化时也能确保我们的适应能力。可以说,不管什么样的时代,创新和变革都是企业不断发展、确保稳定的源泉。在发展新业务时,每一个业务都要求更高的专业水平,从企业整体经营的角度来看,对各个业务控制的难度也会变得更大,有时也会产生招致重大损失的风险。当然,这些风险对于综合商社的经营管理是必要的前提。所以也有不少企业因为潜在风险转换为真正的风险,导致经营陷入困境,难以为继。

三井物产经历了130多年的风雨,到现在仍不断地发展,靠的就是我们不断升级和拓展业务的数量。三井物产综合性的管理经营体制创新是创新的一个部分。我们的中期经营计划,也将加强投资组合战略,提升内部综合能力。但是仅仅靠这个系统不能实现完美的经营,员工的素质将起很大的作用。人就是三井物产唯一的资产,只要能够培养出可靠的人才,就能够应对任何时代变化的挑战。我在2008年担任金属资源本部部长的时候,制定了下属营业本部人才培养五原则:

(1) 无信无以育人。要互敬互信,直言不讳地交流意见,坦率真诚地深入讨论。

(2) 对员工充满期待,给员工充分发展的空间,放心地将工作交给员工;员工要全力以赴地完成公司交给的工作。

(3) 广泛积累经验,培养丰富的创造力和多样化的价值观。

(4) 无论表扬还是批评都要出于关心。上司要有爱才之心,让下属敬服。

（5）深刻理解自己的职责，朝气蓬勃地履行职责。严于律己，以身作则。

在日本有一种说法叫"人的三井"。这种说法不仅仅是在公司内部，在公司外部也为人所熟知。可以说无论是内部的员工还是外部的人士，都承认三井物产是一个讲究人才主义的企业。三井物产所说的人才主义不仅仅是公司拥有大量优秀的人才，而是指公司重视人才，以不断培养有益于社会发展的人才为自己的使命。三井物产创立之初便积极录用大学毕业生，将资深商人都无法成功开展的贸易业务发展成一项事业。1891年，三井物产启动海外培训生制度，被视为人才主义的象征。这项制度在第二次世界大战后被三井延续下来。60年的时间里三井物产向全球派遣了1 400名人才，最近三年派遣人才的对象国达到25国。这些培训生在最开始的一年完全脱离工作，在大学等机构上课，同时充分地融入当地社会，亲身了解所派遣国家的语言、历史、文化等知识之后，再到该国家或地区的当地法人或关联公司处积累一年左右的业务经验。在回国后的五年以内，再次被派往上述国家、地区开拓和发展植根于当地的业务。通过这样的积累和沉淀，造就了"人的三井"这一企业文化，如今三井物产的人才主义又迎来了全球化的全新局面。随着经济全球化的不断发展，我们要解决的课题包括经济快速发展、资源与环境、新兴国家业务占比不断增大等全球性的课题。针对这样的课题，三井物产在中期经营规划中将业务与人的进一步全球化作为目标。

全球化的实现包括建立并发展新的植根于世界各地的业务，由精通当地情况的优秀人才主导、运营这些业务，并通过全球的网络将这些业务相互联系起来。为了实现一系列全球化目标，要改变日本人主导的模式，以培养全球人才为目标，实现人才全球化。关于人才全球化，这几年三井物产公司已经推出了一系列举措：第一项重要的举措是统一全球各类人才理念。三井物产的企业理念可以归结为"Mission, Vision, Values"，可以用英语在全球范围宣传，统一大家的思想。我们制定了理想的领导者标准，包括道德、鼓舞人、创造平台、引领变革和走向进化，为我们的未来做出五项承诺。不管我们在日本国内招聘还是海外招聘，这五个观点都是三井物产领导者的培养标准。第二项重要的措施是培养全球领导人才。为了培养将要承担公司经营管理重任的新一代领导人才,我们与哈佛商学院进行合作,从今年开始面向新一代领导人才推出培训的讲座 GMA,同时统一三井物产的经营理念。为确保学员的多样性,现在学员的国籍已经达到 12 个国家。我相信全球人才通过培训可以掌握阐释自己观点和信念的能力,并且具备兼收并蓄的胸襟,与周边的人建立起互信的关系,最终实现创新。在北京大学开设冠名讲座也是三井物产人才主义、人才战略的延伸,可以肯定的是人才的力量不仅对各个企业非常重要,对于经济产业的发展以及其驱动创新的实现也具有极其重要的意义。

我希望通过本讲座能够为各位的人生带来一些帮助,同时也希望在座的各位能够为中国以及世界的发展做出巨大的贡献。也许下一次我们会在商务场合再次见到各位,衷心地盼望下一次的重逢,谢谢各位的聆听!

互动环节

陈丽华:饭岛先生的讲演非常精彩,也阐释了三井物产走过的成功历程。我认为物流网络运营模式不仅是给三井物产开辟了成功的道路,而且带动了日本产业的发展,这也是我们一直提倡的流通带动产业的发展模式。它发展壮大最后遍及全球,最终是用综合性的概念。我的理解是,整合全球资源来做这样的事业,通过物流网络、流通、投资、融入全球各个区域的文化和共同的全球化视野来完成其综合的事业,这是非常好的运营模式。

问:我对日本的企业管理非常感兴趣。第一个问题是,我想深入了解日本商社的运营管理,能否请您介绍几本这方面比较好的书?第二个问题是,综合商社汇聚的不是某个专业或者某几个专业的人才,而是各行各业的人才。综合商社对这些人才是如何管理的?尤其是如何防止人才流失?谢谢!

饭岛彰己:确实要防止人才流失,但并不是去挽留他。比如你要离开三井物产去创业或者去其他企业,说明我们所培养的人才能够在社会上发挥作用,这是一件好事情。此外,离开三井物产之后的人才进了新公司,也有可能和我们建立好的合作关系。所以不光是在公司内部,能够在全社会发挥作用的人才我们都要去培养,这是三井物产的价值所在。所以我们在自己的公司里认真努力,使才能得到发挥。度过整个职业生涯的人有,离开三井物产自己进行新的挑战的人才也有。我们是开放的政策,你既可以留在公司发挥作用,也可以到外面的世界获得更大的成长,这是一件非常可喜的事情。只要你能对日本、对全球有所贡献,这对于三井物产来说,就是最高兴的事。

问:首先,我对日本地震的遇难者表示哀悼!我有两个问题,刚刚我看了关于三井物产的介绍,知道金属这块是三井物产很大的一个利润来源,据我所知从去年开始,金属里面的铁矿石已经开始了金融化的趋势。在印度已经有了铁矿石的期货,新加坡、英国伦敦已经有了铁矿石的掉期合约。第一个问题就是三井物产对铁矿石金融化的态度和措施如何?第二就是关于铁矿石价格的问题。今年,铁矿石的价格一直非常高。您的合作伙伴宝钢总裁比较乐观地说,2015年之后铁矿石的价格会掉转向下。因为铁矿石可能会是三井物产非常大的利润来源,所以我想问问三井物产为应对将来铁矿石市场供求的变化有哪些措施?谢谢!

饭岛彰己:我们不希望铁矿石的价格有很大的波动,希望其更加稳定。从这个角度来说,即便是有期货市场存在,我们仍然希望铁矿石的价格能够保持稳定。另外,它的价格会不会暴跌,您现在很清楚。从供需关系来看,全球的钢铁产量是超过铁矿石供应的,而且在不断地增加。所以作为我们公司来说,钢铁的生产应该能够得到满足,也就是说我们的使命是提供足够多的铁矿石来满足钢铁的生产。从价格来看,这是由供需关系决定的。未来铁矿石的价格可能与钢铁的产量相关,会随着钢铁产量的变化对铁矿石的产量进行调整,目前的价格也是由供需关系来决定的。但我认为铁矿石价格大幅的波动对铁矿石企业和钢铁企业,也就是对用户来说,都不是一件好事情,一种稳定的价格可能会更好。目前我们有必要进一步加大铁矿石的产量。作为我们公司来说,在二十一世纪,钢铁在各种基础原材料中是最有竞争力的,而铁矿石企业的用户只有钢铁厂。所以两者的关系并不是一种竞争对立的关系,而是互惠的关系。因此,我们希望以稳定的价格来扩大供应能力,使铁矿石的供应能够赶上钢铁产量的需求,这是我们的使命所在。

问:我来自工学院,专业是生物医学工程。刚才您介绍在医院方面你们做的是建立亚洲的医院网络,现在中国的医疗仪器发展得也很快,请您介绍一下三井物业在这方面的情况或与中国医疗仪器企业所进行的合作。谢谢!

饭岛彰己:在日本的医药方面,政府有很多限制,但我们主要在比较宽松的领域开展业务,也就是说在比较容易介入市场的地区。5月份我们在马来西亚、新加坡等地投资了1 000亿日元左右的资本,进行医疗建设方面的合作,包括一些医院运营、设施建设等。我们也希望认真地研究一下中国医疗方面的相关国家政策,能够参与到中国的医疗业务领域,为提升中国的医疗技术水平做出我们的贡献。另外,最近我们收购了日本一家从事医疗食品业务的公司,这家公司也已经在中国开展了业务。通过这种方式我们在中国已经迈出了医疗食品行业的第一步,但是还不太熟悉中国在药品认证、医疗体制方面的一些具体政策和规定。我们也非常希望与各位朋友,包括中国的企业,共同探讨在这个领域如何能够继续扩大我们的业务,为中国的医疗发展做出贡献。

问:我来自光华管理学院。刚才您提到了企业的发展主要依靠人才。中国有句话叫科学技术是第一生产力,科教兴国、人才强国。国家的发展、企业的发展在于人才,从发展的观点来看问题,经济、资金不过是外部条件,人才才是决定性因素。我的问题就是随着中国的产业结构调整,作为年轻人应如何把握中国经济发展的趋势,如何做好人生规划,在未来立于不败之地?谢谢!

饭岛彰己:这不仅是中国年轻人的问题,在日本也一样,在世界其他国家也一样,是一个共性问题。你自己想要干什么?你的人生设计是什么样的?这是你时时刻刻要思考的一个问题,朝着这个目标不断努力,这是最重要的。从长期来看,你自己未来是什么样的规划?你希望成为怎么样的人?而且你想对国家、世界做出什么样的贡献?这些都要放到你的人生设计当中去。就像企业都有自己的业务发展规划一样,每个人也要有这样的规划,你希望自己获得什么样的成长,如何去成长,这个计划一定要想好,这包括短期、中期、长期的计划等。这些你都要时时刻刻地去调整、制订,过一段时间都要回顾一下自己到底已经到达了哪个步骤,这很重要。所以说在这个竞争非常激烈的世界,没有能够让你一下子实现目标的捷径,我认为最重要的就是坚持,不断努力。

问：全球化和网络时代的到来给以三井物产为代表的日本财团和综合商社会带来什么样的挑战？

饭岛彰己：现在三井物产在部署发展业务时就是在朝着全球化的业务方向发展。过去，比如明治时代，日本是闭关锁国的，但现在是无国界的时代，地球成了一个"地球村"。所以在日本、中国所发生的事情，瞬间就可以传到欧洲、美国。比如2008年雷曼兄弟的倒闭，这是在美国发生的一件事，过去这样的事件的影响也只是在美国，但现在已经不同了，它的影响会传递到全球各地。现在世界是相通的，我们必须时时刻刻观察全球各地的动态去开展业务。不光三井物产是这样，可以说全球的企业都一样。日本不能说仅靠日本人去工作，必须和全球的人一起，甚至将全球各地各个国家的人纳入公司的员工队伍中，一起创造一个全球性的网络，才能维持我们业务的开展。现在我们已经进入这样一个时代，可以说也是一个挑战。首先，我们要改变以日本人为中心的工作方式，比如说过去在伦敦、纽约这些地区设置分支机构，都是由日本人担任主角。我们要改变这种状况，多利用当地人才，欧洲人才、美国人才，甚至是亚洲各地分支机构的人才，必须要重视当地人才的力量。在人才新的录用方法上，对日本人有一定的冲击，但要改变这种状况，为了公司的进一步发展做出变革。我们必须自己不断调整业务内容，现在的反省点就是三井物产成立有135年的历史了，在这个历史长河中，我们当初所做的业务和现在所从事的业务在业态上是不一样的。在三井物产当中，现在盈利最好的就是资源领域，而在非资源领域做得不太好。生活轻工业方面曾经是我们最重要的业务，现在冷静分析一下就会发现，正因为我们在资源领域的业务不断扩大，才使得公司得以持续性发展，所以没有办法改变我们的业态。因为这种资源领域的业务不断扩大，我们已经没有办法参与到生活领域当中去。时代已经发生了变化。正是因为随着日本国内环境变化做出了及时调整，与时俱进，才导致了我们目前的营业模式，但如果着眼于未来，我们仍然持续这样一个营业模式的话，未来的持续性发展可能会有问题，所以目前可能要就我们擅长的领域进行调整。虽然调整是痛苦的，但为了着眼于未来，还是不得不做出新的调整和部署。

陈丽华：我提个问题，我们曾经做过松下的内训，对它的46个企业做过调研，觉得它的人才本地化推进计划比较强，我们也看到它们有一些改进。在中国二级公司都有一些中国人可以当总经理、部长,职位比较高。在这五年三井创新论坛的组织过程中,我们也接触了不少三井物产(中国)的高层人才。我的问题是这几年看到三井物产(中国)的本地高层人才不是特别多,基本上都是三井物产派的一些日本高层管理人员,近期三井物产的中国业务本地化的推进计划是什么?谢谢!

饭岛彰己:三井物产过去的全球招聘是由当地法人机构来进行的,但现在无论是在日本、中国还是其他国家的人才招聘、培训,都采用同样的标准。我衷心希望三井物产的中国员工能够尽早地担任重要的职务。松下和丰田等公司在海外的人才本地化方面做得非常好,我们落后于它们,希望能够通过努力尽早地达到它们的水平。我们对自己有清醒的认识,下一步就是要提速。像北京大学的各位人才,希望能够到三井物产工作,对此我充满期待。

问:我想问一下在1993年的时候,三井物产是世界500强的第一名。而苹果最近成了世界第一,但它最近十年做的iPad、iPhone、iPod三种产品外形很类似。你怎么看待多元化经营和专业化经营?

饭岛彰己:我们商社的业态和厂家不一样,不是生产产品的,我们是与各种合作伙伴合作开展业务。尤其是日本的资源和能源匮乏,所以三井物产为了日本国家的利益,为了满足日本的能源和资源安全保障,一直致力于能源和资源开发。另外,为了买到这些能源和资源,需要去赚取外汇,因此需要把日本的产品销售到全球各地。此外,我们对技术也不太熟悉,所以我们做很多的工作,跨越很多行业,包括能源、资源和非资源方面。我们有这方面的经验,把它综合起来提供给全球各地的合作伙伴。通过提供这些知识经验来提升公司的企业价值,也就是提供服务,这是公司目前的主业。但是世界是不断变化的,作为商社是不是永远要与技术有一定的距离呢?其实不一定。作为我们的企业理念,有创新、创造和挑战,今后我们会在技术方面花更大的精力。

问:我来自中国中信集团公司,我想请教一个问题,这种综合性的商社如何进行风险管理?刚才总裁先生提到综合商社比专业性的公司风险更大,我想请教一下,如何进行综合商社的风险管理?另外一个问题是,您的总部有没有专职从事风险管理的部门或者是员工?谢谢!

饭岛彰己:我们的风险管理有相应的组织和专职人员,比如说对交易对手方的信用风险要进行管理,还有类似于外汇和产品价格的风险、市场风险和国家风险,都有相应的部门来进行管理。而且我们对财务平衡非常重视,在承担风险的时候一定要与我们所获得的收益相平衡。同时,每一个产品、每一个业务都会有一个风险上限,不能超过我们公司能承受的范围,目前我们就是这么做的。

问:我是做太阳能电池材料研发的,我知道三井物产做太阳能光伏产业。全球在这个领域遇到了瓶颈问题,德国太阳能转化率最高也就是33%,而产业化的比率大概是20%左右。三井物产是不是下一步要在这方面进行新课题研发?第二个问题是再生资源转换的问题,日本、韩国在城市矿产领域的开发比较早一些,发展比较迅速。今年5月份中国的发改委、商务部曾经提到城市矿产的发展,中国一般专注于废钢材这部分。想请教一下,日本,包括三井物产公司,在城市矿产领域是怎么去做的?谢谢!

饭岛彰己:光伏在可再生能源中是一种不稳定的电源,这是毫无疑问的。没有阳光发不了电,而且只能白天发电。在日本有风电也有光伏,而且光伏现在做得更大一些。而欧洲是风电占主流。但你也知道光伏面板的价格现在还比较高,所以通过技术革新来降低光伏面板的价格至关重要。目前全球的光伏成本大概是40多日元1千瓦,与其他化石原料相比成本要高20—30日元,这主要是由于光伏面板的原因。另外,刚才您提到转换率是20%,现在日本还达不到20%,大概是17%、18%的转换率,因此需要进一步提升它的转换率。日本过去是想增加核电的比重,这是过去的能源政策。现在日本要重新考虑能源的最佳配比,而且要领先于全球发展可再生能源。但是现在全球范围之内,可再生能源都是靠国家提供补贴来运行的,所以可能还需要一定的时间。提升效率,降低发电成本,可能是可再生能源面临的巨大课题。今年3月份之后,三井物产在总部大楼上已经安装了光伏面板,总部大楼所用电力的3%—6%可以通过自行发电解决。无论日本还是全球各国,可再生能源方面,包括光伏发电都是一个课题,都是要去推进和提升它的效率,降低发电成本。我们三井物产也要为此做出努力,我想在中国我们也会与本地企业一起就可再生能源开展一些工作。

另外您还提到了城市矿山这个话题。实际上我们三井物产在日本商社之中对它比较重视,花了很大的精力。刚才我提到在英国、美国、澳大利亚,我们对全球最大的回收与利用业务企业进行了投资,现在是它最大的股东。另外在日本国内,我们有三井物产金属公司,是从事回收利用的企业,在日本全国开展从大家电或手机等小家电之中回收稀土等资源的工作,也得到了经济产业省的资助。现在我们正在和中国某一个合作伙伴谈,准备成立合资公司。

问:三井是个综合商社,像三菱、住友这些公司也都是综合商社。我想你们的业务模式应该是基本相同的,你们的业务在日本国内、海外的发展也都非常相似。今天您讲了综合商社的创新,我就想问您一个问题,三井在创新方面和日本其他的综合商社有哪些区别?谢谢!

饭岛彰己:过去综合商社以物流为中心,主要是商品的买卖,所以我们公司所做的事和其他商社差不多,业态也差不多。但是由于现在的各个业态越来越复杂,所以各个综合商社也是各有擅长,比方说我们做的事情与其他综合商社擅长的领域、注重的地区都是千差万别的,包括股东也问我们,三菱和三井有什么区别?我无法回答。我们不想做商社中的"老大",因为这比较困难。所以说三井物产在各个领域都有业务。而在每一个领域都要成为领先的企业,这是我们的目标,这与刚才所说的以物流为中心、以交易为中心,或者是三个国家之间的贸易或根植于物流的贸易有所区别。过去大家都围绕这方面展开竞争,但是现在是以业务为中心,包括基础设施、发电、水务,都有自己擅长的领域。在各有擅长的情况之下比较是很困难的,所以说商社的业态变了。比如说我们在与对方合作的时候非常重视合作伙伴。我们不想自己独自做事情,一定要找到合作伙伴一起去做合资公司,而且这方面的知识积累非常重要,要重视伙伴。但是三菱会注重控股,控股到50%以上就要完全并表了;而三井物产是占小股,和合作伙伴齐心协力运营合资企业。所以各个公司都不一样,从这里可以看出,同样是两家商社,做法却是迥异的。

问:三井物产的最大资源是人才。从组织层面讲,三井物产对人才的识别与培养战略是怎样的?从个人来讲,36年来,您从一名大学生成长为世界500强的领导人,您对职业发展的个人体会是怎样的?

饭岛彰己:我先回答一下第二个问题,我从到公司之后一直到今天,和很多领导、客户等接触过,得到了不同的进步和营养。当然我不是只吸收营养,也提供营养,就是在不断刺激、切磋的过程中提升自己。三井物产走过了130多年的人生,不断地自我提高、实现价值,非常感谢三井物产给我提供实现价值、提升自己的平台,也希望将我在三井物产所学到的东西传给新人们。现在即使在社长的位置上,我仍然多多和全球、各国的人接触,接受各种各样的刺激,可能我一直工作到最后一刻都会在这样一种背景下从事我的工作,三井物产其实本身就是在不断提升中完成自己可持续的发展。刚才介绍过三井物产的人才培养计划,我说过我们最大的资产也是唯一的资产就是人。因此,我们有"人事部"这样的一个机构,这个机构主要是各个部门的负责人通过树立榜样教育好自己的部下,不断培养新人才,也希望这些新人才能够长期在这里工作。其实我们也只是在路上,并没有做得很好,但我们希望不停地努力下去,这非常重要。

问:我是清华大学公共管理学院的学生,也是从日本来的留学生。我想提一个问题。贵公司在中国有非常丰富的经验和成功的历史,但是我觉得中国有自己的国情,在中国获得成功并不容易。所以我想问你们在中国以前遇到或者现在面临的困难和挑战是什么?谢谢!

饭岛彰己:那就是,现在我们终于可以把我们的公司建造成一个全球性的公司,但是到底用什么样的形式在中国开展业务、实现我们业务的最大化?刚才也说过,我们是希望和中国的朋友一起携手为中国,也为日本和三井物产的发展做出贡献,这是我们要非常认真地思考的一个问题,而且希望将它落实到行动当中去。您提的这个问题很多人也有同感,认为三井物产都是日本人作主,在中国也是日本人当一把手。今后我们在人才方面也会继续做出调整,希望利益最大化,和中国的朋友一起携手排除各种各样的障碍。三井物产并不仅是一家日本公司,也是扎根于中国的公司,也希望中国的朋友能够接受我们,一起携手,共同去做好三井物产。其实没有什么只有在中国才会有的困难,在美国、欧洲都有困难,在日本国内也一样。有困难才会有动力,即使是有困难也要迎着困难而上,这是我们对困难的态度,也是我们的使命。

(演讲时间:2011年9月29日)

第八篇
新日铁的经营创新

三村明夫：新日本制铁株式会社代表取缔役会长

一、对创新的理解

　　经济学家熊彼特曾经说过，经济萧条是创新之母，他认为所谓创新就是要"建立一种新的生产函数"，即"生产要素的重新组合"，就是要把一种从来没有的、关于生产要素和生产条件的"新组合"引进生产体系中去，以实现生产要素或生产条件的"新组合"。"创新"经常在很多场合被使用，含义却有所不同。本人是一位经营学者，我认为经济萧条会产生强劲的需求，这样的强度又会激发创新的产生。对于企业，正如熊彼特所说，我认为新的突破将会导致创新的经济萧条，换句话说就是危机的发生，或者是出现重大问题。今后在使用"危机"这个词的时候，我觉得其含义应该包括出现重大问题。通常严重的经济萧条对大多数企业来说都会带来危机，但企业的危机并不仅由经济萧条带来，例如突发性的重大事故、质量纠纷、工人罢工、强大竞争对手或者商品的出现、主力商品的销售不畅等，有各种各样的原因。经营的要诀在于如何迅速地认识到危机的发生并及时应对。不仅仅是企业，上升到国家层面也会出现需要积极解决的各种问题。比如在中国，如何使经济持续高速增长和环境保护的协同并存？促进经济快速增长和抑制通货膨胀措施哪一个该优先？有没有同时满足两者的措施？或者欧盟的存续和希腊的问题怎样才能同时解决？这些问题虽然相互矛盾，但是如何让其同时成立？这就需要创新。但一般来讲，需要解决相互矛盾的政策问题时，都会采取折中的办法。这样做可能一时会把情况稳定住，但如果不能把危机的本质解决好，危机会再次爆发，这样不叫创新。我认为同时解决多个相关问题，有新的设想，创造性地解决危机才是真正的创新。

有些危机通过创新可以解决，但是也有一些危机并没有采取任何针对措施而被搁置下来，这是为什么？一是因为虽然认识到了危机，但找不到解决的具体办法。比如欧洲的问题就是这样。二是因为相关技术还没有达到需要的水平，或者虽然有技术，但是由于成本太高，不能成为实施的具体措施等。所以要解决这些问题，还要等待相关技术开发出来才行。三是因为当事人的危机意识不够，不能使组织集中解决危机的力量，这也是大多数的情况。面对危机应该全体组织、上下合力寻求解决危机的方法。一般来说，解决问题的过程需要分三步：认识危机、从组织上对危机达成共识、制定政策来执行。我认为其中对经营者重要的是认识危机和对危机达成共识，把危机用容易理解的语言向大家说明，使大家理解和达成共识。

危机有两种，一种是公司里任何人都能马上意识到的危机，例如敌对收购的出现等。这些都是非常明显的危机，任何人都能意识到，能立刻策划措施并执行。还有一种是隐藏在细枝末节的问题背后、难以发现的危机，例如金融危机后的大萧条。当危机到来时，经营者往往可以利用危机的出现，把本来就想解决的一些问题趁机一起解决掉。麻烦的是一下子认不清楚，但它又是一个潜在的严重问题，是难以看见的危机，而这种危机该如何解决？这些危机通常在组织中没有上报到经营最高层，很容易被搁置下来。我认为经营高层原本就应该有高水平的问题意识，识别危机不是按照组织内部的流程和惯例，而是通过与社会常识、世界常识和组织的实际情况对照后发现看不见的危机。但把自己所意识到的危机传播给组织全体人员，使大家都能够理解，是最重要的一项工作。我认为对于许多人来说,如果是自己理解了的事,就会充满热情地当作自己的问题解决;如果无法充分理解,就会缺乏激情而厌倦。因此经营者的重要作用是在意识到危机的同时,努力促使组织对危机产生共识。

面对危机,谁都想对症下药。但重大危机需要从正面来应对,解决措施也会带来一些牺牲,这或许需要时间。但经营者处理危机时,必须有这样的心理准备,处理危机就需要大的改革,这些改革或者在公司,或者在组织上。大改革需要中枢组改变,或者改变企业发展理念,或者增加对质量和技术的重视,再或者提高顾客满意度等,需要有一个基本点,大的改革如果没有基本点就会带来不必要的混乱。越是大胆的改革,就越不能有不可触及的神圣区。不过为了改革到底,必须把应对危机的阵势摆得大一些,但是随着危机的解决要进行复原,这样改革才算结束。也就是说,如果充分认清危机,在组织中针对危机达成共识,无论是国家层面还是企业层面,都一定能找到解决方法,对此我是非常乐观的。

二、新日铁危机中的创新

今天我想结合新日铁至今面临的巨大危机及处理危机的具体举措来对危机处理做一个简单的介绍。一是1985年《普拉萨协议》后,新日铁做出涉及基本框架的改革;二是安赛乐米塔尔的诞生;三是新日铁与住友金属的合并。自1901年创立以来,新日铁经历了110年,比北京大学的历史短了10年。新日铁成立至今,在复杂的环境变化中遇到了许多大大小小的危机,我想介绍一下本人亲临的三个危机,我当时想到什么,又是如何处理的。虽然我不敢肯定这些是否产生了创新的中枢组,但是至少我们从正面面对了危机,并致力于危机的解决,而且还把改革中获取的教训在公司内部作为传统继承下来。

杰出的改革必定伴随牺牲,只有经历改革的企业才有明天更好的发展。无论哪家企业,几十年中必须要进行一次脱胎换骨的改革。第一个具体的例子是新日铁基本框架的改革。25年前,新日铁进行了一次相当于改变了钢铁行业基本框架的改革。1987年2月,新日铁公布了炼铁事业中期综合计划,这次改革对现在的新日铁仍具有巨大影响。后来我当社长、会长时的任务之一,就是保持这次改革的基本精神,同时还要对过度改革的地方加以修正。改革的背景有以下三点：

第一,《普拉萨协议》的签订对新日铁的影响。当时在普拉萨饭店,国际上的各个国家签署了一个国际协议。它引发了迅速且大幅度的超过40%的日元升值,日本是被迫承诺的,兑换比例从1美元兑换240日元,变成兑换150日元,我们认为这是人为的一种结果。对于企业来说,如果货币的兑换比例缓慢上升,我们还有时间采取相应的措施应对,但是日元急速升值导致钢铁内需减少,日本国内销售价格急剧下跌。随着日元的升值,汽车、造船等失去了竞争力,钢铁内需减少。另外,随着客户利润恶化,他们不断要求降低钢材价格,结果使新日铁亏损额高达1 000亿日元,实际上,亏损额比1 000亿日元还要多,而且预计需求可能会进一步减少,新日铁的存续面临很大的危机。当时新日铁采取的措施就是把3 400万吨产能降到2 400万吨。除了消除产能之外还要降低成本,把高达4 600亿元的成本降低下来,降低幅度达到60%。为了降低成本,我们决定以高炉为主——高炉炼铁技术经济指标良好,工艺简单,生产量大,劳动生产率高,能耗低。同时,关停一些设备,随之要大幅度裁员。但是我们是制造行业,必须维持质量水平,这也是进行合理化的绝对前提条件。钢铁业最关键的设备是高炉,是化铁矿石的炉子,可以说是钢铁厂的象征。当时要关停高炉,工会、管理层都一致反对。因为不仅是高炉,还意味着周边设备都要关停,导致大量的人员调动、所在城市人口减少、资产贬值等一系列影响。而且把各个钢铁厂的裁员量加总起来还无法达到我们降低成本的目标,也无法大幅度消除过剩产能。因此,要拿出一个对全公司而言的最佳方案难度极大。加上所在地区工会的反应,整个公司的气氛变得有些骚乱不安。结果我们把原有的68 000名员工裁减到15 000人,削减了75%,而且因为基本想法是不能解雇一个人,所以包括裁员计划之前的过剩人员都要安排再就业,在裁员的过程中要解雇人的话会受到社会的批评,当时这是难度非常大的一个工作。为了安排过剩员工的再就业,我们或者向外包公司借调,或者开创一些新项目。新项目虽然对新日铁来说是一个新的领域,但是在市场上它早就有了一些竞争对手,所以我们只好把新项目的公司薪酬水平压得低一些,但是这些员工原本是新日铁的员工,他一生有一个该获取的薪酬总额,所以我们持续付出的工资和新日铁本来要付给他们的工资的差额不得不由新日铁来弥补。还有多加一些退休金，或者弥补工资差额的负担，使新日铁在裁员的过程中付出了高达10 000亿日元，相当于大约800亿元人民币的成本。但是我可以自豪地说，我们公司爱护员工的诚意传达到了每一个员工的心底。

第二，在制订计划时，当时考虑的最重要的课题是改变生产设备结构后，怎样维持和以前一样甚至超过以前水平的质量。钢铁行业和组装加工业不同，要通过上下工序一条龙的生产来打造质量，这是非常重要的一项。如果关停高炉，在质量的保证上有可能出现大的问题。如何确保质量水平，也是另一个重大的争论焦点。其中争论最激烈的是广田钢铁厂，它是生产最高档次钢硅板的钢铁厂，但是因为高炉容积小，生产效率低，所以当时考虑将铁水的生产集中到其他钢厂的大高炉去，而要关停广田的重型高炉。也就是说维持质量需要高炉，保留高炉又需要花费巨大成本，我们因此陷入进退两难的地步。僵持到最后出现了救世主，是德国新开发的技术——废钢熔炼法。于是广田关停高炉，引进了废钢熔炼法，其他的利用现有设备，使质量得以保证，实现了大幅度降低成本和维持质量水平的"双赢"。并非制订完计划就可以了，执行毫无疑问是非常重要的。关停高炉就意味着要夺取所在地区工会以及现有公司的就业，结果会使公司所在城市的人口大幅度减少。25年过去了，直到现在，日本没有出现除新日铁之外的公司或者另一个钢铁厂再发生这样的全面关停高炉的事件。

第三，这项计划基本上是一项降低成本的计划，彻底地追求成本的降低，但是同时也看到，无论如何都要追求成本降低的弊端也开始出现了。其实，假如能够拿到更高的利润，哪怕成本高了也要追求利润最大化。另外，为了让员工对公司的未来抱有希望，我们还在短期内经研究后公布了使公司在钢铁外寻求新成长的多种经营模式的中长期目标，这是一个把钢铁业作为裁员重点的成长计划。从结果看，我们新搞的大部分项目都没有成功，现在我们用的是把钢铁作为核心事业进行集中和选择的策略。回过头来看，当时我们应该在钢铁业中再刻苦奋斗一阵子，有了成果以后再搞新项目，这是值得我们反思的一件事情。

下面我具体讲第二个例子。在2005年以前新日铁一直是世界最大的钢铁企业，但是在2005年，突然出现了一个米塔尔钢铁，2000年的时候将第9位的NKK和第10位的Riva合并了；第3位的Arbed和第5位的

Usinor也合并了,变成了安赛乐。2005年后全球的钢铁业进行了新的重组,进入了第二幕。在此之前的第一幕是好的企业收购已经陷入经营危机的企业,第二幕的特点转为好的企业之间的合并,形成更加积极的并购。其主要的背景有以下三点:第一,为了与巨大的资源供应商进行对抗,在铁矿石方面必和必拓等企业占了海运量的70%;第二,为了应对巨大化的汽车厂等客户不断提出的新的要求,要把更多的研发资源投入进来;第三,为了研发,需要有更多能够投入的资本,使行业结构更加健全。据2005年国际钢铁协会公布的长期预测,2006年整个钢铁需求是10亿吨,它预测2015年会增加为16亿吨,10年间要增加6亿吨。但实际上后来由于中国需求的猛增,2011年世界钢产量已经达到15亿吨,比当时预测的还要快。我们现在已经迈进新的钢铁时代,随着钢铁需求的急剧增加,铁矿石和煤炭等资源价格会高涨起来。在日本钢铁业界,当时的成本一提升就高达2.5万—3万亿日元,日本钢铁业每年的钢产量大约为1亿吨,每吨成本增加2.5万—3万日元,按当时每吨钢材7.5万日元的平均价格来算,每吨增加的成本是30%—40%。钢铁业是在这种背景下进入第二幕的,首当其冲的是安赛乐米塔尔,它的第二序幕的拉开是极为震撼且具有象征性的事件。

在2000年时,从第4位的LNM可以看到米塔尔的原型,但是在此之前大家都不知道它是谁。它是从1992年开始,经过20多年来的20多项并购变成世界最大的钢铁企业的。各个产业通过扩大规模来获取利益,典型的做法是在同一地区进行重组,通过关停生产效率低的设备,把生产集中到效率更高的设备进行生产,这样会得到合并的效果。而安赛乐米塔尔完全不一样,它的特点并不是在同一地区进行重组。另外,在2005年之前收购的哈萨克斯坦、乌克兰、俄罗斯等地的公司,都是巧妙地利用了国有企业陷入困境要转变为民营企业的时机进行了彻底重建。我本人与米塔尔公司的会长有私交,作为经营者他有非凡的能力,这么大的全球企业不设置中间管理层,而是用个人经营手法进行管理,而且效率提高了,这不得不说是一种非凡的能力。这位米塔尔公司的会长使我不能忘记的是,他曾经在2006年1月底直接给我打电话,说他这次要收购安赛乐,请我支持。在之后的6个月里,米塔尔与安赛乐两家公司之间展开了激烈的攻防战。

在此我想把两家公司做个简单比较：当时两家的钢产量差不多，但是有大不相同的股东结构。安赛乐的固定股东有 20% 的股份，而米塔尔发行股票的 75% 都在米塔尔家族手中，而且它发行了 A 股和 B 股两种股票，表决权都持有在他们一家人手中，所以实质上他们拥有 98.2% 的表决权。像这样的股东结构，在日本是不允许上市的，上市的话是要被摘牌的。米塔尔完全没有被收购的危险。而另一个关键是在研究开发体制方面，安赛乐的规模是 1 100 人，相对来说米塔尔只有 190 人。客观来比较这两家公司，对于两个企业的前途，当时我们的评价都是，安赛乐更有前途。然而，虽然安赛乐是一家非常好的公司，但它的缺点是企业价值的评价低了一些。相反，米塔尔因收购了大约 20 家公司而变得强大起来，而且至今所有的收购都成功了，站在米塔尔方的投资家都赚钱了，所以投资家都认为只要跟着米塔尔就不用担心。安赛乐方的固定股东非常少，一直到这场收购战的最后，只有卢森堡政府的 5% 的支持，其他的股东都卖掉了所持股份，收购战持续了 6 个月。我们因为与两家公司的关系都很好，所以经历了一次收购的模拟体验，一方是高盛，一方是摩根士丹利，双方都是有后台的顾问。后来两顾问集团的首席协调员是亲兄弟，双方都绞尽脑汁，这样的情况一直持续了 6 个月。这里面非常重要的是，双方的基本措施都是围绕股东的争夺：安赛乐主张的基本理念是，他们公司一直在努力进行设备投资和技术开发，拥有很好的前途，而一旦被米塔尔收购，现金就会被用于对米塔尔的陈旧设备的维护。这个主张浅显易懂，而且非常有说服力。米塔尔的主张是合并重组后在原料和市场各方面都会有合并效应，所以合并会给安赛乐的股东带来更大的价值，这个主张也有一定的道理，所以可以说是很精彩的一场攻防战。

转折点是安赛乐后来向俄罗斯的北方钢铁提出了请求。北方钢铁在民营化的过程中，是老板个人从员工那里收购股票成立私人企业，而且安赛乐请北方钢铁当白骑士的条件对安赛乐有利，但是股东反对，政府也反对，情况急转直下。经历了半年的攻防战，到 2006 年 7 月份米塔尔收购成功了，变成安赛乐米塔尔这样一个新的公司。它的钢产量达到 1.2 亿吨，销售利润额是原来的 2 倍。

我们从上述收购模拟体验中获取了几个教训：

第一，像这样的并购和业界的重组并非钢铁业独有的现象，今后其他行业的倾向也会加大,理由之一就是据说当时有200万亿日元规模的对冲基金存在,这些对冲基金的资金是为了追求更大利益在全世界流转。像安赛乐的案件,即使需要的收购资金高达4万亿日元,其筹资也是轻而易举的。对收购最有效的抗衡办法就是把对方买下来,而像米塔尔这样拥有98%的决议权的企业,或者像俄罗斯的公司,或者中国的国有企业,它们本身都没有被收购的危险。如果这样的公司出来要收购我,那该怎么办?现在因为有雷曼危机和欧洲金融危机的影响,所以像当时那样以有丰富资金的金融资本为背景的大规模的敌对收购少见了,但是我认为这种潜在的敌对收购还会变多。

第二,对冲基金对敌对收购的成功与否影响很大。对投资机构来说,如果收购交易不成立,它们就会遭受损失,所以世界上的各种基金都在研究,把各种各样的公司作为收购目标,而它们劝别人收购另一家公司的活动,我们却是看不见的。从产业资本的利益来说,原则上是要重视长期利益的;而对金融资本来说,它们都是追求短期利润的,特别是对冲基金,一般都是在4天到4个月的短期内寻求回报。所以与产业资本的时间概念完全不同,比起搞实业的公司的产业逻辑来说,金融资本最优先的是短期利润。这些都是事实,很遗憾的事实。

第三,不存在万无一失的防收购对策。虽然这么说,但是不采取任何措施,作为经营者是不合格的。既然发生了安赛乐、米塔尔这样的先例,今后被敌对方收购了的企业,或者对收购没有尽力做好预防的企业,我认为都应该受到指责。虽然不存在万无一失的防收购对策,但是防止收购的最基本的方法就是提高企业价值和市场价值。通过合并扩大企业规模,也是非常有利的措施。这个时候跨越国境的合并会受到对方政府的制约,所以难度较大。因此我的选择是,要找一些具有共同价值观的、能共同推进互利互惠项目的公司,进行项目合作和资本合作,以此来形成可与安赛乐米塔尔抗衡的稳定联盟,我把它起名叫做"软同盟战略"。后面我想介绍的新日铁与住友金属的合并,也是以项目合作和资本合作为基础的。

安赛乐米塔尔的诞生向我们提出了我们公司是为了谁存在、又是为了什么而存在这样一个根本性的问题。从那以后我常常自问自答这个问题,而我认为在这个问题的问答上,能想出应对策略是非常重要的。公司并不是为了对冲基金而炒资金的那些人而存在的,是为了长期持股的股东,为了为地区、社会、员工、合作伙伴等重要利益相关者做出贡献而存在的。软同盟战略是在我痛苦思考的时候,为了防止收购想出的一个创新。

第三个事例是新日铁基于目前的国家形势采取的措施,也是对新日铁今后发展战略方向的探索。2008年新日铁在世界钢铁行业中的排名是第2名,但是到了2010年排名又下去了。前面出现了几家大的中国企业,这几家中国的企业都是按照国家的重组政策、经过兼并重组之后规模变大的,新日铁变成了第5名。进入21世纪以后,世界经济的潮流发生了巨大的变化,之前由发达国家主导的经济模式变为依靠新兴国家牵引,而欧洲、美国和日本的经济则被预测为将会长期停滞。同时,新兴国家快速的城市化和大量的中产阶层会创造出新的需求,对钢铁需求起到非常好的促进作用。至今日本以内需驱动为主导的经济发展模式已经到了极限,越来越需要把海外的市场作为其新的经济增长点。面临日益受重视的环保问题、能源资源紧张、价格高涨等,一个国家无法解决的全球性问题堆积如山。这些问题世界应该怎样处理,目前还在探索,暂时没有明确的解决途径。在这样的环境下,如何才能实现企业的持续成长?个人认为通过国内的兼并重组,稳定盈利结构和加快海外事业的拓展,这样的组合应该是一个比较好的办法。为了满足飞速增长的海外钢铁需求,新日铁要进行大规模的海外拓展,变为全球性的跨国企业,这是我们应对这次大环境变化的重要方针政策。为此,需要首先在国内进行兼并重组,提升应对变化的能力。

日本虽然内需停滞不前,但是厂家的数量仍然很多,结果造成产能过剩、供大于求,控制不了通货紧缩的局面。供大于求的问题应该通过日本经济的成长,也就是需求的增加来解决,但是日本的现状暂时还无法实现比较高的成长。因供大于求,国内的销售被迫处于过度的价格竞争状况,无法提高利润。所以,在促进成长的同时,各个产业应该大胆推进兼并重组,依靠海外的生产或对外出口来确保盈利,但是由于日元升值目前出口难以获利。日本的厂家今后的成长出路在于海外,但海外有不同于国内的竞争对手,所以一定要做好资金筹措、技术开发、信息收集等基础工作,同时在国内进行兼并重组,扩大企业规模,增强国际竞争力,以保证企业有能力应对国外市场的变化。

中国、韩国等国家也都从国家层面利用相关政策大力推进厂家之间的兼并重组，打造拥有国际竞争力的大企业，而现在日本在这方面比较落后。日本的企业倒没有指望政府或产业政策的主导，我认为培养国际竞争力应该依靠企业自身的努力。兼并重组应该以企业的发展战略来有目的地进行，企业也应该遵守优胜劣汰的准则，不具备国际竞争力的企业就应该从市场退出。日本大规模的兼并重组迟迟没有进展的原因是，虽然经营者和职工都有危机感，但谁都不愿意被别人吞并，这种心理大家很容易明白。除了一些已经面临困境的公司，目前没有面临经营危机的经营者一般都不愿意推进企业重组，而是推给后任；员工也不愿意承担重组的风险。这种情况下敌对收购是一个有利的替代手段，但看重团结、和睦的日本，一般都不积极采取这样的手段。而且即使实现收购，能够把新公司经营好的案例也是非常少的。所以能否使合并成功，就要看经营者在面临巨大环境变化时，对将来的危机感到底有多强。其中实现兼并重组的一个好的办法是通过彻底的研究，让经营者确信除了兼并重组以外，再没有其他的有利手段。

新日铁下决心与住友金属合并，是因为两家公司的想法一致。住友金属在钢管方面是非常有实力的一家公司。去年的12月14日，我们在日本国内正式获取了公正交易委员会的合并批准，也获取了包括中国在内的主要十国的反垄断当局的批准。自2002年公布战略合作以来，两家公司一起推动了大规模和高层次的软联盟合作。我们与其他公司也都在做软联盟合作，但是这是唯一一个最终实现合并的案例，这样的事例在全世界也是非常少见的。双方员工通过多次交流促进了相互之间的理解，合作的项目也得到了很好的沟通。在日本地震中住友金属鹿岛钢厂和我们公司进行了各种援助，这样进一步加深了两家公司之间的感情。去年2月两家公司宣布合并，合并的消息公布前，两家公司的事先协商只用了一个月的时间，正是因为在此之前有十年的紧密软联盟合并才这么顺利。双方成功合并了主要的6家公司，人事方面的安排也得到了极其公正的评价。通过合并，至少产生了1 500亿日元的效应，但是实际上我认为期待可以更高一些。另外，研发团队也可以更加强大，商品方面也有压倒性的优势，相信新的公司将会成为综合力量世界第一的钢铁厂家，目前已经初步具备了这个条件。这次合并对外公布后，从政界、官方、财界到客户、学术界、媒体都给予了强烈的支持，我们深受鼓舞，更加确信合并符合时代的需要,是正确的道路。而且通过这次合并,切身地感觉到其他的产业、企业和我们一样,对日本的现状抱有很强的危机感,为了日本我们也要成功完成这次合并。同时,我们非常希望包括钢铁业在内的其他企业,在日本产业中不断出现类似的挑战者。此外,日本《反垄断法》中,以往只把日本国内市场作为审核标准,而通过我们的合并有了一个更宽泛的判例,应该说这对日本经济的整体也算是一个创新。

以上我介绍了新日铁发展过程中的三个实例,今后无论遇到何种危机,我们都会正面应对,努力解决问题。谢谢大家!

互动环节

问:您提到面对国际需求的增加以及钢铁业集中度的增加,新日铁选择了与其他钢铁公司进行合并的战略。随着近十年来钢铁产业的发展和铁矿石需求的增加,铁矿石价格不断上升,对此新日铁是否有打算向上游继续做进一步的拓展?包括向淡水河谷增资的计划。另外,如何应对上游包括必和必拓和力拓上游集中度的增加给钢铁行业带来的挑战?

三村明夫:关于铁矿石的购买,因为新日铁的钢铁量只占世界的3%,所以要对上游的供应商施加影响难度极大。如果铁矿石能赚钱,我们就要进入矿石领域,这位学生提到的问题可能是这个思路。我们现在是以钢铁业为主,现金流量没有很富裕,最有限的现金我们需要用到刀刃上,不能将主要的资金都用到铁矿石上,但是至少铁矿石的供需要对我们有利。比如部分矿山的开发我们要投一些,特别是新矿山的开发,我们也要参与一些,不知道会不会产生一些新的影响力,这种机会我们是要寻找的。特别是只要有几家公司一起合作的机会,我们都会去尝试。但是目前新日铁的大量现金都用于企业钢铁设备的投资。设备投资耗资巨大,比如建一个新的钢厂至少要100亿美元。

问:您的演讲里面提到新的东西。可是当有新的东西出现时,往往会有很多人反对,甚至是你的家人或者你的合作伙伴。如果太多的人反对,您会怎么办?

三村明夫:你说的是不是像合并这样的新的情况?以新日铁和住友金属合并为例,新日铁方没有人反对。但是一家大企业和一家小企业合并时,小企业往往感觉合并其实是被大企业吞并。比如说住友相对来说小一些,所以一些已经退休的住友员工在感情上是反对的。但是经营者,社长或者会长,如果他们认为这是正确的选择,就应该把这些话说出来,对自己的员工进行必要的说明。我认为富有责任的经营者,坦率地向大家针对合并做出说明,员工是可以接受的,但经营者不能太过着急来做这些工作。

问:以您的工作经历和管理经验,在中国现在发展的大潮流中,您想对中国的年轻人说点什么,有什么建议?日本对世界铁矿石很有定价权,中国在这方面还有些不足。您认为中国在这方面该怎样做更好些?

三村明夫:首先想对年轻人说的是要用自己的脑子多想一想,我也是。有时报纸上怎么写,或者网上怎么传,大家都信以为真,其实流传的这些消息有很多都是错误的。对于各种各样的现象怎么判断,或者是谁怎么说的,要有自己的看法,不要盲目相信,大家一定要养成这样的习惯。

第二个问题是关于铁矿石的价格,说中国钢厂没有话语权,日本有话语权,这是不对的。关于和铁矿石供应商合作,有一点我非常重视,就是一旦约定的事情,不管情况如何,我一定要遵照合同,但是关于这种承诺可能中国钢铁厂和我们的做法有点不同。其实新日铁购买铁矿石的量是非常少的,而中国钢铁厂购买的量极大,只要中国遵照合同,可以发挥的力量或者潜力应该比日本要更大一些。从我来看,中国的钢铁企业本来就有这样的力量,但是没有充分发挥出来。刚才说了一旦签署合同,双方都要遵守。在合同期内会有各种各样的变化,虽然有新情况的出现,但只要这次遵守了合同,可能到了下一次签署的时候,对你有利的情况就会出现。这些话我想对中方说一下。

问:请问新日铁在国际竞争和合作中是怎样同中国的国有钢铁公司竞争与合作的?你们公司的主要经验和做法是什么?您对于中国的国有钢铁公司的经营或者创新方式有什么评价?谢谢!

三村明夫:这个问题正好是我想说的。30年前邓小平先生访问我们一个1000万吨的钢铁厂,他提出新日铁能不能按照这个工厂的模式给中国建一个,我们当时就答应了。你刚才提问的是竞争与合作,不仅在钢铁业,各种产业界都有。帮助别人建设新的厂子,这等于是多培养了一个竞争对手。从经营者的角度来考虑这个问题应该怎么想?其实应该考虑到一方面是竞争,另一方面是和合作伙伴的长期合作。关于目前钢铁业的一些想法,企业都在市场上相互竞争,而且非常激烈。关于和中国的钢铁企业合作方面,我们现在和宝钢之间有一个汽车板的合作公司,这个合作公司占有汽车板市场份额的50%,合作非常好,项目非常成功。中国的员工在合资公司当领导以后,回到宝钢都被提拔了,我非常高兴。另外,新日铁在帮助宝钢建厂之前,在改革开放初期帮助武钢做了现代化改造,后来和武钢之间一直保持非常好的关系。目前在市场上我们和中国国有大钢厂是竞争对手,竞争的同时也产生了很多冲突。有一点非常不满意的是,中国的钢厂经常把价格降低,特别是只有少数钢厂才能供的货,它们也经常降价,非常不可思议。为什么你们那么爱降价?总体来说,一直以来新日铁和中国主要钢铁企业的关系是非常好的,但在合作的同时也在竞争。

武常岐:刚才三村先生提到邓小平先生。当时是新日铁和宝钢全面合作,宝钢的建立很大程度上是双方合作的结果。现在我看宝钢从销售的总量上已经超过了新日铁的总量。

问:2010年世界钢铁厂前十名中,中国已经有五家。您有没有想过,中国的这五家钢铁厂如果合并的话,再去并购新日铁,会出现什么样的情况。您刚才说到您有防止并购的措施,不知道您有没有这方面的预期?

三村明夫:我们现在与宝钢、武钢有竞争和合作两方面的关系,双方是互惠的。我是希望,而且也相信它们不会对新日铁提出敌对收购。当企业面临敌对收购时要考虑什么?我首先要想到被合并之后员工幸福不幸福,另外企业的忠诚用户欢迎不欢迎,一些钢厂所在的地区欢迎不欢迎,而且对方企业的经营哲学和我方一致不一致。如果说对方提出收购的时候,它的经营哲学和我方不一致,我肯定会采取一些措施来防止收购。

对于刚才我给大家介绍的安赛乐米塔尔的合并,当时我有几件忘不掉的事情,安赛乐如果当时找的不是俄罗斯公司,而是找到我,我该怎么办?另外,米塔尔当时选收购对象时想到了安赛乐,如果不是安赛乐而是新日铁,我该怎么办?你刚才在提问中说到中方的一些企业可能会收购新日铁,这个我认为是可能的。到时如果真正发生的话我会采取一些措施,或者是对抗,或者是协调。相反,我方会不会收购中国的国有企业呢?这是不可能的,收购也不会成功。更可能的不是收购,而是提出一些新的合作方案。比如说一起投资新建一些厂,这是有可能的。

武常岐:我正在做跨国并购的研究。您刚才提到新日铁首先在日本国内整合钢铁产业。中国和日本钢铁企业之间的互相并购,难度可能会很大。从全球整体的情况来讲,钢铁产业是供大于求的。日本企业在技术、管理方面有些优势,新日铁也有这样的技术、这样的管理能力。那么,你们有没有这样的计划或打算,在海外并购,成为一个全球化的钢铁企业?

三村明夫:可能性是有的。然而,比如说我去收购韩国的某一个企业,几乎没有可能;收购中国的某一个企业,几乎也没有可能。除此以外其他国家呢?印度是有可能的,关于印度的各种探讨我都考虑过。它是一个民主主义的国家,有联邦政府和地方政府,相对来讲地方政府的权力大一些,但是也有一些从外面搞不明白的规矩。现在我们在巴西有一个比较大的合资公司,在国际上搞一些收购,这和我们一直以来的经营哲学都是有联系的。我们在某一个国家并不搞收购,而是找它比较大的、有实力的、和我们相似的公司一起合作。

问:刚才听您分享的过程中,提到日元升值的一个案例。您说除了关闭高炉和降低成本以外,其中还进行了很多新的投资,但是事后来看大部分是失败的,也许那个时候应该再坚持一下。您是不是能够把这个具体的事后来看不成功的细节、体会跟我们分享一下?第二个问题,我感觉钢铁行业是一个周期性很强的行业,而且比较容易受到上游的,比如说铁矿石价格的影响,新日铁是否考虑在产业的纵向整合或者多元化上做一些尝试?或者您怎么看待专业化和多元化的选择?

三村明夫:刚才我给大家介绍过在整合过程中新日铁的员工从 68 000 人减到 15 000 人,减了几万人,但为了他们再就业,搞了一些新项目没搞成,这是我们的反思。我认为失败的原因是当时没有人才。我主要考虑我现在不能解雇人,但是这些人得有地方接收,所以搞了多种经营。武钢的情况我不清楚,我们虽然原来是搞钢铁的,但在经营上有各种诀窍,这些诀窍在搞多种经营的时候是用得上的,然而不知道企业积累的技术能不能利用得上,技术经验能否在新项目上运用。因为和 IBM、日立都有合作,新日铁的多种经营开展方面比较成功的是计算机软件开发。现在软件公司已经独立了,它的销售额里面的 40% 来自新日铁,其余来自市场,这个项目非常成功。如果新项目和钢铁业一点关系都没有,它就不会成功。此外,如果企业到了某一个新的行业中,一定要事先定一个期限,比如说五年搞不成的话就要退出,这是非常需要的。最后就是多种经营开始的时候,新日铁搞的项目太多了、太快了。

你提的第二个问题是钢铁业有一个周期性的问题,所以有必要搞多种经营。我们一直以钢铁业为核心,现在按照比例来说七成是钢铁业,其余的三成是其他行业,比如说工程技术、软件开发、承建开发公司等,还有新材料公司。除了钢铁主业以外,也有一些多种经营的板块,这些都叫做近点公司。虽然是多种经营的,但从技术上、领域上离钢铁业不远。下一步能不能再进行产业链条的延伸,要看项目的吸引力。因为之前新日铁已经有很多失败的经验,比如太阳能电池方面,钢铁业的经验里面能够利用一些技术搞太阳能电池的研发,但最终新日铁还是退出了。我认为目前搞多种经营不如搞钢铁业国际化。

问:新日铁将来会不会在真正的上游设立产业基金,以金融运作的方式提供足够的现金流辅佐企业获得更好的新技术以及扩大产业规模?您认为新日铁会不会像三井物产一样成为日本下一个综合商社?

三村明夫:我们没有这个打算。商社的运营貌似看得明白,其实搞不明白,最近我还是这么想的。日本国内现在需求在减少,少的部分该怎么办?是不是到国外去找新的需求?商社的资源是人,因为人是资源,到哪儿都可以去,新日铁不会搞一个商社和三井物产对抗的。关于上游问题,上游对我来讲是有一定吸引力的,如果有好的项目我们会去做的。刚才我已经解释了,基于新日铁的现金流非常有限,配置有限的资源肯定需要综合考虑什么样的投资策略可以使企业效益最大化。而且矿山的投资是非常大的,新日铁一家搞不起来,如果说有几家钢铁厂联合,大家都愿意投资比较好的矿山,邀请新日铁来参加,我们会考虑的。

问:中国也有大大小小的很多企业,可能和新日铁规模类似的也有很多。小企业有小企业的良心,大企业有大企业的良心,您刚才讲第二个例子时说您也反复思考企业究竟为谁存在,但也有很多企业把资金用来做一些不道德的事情,但企业的盈利性却很好,在这个问题上您能不能给我们分享一下您的看法。

三村明夫:企业首先要赚钱,要有盈利,这非常明确,不然员工的工资、福利付不起,企业的可持续发展就很困难。解决各种问题都需要资源,没有资源是不行的,企业需要有一个可持续发展的模式,这是绝对的。盈利要看按照什么周期考虑,如果过于重视短期盈利,比如说今年盈利非常大,明年就大幅度减少,这样可不可以?企业今年的盈利也重要,但今后几年的稳定盈利也是重要的。所以一般企业不会只考虑眼前,只考虑眼前的企业一定会破产。比如,如果一家企业脱离了社会道德,今年做点坏事,明年社会上就会发现,惩罚是非常严重的。另外还涉及经营哲学,在座的各位将来可能到各种各样的企业,在你找工作的时候,我劝你一定要把企业的经营哲学搞清楚,它是一家什么样的企业。例如新日铁就是一家倡导公正、公平的企业。

问:您不仅作为世界著名的企业家,同时也担任日本中央教育审议委员会的委员长,您为什么选择这个岗位?您想对日本教育的发展做哪些有意义的工作?

三村明夫:好像在股东大会上有人提问似的。我是搞企业经营的,也承担国家要求我做的工作,两者现在是分开来做的。原来不是社长的时候,就退到会长之后,会长不可能和社长从事一样的工作,否则就重复了。从员工的角度来说,一家企业如果两个巨头都在,大家的工作也不好开展。所以当了会长以后就应该要干一些只有会长才可以干的,比如会长比社长的公司经营负担轻一些,更多地要在社会上多干一些。反过来讲,有时也要回到公司,通过社会上做的这些工作,把社会上我所听到、看到的一些情况反映到公司内部。

现在我担任中央教育审议会会长一职,今天我们和北京大学老师谈这个问题的时候提到,日本现在非常重视学生的培养,从企业的角度来看,这是非常重要的。北京大学现在留学生也非常多,到国外留学的也非常多,外面来的老师也非常多,然而很遗憾在日本现在是非常内向的。枪田先生的三井公司也是,新日铁也是,我们要选择学生肯定会选择一些在国外有经验的,比如小的时候在国外待过,或者参加青年志愿队到国外进行过某些支援活动。今年我们也录取了一些国外学生,我认为日本如果不培养国际人才的话,将来是没有发展前途的。我在教育审议会上经常呼吁,企业需要的是国际人才,国家需要对教育进行进一步的改革。但是从企业的角度来看,目前大家最急需的是国际人才的培养,这样的人才在国际社会上才能与对方相互理解,或者才能够说服对方,这样的人才我认为就是国际人才。

(演讲时间:2012 年 4 月 19 日)

第九篇
京东方十年挑战与创新发展启示

陈炎顺：京东方科技集团股份有限公司总裁

尊敬的各位来宾、朋友们晚上好！非常荣幸在这个讲台上跟大家一起分享这些年京东方发展的经历。刚才武常岐教授说了，站在"北京大学三井创新论坛"讲台上的都是知名人士，包括世界500强企业的高管等。所以我今天来跟大家分享企业发展经营过程中基本的设计理念和操作实务，非常荣幸！

对于京东方大家应该都有所耳闻，特别是在这10年的发展过程中，京东方在一张白纸的情况下深深拉起了中国的平板显示产业。给大家举一个很简单的例子，10年以前，大家做梦也不会想到，我们今天的电视机会这么便宜，我们手中用的手机能够3个月或者6个月就换一次。在10年以前，这些产品对于每一个消费者来讲可能都是奢侈品。在4年以前，京东方第一块电视屏出来之前，我们一台42寸电视机的市场价格大概为12 000—15 000元；但是4年后的今天，我们的一台相同尺寸，而且技术、质量都有大幅度提高的电视机只要4 000元钱不到，价格下降了将近2/3。一台32寸的电视机4年前大概是4 000—5 000元钱；今天一台32寸还带3D效果的电视机，从京东方出来到市面上大概就3 000元钱。这些年随着生产力的进步发展,每一位消费者都能从京东方的平板显示发展中享受到真正的实惠。这一切是怎么来的?应该说有京东方的一份功劳。今天给大家演讲的内容是关于企业战略的顶层设计,我会和大家分享京东方20年发展过程中主要的阶段,以及我们在这20年发展过程中走过的几个关键节点的案例,同时通过企业发展路径的分析跟大家分享一下我们企业在发展过程中的主要战略顶层设计。

我们把京东方从1993年到现在将近20年的发展分成两个阶段:从1993年京东方成立到2003年,这10年是第一个阶段;从2003年到2012年,这10年是第二个阶段。这两个阶段京东方所解决的核心问题是截然不同的。前10年,京东方解决的是体制之痛。对于京东方的前身我不知道大家有没有概念,它的前身就是北京电子管厂,可能老北京的同志们都知道这家工厂,这也是非常有来头的一家工厂。北京电子管厂成立于1956年,承担国家"一五"期间的156项工程之一,曾经是亚洲最大的电子管厂与真空电子企业,辉煌一时。二十世纪七十年代,北京市大概有"东周""西周"之分,"西周"是指首钢的周冠五同志,"东周"是指北京电子管厂的周凤鸣同志,他当时是中将,所以北京电子管厂属于副部级企业。但是北京电子管厂在1986年下放到北京市以后,由于技术、产品、机制老化等各方面的原因,陷入长达8年的亏损,人才奇缺。这个时候企业确实面临生死抉择。1993年,当时的董事长,也就是现任老板,时年35岁,被临危授命为工厂的厂长,提出了集团化改组和股份化改制的战略目标。那个时候我正在北京工商大学读硕士研究生,当时毕业的论文题目就是"大型企业集团的财务管控"。我通过这样一个命题和京东方结缘,毕业以后进入京东方,用了整整20年的时间,从一个基层的财务人员走上总裁这个位置,非常幸运。在1993—2003年这10年间,京东方饱受体制发展之痛,于是有了我们1993—1997年的集团化改组、股份化改制。在这个过程中我们要解决三个方面的问题:第一,要解决体制多元化的问题,以前我们是国家百分之百持股,现在要解决我们投资主体多元化的问题;第二,要解决产品结构、技术和工艺严重落后的问题,为企业未来的发展找到方向;第三,要解决12 000名离退休员工养老的问题,这是我们国有企业面临的一份责任。非常幸运的是我们通过集团化改组、股份化改制和1997年上市,恰到好处地解决了这三个问题。其中有一个问题我至今仍记忆犹新,就是关于离退休员工的养老问题,很多企业改制的时候都面临这个问题。我们企业当时一共有 9 000 多名正式员工,但是要承担 12 000 名离退休员工的养老任务。离退休员工的级别也很高,包括曾培炎副总理和吴邦国副总理的同班同学,包括刘少奇同志的孩子,还有相当一部分国家领导人的孩子,怎么解决这个问题?我们在 1994 年企业改制过程中碰到一件事情,让我们彻底静下心来思考怎么解决离退休员工的养老问题。那个时候我们要实行股份化改制和集团化改组,相当一部分员工要下岗。1996 年,董事长遭到了 400 多名员工的围攻,大家围着他向他砸西红柿、鸡蛋,核心的一点就是不准抛弃老同志。当然我觉得这些都是很朴素的想法,我们从来没想过在体制改革中抛弃老员工。但怎么解决呢?就是资产重组过程中增值的一部分国有股份,在内部职工股的募集过程中拥有一部分现金,将国有的那部分股份专门拿出来,以后有机会的时候把这一份股份的收益专门用来赡养离退休员工,另外一方面我们会向国家争取统筹政策。非常幸运的是,我们在 1997 年能够在 B 股发行上市,2000 年在 A 股发行上市,这样企业的一部分股份就可以出售。我记得我们在 2003 年出售的那部分股份现在看来相当不错,大概筹集到了很宝贵的 7 亿元资金,我们把这 7 亿元资金一分不动留了下来,成立了一个离退休养老基金,这 7 亿元包含管理团队内部职工募集的大概 30% 的资金,再加上我们统筹的部分,基本解决了 10 000 多名离退休员工的养老问题。到 2003 年的时候,董事长也有心离开企业到中信集团发展,那个时候好像董事长的调令都过来了,而且在那边的职务、薪水都非常好。董事长要离开的时候,大概 700 多名员工围着他只有一句话:你不能走,我们这里离不开你。从几百名员工围攻董事长,到 700 多名员工围着他很真挚、很真诚地感谢他,觉得这个企业缺不了他,这是一个非常大的变化,因为我们在股份制改革中成功地解决了离退休员工的养老问题。

这 10 年我们主要解决了企业在发展过程中的多元化体制问题。当然我觉得多元化体制是一个现象问题,我们解决的核心问题是市场化和竞争观念。京东方所涉及的行业是技术前沿行业,技术更新日新月异,稍微跟不上技术就落后了,如果我们没有一个完全面向市场的经营机制和完全面向市场的竞争观念,要想把企业做好是非常不容易,或者说是不可能的。但是这 10 年的时间我觉得我们除了改变我们的经营管理体制以外,最大的特点就是全体员工的经营观念、市场化观念、竞争观念、国际化理念打开了，这是我们前10年发展的基本思路。

后10年，也就是从2003年到现在，核心问题归结到一点，就是产业之痛。2003年京东方在A股上市后，我们手上有将近30亿元人民币，那时是很大的一笔资金。当时总部管理人员只有98名，在机场旁边有将近32万平方米的地方，大家想想现在值多少钱？那个时候应该算是有钱的时候。企业何去何从，这是我们发展面临的最大问题。那时我非常荣幸地走上副总裁的位置，兼董事会秘书，兼着企业的战略、发展、投资、资本和财务这一块，这也是相当重的一块，我们就在讨论向何处去。当时有三个方向。第一个方向是京东方做了几十年的产业，太累了，干脆做房地产算了；恰好那个时候一个新加坡的外商掏了5 000万美元，跟我们讲：不要做什么东方电子产业集团，干脆做东方花园，我们大家辛辛苦苦把这个地方弄好了，大家都赚钱。至今为止我都记得当时那个场面。第二个方向就是我们也不去做产业了，慢慢把这个地方盘活出租，过小日子。第三个方向就是产业的发展，认为京东方还是必须做产业。我记得当时董事长问我的意见，说你怎么看，如果选择第一、第二个方向会有什么好处和不好的地方。我说没有什么好不好，但如果您选择第一、第二个方向，那第一个离开的就会是我，因为我觉得我还年轻。如果我55岁以上了，我可能会同意您的看法，坐下来好好地养老，踏踏实实、轻轻松松地享受，但是我现在还比较年轻气盛，刚刚研究生毕业，30岁出头，想做一些事情。董事长想试探我。第二天董事长在会上阐明了他的态度，京东方有两个出身，第一个出身是军工，我们的前世是北京电子管厂，专门为国家相关部门提供军用敏感器材；直到现在为止，我们的神五、神六、神七、神八、神九到未来的神十上都有京东方提供的产品，我们每一个宣传部门、电视台都有京东方的电子发射器。京东方是一个军工出身的企业，军工出身给我们的启示就是对国家的责任感。我记得董事长在2003年和日本一家企业谈判的时候，谈得很艰难，当时我们大家喝了酒以后，有一两个日方代表说话不客气，甚至说你们干脆把海南岛租给我们管10年，我们把这个地方做好后再交给你，当时董事长非常不高兴，拍着桌子，把喝红酒的玻璃杯都捏碎了，出血了，要求对方道歉，最后对方道歉了，但是事情没谈成。我们对国家、对产业的发展有一个责任感，这是第一个出身。第二个出身是合资。大家知道我们在改革开放初期建了相当一部分合资企业，大大小小的合资企业到现在一家也没了。但是有一点，用合资、市场是换不到技术的，特别是在半导体显示、半导体技术方面。当然，合资会给我们培养出一批现代工业的管理人才，我们非常感谢在合资过程中给了我们支持的外国企业。但在合资的过程中，我们也明白了一个道理，完全靠合资是合不来技术的，核心技术只有靠我们自己来解决。所以董事长最后的结论是，在中国，如果连我们这些党培养起来、为国家做了三十多年产业的人都要去搞房地产，国家的工业还有什么希望？这个国家还有什么希望？做产业是要做什么？做我们的老本行——显示，但是京东方的人有一个特点，就是我们总是一做就要做全国甚至全球的"老大"，这种心理特别明显。在酒仙桥、中国和亚洲，我们都是"老大"，我们进军一个新的行业也要做"老大"。做"老大"有一个条件：这个行业也要是行业中的"老大"，不能是小行业，所以仍然选了显示行业。我记得我当时做了197张PPT，阐述我们应该怎么做、通过什么方式做、实施路径是怎样的。直到前不久，我和长江商学院的同学一起讲课时，还把它拿出来翻看，我非常惊奇地发现我们这10年走的路程几乎跟我们在2003年设计的差不了太多，主干基本上是一致的。后来我们想，做电视我们做不过康佳、长虹，因为人家已经占了相当大的市场份额；做手机我们也做不过波导、联想；做笔记本电脑更做不过联想、同方这样的企业，最终我们还是选择了老本行——显示领域的核心器件，而且是下一代显示领域的核心器件，就是液晶面板。

当时在中国液晶面板是一个零的概念，没人知道，也没人懂。全中国没有一所大学，包括北大，设有液晶专业。后来我们的这种想法得到了市委市政府的支持，贾庆林同志那时是北京市委书记，他非常支持我们，在他的母校设了这个专业。当然现在北大这个专业已经非常有名了。

当时我分析进入这个行业的三种模式：第一种模式是自我积累、研发、发展；第二种模式通过合资方式发展；第三种模式是通过收购的方式，一步高起点地跨入行业。若要自我发展，我们没有基础。1980年我们成立了液晶研究所，做了几十年的研究，在液晶行业里面我们也做过一些研究，然而到2002年我们所生产出来的产品只是大家用的计算器的显示屏、电子表的显示屏。我们只能做这种非常低端的产品，高端的产品我们根本做不了。没有技术，完全靠这种自我积累是不可能的。第二种是合资模式，我们也曾经和一家企业谈过，因为合资至少我们能够保证企业的成功，但还是像我刚才说的，合资企业用市场是换不了技术的。我们果断地选择了第三种模式，就是收购，通过收购海外的核心技术来促进我们国内的产业发展。当时京东方确实有一个机会，就是韩国现代显示器件事业部门，因为受 2008 年金融危机的影响，以及韩国现代的老总在朝鲜投的项目受到双边关系变化的影响，损失非常大，所以急迫地要把显示器部门卖掉。京东方抓住这次机会大概用了 3.5 亿美元，收购韩国现代的显示器部门以及旗下的三条生产线。现在看来，我们认为这次收购是非常值得的。

因为我们在 2006 年把收购的部分，特别是在韩国的子公司切掉了，所以可能有些人觉得这次收购好像不成功。但是我有不同的看法，我认为武教授的观点也是和我一致的。我们认为，没有收购就没有中国今天的显示产业。那次收购应该创下了中国当时海外高科技并购的最大金额，3.5 亿美元是不小的一笔钱。我们怀里揣着这笔钱也觉得沉甸甸的，万一到外面收购失败了，或者被人家骗了，那对国家、对企业是很大的犯罪。所以我们在收购过程中非常小心，前思后想，当时从财务角度来讲我们设计了两个基本目标。第一个目标就是最大限度地设计防火墙，要确保我们京东方母体不会因为海外收购的失败而倒闭，这是一个基本原则。当时京东方是一家上市公司，倒闭了影响就非常大，所以我们收购的时候强调了一定要有防火墙设计的基本原则。最坏的情况就是这个公司倒了，我们收购失败了，但是京东方不能倒，京东方这个品牌不能倒。第二个目标就是最大限度地利用海外杠杆，自己少掏钱，来抓到最核心的专利技术管理人才。根据这两个目标，我记得当时我们透过中国香港在韩国涉猎了一家防火墙的公司，用 1.5 亿美元的股本在当地的资本市场融资 2 亿美元，花了总共 3.5 亿美元把这家公司收购了。通过收购，我们拥有了韩国现代在显示技术方面的将近 3 000 项专利，其中包括全球领先的 ADS 广视角技术专利，通常用到的硬屏或者触摸屏都是在广视角技术上发展起来的，这是我们当时平板显示技术的三大技术之一。还有就是全部的现代显示的三条生产线——当时已经很小了，一条 2 代线、一条 3 代线和一条 3.5 代线，以及它的起步市场，也是很值的。收购完之后，市场在 2003 年就转好了，我们当年就赚了 6 000 万美元。

为了尽快地把投资收回来,我们做了两件事:一件事是我们用韩国这家公司在中国香港上市,香港的联交所当时非常支持我们。我们设立刚刚一年,按照香港联交所的规定是不能上市的。但我们是这么大的公司,有这么高的技术,他们也很希望有高新技术企业上市,所以给我们开了一个口子。2003年如果能非常顺利地成功上市,京东方可以筹到将近7亿美元的资本,可以把我们投到韩国的3.5亿美元全部收回来,还有富余,我们就有足够的资本在北京建第5代线。另一方面,我们收购完成后在境内落地,让我们的海外公司反投1.25亿美元到北京,占了25%的股份。实际上,真正花在韩国的钱大概也只有2 500万美元,可是我们买了3 000项专利、3条生产线,还有200多名核心技术员工,这是非常划算的。后来夏普在深圳想做一条生产线,技术入门费就有4亿美元,所以我觉得这次收购非常值。如果在香港的IPO能成功我们就更值了,更划算了。大概在2006年的时候,因为京东方进入了这个行业,行业出现了较大的低潮时期,特别是一线企业为了打压京东方、打压中国企业不断降价,我们做什么它就降什么的价,目的就是要把京东方、上广电和龙腾光电这三家做面板生产线的国内企业打趴下。所以我们在2004年年底到2006—2007年经历了相当漫长的痛苦时期,那个时候我已经当了这个企业的总裁。我记得大多数时候,我们的资本负债比例达到78%,这是非常危险的。另一件事是我们的生产线,韩国3条线赔钱,北京的5代线赔钱,我们办的配套的几个工厂都在赔钱。2006年上任以后,在董事长的支持下,我最基本的想法就是首先稳住阵脚,实行改革,断臂求生,所以把韩国的工厂切掉卖了。

但是在切掉之前我们办了三件事。第一,通过法律合同的方式把我们整个从韩国现代购买的专利扩展到我们所有的控股公司,未来不管整个集团发展得多么大,只要我们是控股的,这些核心技术我们都能够免费使用。第二,为了留下我们非常宝贵的200多个韩国的技术人员,我们和每一个韩籍员工谈,断掉他们的生路,就是让他们切断和韩国公司的关系。他们以前都是外派的,我和他们讲韩国没有京东方的公司,派不了了,你们就生根到这个地方,真正变成京东方的员工,京东方发展好了大家也好,京东方发展不好了大家也不好,共同来承担这个风险,问他们愿意不愿意。韩籍员工都愿意。所以直到现在,这200多名韩籍员工仍然在京东方发挥非常重要的作用。他们断掉和韩国那边的关系后,再和我们签合约,这样我们把核心的专利、技术、人才都掌握在了手里。第三,是市场。我们的5代线已经将原来韩国现代的市场全部转移过来,同时我们在2003年为了确保5代线的成功,大概花了10.38亿港币收购了全球排在第四的显示器加工工厂——香港冠杰科技26.38%的股份。在2006年的时候,我们通过三年的发展,把冠杰科技培植成全球最大、排名第一的加工工厂,它的估价也由我们收购时的2.92元每股发展到2006年的5.7元每股。我觉得我们的战略目标已经达到了。我们当时也缺钱,所以2006年我们在资本市场上出售这个股份,大概赚了一倍,筹集了20多亿元资金,一下子降低了整个京东方的资本负债率。

所以通过这10年的发展,目前的京东方第一是具备了全球产业竞争的基础,我们在一张白纸上把中国的这个产业做起来,而且到现在我们已经成为全球产能排名第五、市场规模排名第五、专利排名第三、每年新增专利排名第二的高科技企业。我们的核心技术研发人员从不到100名,发展到现在的将近7 000名。我们的员工队伍从2003年的不到10 000名,发展到如今的35 000名,我们目前已成为全球第五、国内第一、唯一一家能够提供从1.7寸到110寸产品的公司。所以在座的各位,你们离不开我们,因为你们所用的东西中肯定有京东方的产品,你们用的手机、iPad、电脑、笔记本、电视机肯定会用到我们的产品。我们已经拥有了参与全球市场竞争的机遇。

第二,我们在国际市场中形成了竞争优势。我们的产品和客户遍布全世界,我们的每一个产品都能够在全球占有一席之地。比方说大家手上拿的手机,全球有22亿,京东方占1.6亿,我们占全球市场份额的7%,排到了第三位。我们的主要客户三星,也是全球最大的手机制造商,现在每三台三星手机就会用到一块京东方的显示屏。包括华为、联想等都是我们的大客户。我们的移动产品在全球排第三,像三星的7.1、10.1寸产品,摩托罗拉的8寸产品都是由京东方专供的,市面上唯一和苹果相对抗的三星的显示器就是京东方提供的;我们的笔记本电脑产品全球第一;电视产品全球第五,在中国排第一。我们所有的产品都有全球的战略基础,我们的专利从3 000项增加到了现在的9 000多项,年新增专利到2011年已经突破1 000项,在这个行业中排名全球第二。2011年我们有了1 290项专利,今年会突破2 000项,有可能排在全球第一,这个基础是非常不容易的。

第三,我们建立了一套符合中国国情、符合京东方创业的自主创新体系。京东方整个的自主创新核心是非常完善的。我们的创新体制分两大类,一类是技术管理,一类是技术研发。技术管理分成四大块:技术企划、技术标准、技术专利、技术合作。我们的技术研发分三个体系:第一个是要素技术研发体系,着眼的是36个月以后会出现什么样的产品、未来的前沿技术会出什么产品。这一块包括大家可能听说的下一代显示的技术,包括亚光背板技术、柔性显示技术,这些都在我们的这个要素技术研发体系里。现在我们有3 000多名员工,每年要花好几亿元供他们研发技术。在今年12月份刚刚结束的深圳高新技术成果交易会可以看到,我们展示出来的10.1寸大分子的背板、55寸3D 4K的电视、亚光背板4K电视以及全球最大的110寸4K电视都推向市场,而且是轰动异常。技术研发是负责关键的部分。第二个是产品研发体系,做的是未来36个月甚至18个月以内我们要推出的产品,也就是新产品的推出。比方说我们现有的产品要轻、薄、省电、对比度高等,还有对现在的扫描速度进行改进,产品的边框从6.5毫米、5毫米缩小到4毫米甚至1.5毫米等,要研究怎么能够尽快将它们推向市场。这个产品研发部门是大家看得见、摸得着的,特别是小尺寸产品。我们每年在小尺寸产品研发方面基本上有30个尺寸,当然最后量产的可能有20个,不可能每一个产品研发后马上就能投入市场,如果这样京东方就赚大了——至少有20个产品投放市场。第三个就是生产技术研发体系,研究的是我们生产线的布局、工艺、流转速度等,怎么能够使生产线最大限度地发挥作用。这三类技术拥有一个共同的平台,就是我们的国家工程实验室。这是目前国内唯一一家建在企业的国家工程实验室,透过我们的技术管理体系和技术研发体系,形成整个企业一整套的技术创新体系。今年我们董事长提出来,为了加强创新,我们在整个集团设立一个起点办公室,就是不管什么奇形怪状的想法、主意都可以提交。如果你所提供的想法、理念能够变成产品、技术,我们就给予重奖。我们每年12月28日都有固定的集团技术创新大会,就是要表彰在这一年中在技术研发方面,特别是在专利、产品方面为企业做出重大贡献的员工。我们整个的技术创新体系非常完整。

总归一句话,经过 10 年的努力,到目前为止京东方已经成为中国平板显示领域的一面旗帜,应该说代表了中国平板产业 10 年的变化。这 10 年给中国带来了非常大的改变:

第一就是填补了国家这方面的空白。我们国家在显示方面一直面临"缺心少脸"的窘状,"心"是集成电路,即心脏,"脸"是显示器。在整个产业发展方面,以前我们国家基本上是引进组装。前不久和新华社相关领导交流的时候,他们讲我们是全球最大的冰箱、微波炉等产品的制造国,当然也说了是全球最大的电视机制造国,我立马说不对。别的我不知道,至少电视机我是知道的,我不认为中国是全球最大的电视机制造国,因为一块屏、一块芯加起来占整个电视机材料成本的 70%,也就是说你制造的产品中有 70% 的东西都不是你做的,只能买,所以说你是制造国是不现实的。我认为在电视机领域充其量只能说中国组装,不能叫中国制造,更到不了创造。所以缺屏少芯一直是中国电子的发展之痛。从 2003 年我们引进技术到 2008 年京东方在成都推行 4 代线,宣告了中国缺屏时代的结束。以前中国产业转型的格局都是创点在美国,商品化在日本,量体化在韩国,成本降低在中国台湾地区,最后转移到中国大陆,那个产业的利润最多就是一根骨头棒,转移过来还收你的技术费、转移费等。但是京东方打破了这种全球转移的格局,用收购的方式直接从韩国把技术拿过来,我们通过收购、落根、消化、创新的模式,自主设计、自主建设、自主运营,我们都做到了全球最大的生产线。

第二就是推动国家工业化发展。一个国家的工业化最基础的标志有两类,一类是一个国家高技术条件的材料工业怎么发展,这是衡量一个国家工业化水平的标准。我们现在的集成电路半导体产业是一个硅产业,未来可能会出现碳产业、纳米产业,最后可能信息产业会出现碳纳米产业。最近市面上流行一本书:《奇点临近》(*The Singularity Is Near:When Humans Transcend Biology*),是雷·库兹韦尔关于未来学的书籍,不知道大家有没有看过。它的观点是,整个材料产业的发展改变了一个产业,到 2047 年的时候信息产业的基础标志材料将是碳纳米,可以在看不见的材料上做半导体、集成电路,通过生物学的方式将集成电路全部注入人的血液中。所以一个人的体内可能会装下数百万个电脑和计算机。当数百万个电脑和计算机与人的生物学、遗传学结合在一起的时候,大家想想会出现什么概念？会出现新的生物机器人，就是连人种都改变了。那时人类就可以跳出地球到太空去发展，这是材料的变化。另一类是大型的精密装备。日本、德国企业的经济规模总量远远不如中国，中国现在全球第二，但是我们能不能讲它们不是工业强国，绝对不能这么说。它们在整个液晶产业的设备投资中占了70%，日本、德国企业中有相当一部分独一无二的设备供应商。比方说核心的曝光机，一个曝光机可能有将近200平方米，精准度非常高，如果一旦用到天文和军事上绝对非常厉害，但是中国做不了。还有一些设备我们国内也做不了，所以说它们才是工业强国。谁也不敢否认日本和德国是工业强国。

以前我们国家的工业是怎么发展的？都是申请一个课题，拿到一笔经费，做一个样子，写一篇论文，申请一个专利就好了，永远做不到量产化、商品化。第一，没人用，国内没有这个产业；第二，国外也不用，所以我们整个国家的工业化水平提高得很慢。京东方对推动国家的工业化，特别是微电子、计算机、光电子材料、半导体这些产业的规模化是非常有好处的。因为我们创造了一个市场，一个面板的材料占了整个面板成本的60%，算起来总体上有将近2000种材料，非常精密，如果我们做不到就得买。我们刚开始可以进口，但是不能永久进口，而要慢慢国产化。到目前为止，我们每年在材料方面的采购已经超过35亿元，也就是说我们材料的国产化已经达到35%；我们材料的本地化——这里面有一些国外厂商在中国建厂的——目前已经达到70%—80%。只有中国有这个产业、有市场、有需求，人家才会来。在设备方面，我们通过这几年的发展，使得我们国家在这方面取得了长足的进步，我们目前设备的国产化率已经超过15%。每年在设备进口方面大概有十几亿元人民币，而且在发展设备方面财政部、国家发改委对我们有非常高的要求，我们也有这个责任把国家的材料工业拉起来。我们在2003年建设北京的5代线时，百分之百的材料和设备都是进口的，我们有时候开玩笑，卫生间里的马桶洁具差不多都是进口的。这是因为：第一，我们要确保成功，小不忍则乱大谋；第二，因为当时合作还在初期，如果我们讲这些设备应该由我们做，人家说可以，没关系，但我不能保证这条生产线的正常运转，这对我们绝对就是一记重棒。所以第一条生产线我们是百分之百地进口。但是从2008年在成都建4.5代线的时候，我们就对材料进行分工，分为四类。第一类全球确实只有一家公司在做,那没办法,只好进口。第二类也是国外垄断的,但不是由一家,而是由两家或者三家公司做,我们就要和它谈:你能不能到中国来?你要是到中国来,做独资也没关系,我们也买你的东西。到中国来肯定要雇我们中国的员工,我们的技术员肯定就把设备经验、管理也学到了。第三类,有一部分设备中国的企业可以做单台设备,但是系统设备做不了。我就和对方说,能不能把这个单子给我这些可以做的企业去做?但是你只是做委托,我还是从你这里买。你保证了我的系统功能,又能够把一些单子给中国企业。比如七星华创等企业都在帮京东方做事,但是我不是买它的产品,而是买外商的产品。第四类是中国的企业自己能做的产品,我们就坚定地买中国的。只有这样,才能一步步、一年年逐渐提高国家的工业化水平。

提高一个国家的工业化水平绝对不是10年、20年可以做到的,可能要几十年甚至几代人的努力才能把一个工业化国家建设起来,还不说有美国这些国家进行封锁,就是单独地逐步发展也需要几十年。

第三就是保障国家信息安全。在收购韩国现代时,韩国现代的显示部门曾经是美国阿帕奇直升机屏幕供应商,我们是通过韩国公司名义收购的,刚开始我们也想保住这个市场,就没有宣布。我们第一个月为美国供了货,第二个月也供了货,但是一个季度以后美国军方知道了,立刻切掉了与韩国公司的合同,宁可赔钱也不用你的产品。我们国家在军费方面的投资非常大,我们现在歼十、航天飞机等的显示屏都是从哪儿来的?都是买国外的,当然我们现在也在做一部分。如果真正的战争开始了,一个电子炸弹插在显示屏上,失去了显示功能,你的设备再先进、投资再多,没有屏、看不到就完全失去作用了,所以这对于军事安全是非常关键的。总装备部一个副部长上个月亲自找到我们的董事长,这在军备采购方面是绝无仅有的。他和董事长讲,中国政府支持你,如果京东方不在国防军事上对国防现代化和国防军事安全做贡献是对不起国家的,要保证国防工业信息化。当然我们也要惠及民生。大家买电视机、手机是不是越来越便宜,客户体验是不是越来越好,还有省电方面是不是越来越好,这是大家感受到的体验。最大的感受是价格便宜了,这到处都可以感觉得到。以前只能写在纸上或黑板上的东西,现在全用计算机。还有一个是对于国家的进口来说,面板在国家的进口产值中排在第四位。第一是集成电路,第二是石油,第三是铁矿石,第四就是面板。集成电路很难做,石油、铁矿石是国家的战略性资源,但是面板我们做的不比外国人差,为什么要买?我记得 2011 年国家的面板进口花了 472 亿美元,但如果没有京东方恐怕就不是 472 亿美元了,可能是 1 472 亿美元,因为京东方把价格降了将近 70%。在 2003 年我们进行收购的时候,一台 17 寸的显示器要 387 美元,到今天一台性能比当时的性能要高出不知道多少倍的、同样尺寸的显示器只要 50 多美元。如果真正按照 17 寸显示屏合计的话,我们还真不是 472 亿美元,可能就是 1 472 亿美元。应该说在这 20 年,特别是这 10 年的发展中,京东方惠及国家、惠及民生的地方是非常多的。

这 20 年京东方是怎么发展的?首先可以看到的是第一个并购奠定了产业发展的基础,我们花了 3.5 亿美元收购了韩国现代 3 条生产线以及专利技术、核心团队。我们这次收购,特别是高科技产业的收购在境外很难成功,京东方应该是非常成功的一个案例。这不在于说我们花了多少钱收购了什么东西,收购只是企业特别是产业发展的一部分。如果京东方没有未来的发展,也不能叫做收购成功。之所以说收购成功,是因为从 2003 年到现在我们以收购为基础完整建设运营了 4 条生产线。其次,在企业发展过程中,特别是这 10 年的发展中,我们透过资本市场为企业发展筹集了宝贵的资金。

事实上在 2003—2007 年这 4 年中我们是非常辛苦的,在这个发展过程中碰到了三个大的难题。

第一个难题就是我们 2004 年的海外上市被否决,那个时候我们真是叫天天不应,叫地地不灵,因为本该到手的 7 亿美元不是小钱,如果 7 亿美元到手可以把我们第二条生产线提早到 2004 年、2005 年就开始投产。但是没办法,只因《新京报》的一篇文章"京东方上演曲线 MBO,游戏暗藏高管财富飙升迷局"就把我们的 7 亿美元挡住了。而且因为这件事,京东方足足面临着 9 个月的审计署、财政部、证监会、北京市审计局 5 个部门的严格检查,最后给我一纸结论:这个公司非常规范。我们真是欲哭无泪。

第二个难题就是我们的管理模式。怎么把企业发展过程中需要的人留下,到目前为止我们都在苦思冥想。2004 年的管理层收购(MBO)解决了一大难题。1993 年我们改制的时候,欠银行很多钱,还不起账。一家亏损企业搞债转股,在全国也是第一例,到 1995 年我们做股份制改革和上市准备的时候——当时是朱镕基同志当总理,有一条规定,银行和金融机构不允许持有上市公司的股份。我们要上市就得说服银行,实在不行就再来一个股转债,从股份制公司将股份转到集团去。1997年时银行也非常支持,说反正这部分账也收不回来,如果能把债权还给我,还能有些利息给我。于是1997年时,银行的债务就变成了上市公司的母体股权。到2001年的时候,中央的政策又变了——金融机构可以持有银行的股份。我们又和银行谈,我们还是还不起钱,不如再来一个债转股,这样就把母体所欠银行的债权转回了股权。那40%的股份怎么处理?正好在2003年的时候国家有了一个政策,将这部分银行的不良资产全部打包卖给华融,华融接收以后不管是什么企业,全部当作不良资产,打包卖给跨国财团,让它们作为垃圾债券处理。我们最大的问题是要解决未来企业发展的核心技术和员工的激励问题,如果我们能把这部分股份拿下来就可以解决问题。我们就和华融谈,华融说卖到摩根士丹利和德意志银行是2折,我们说我们给你4折。我们大概花了1.6亿元,虽然我们管理团队没钱,但还是认认真真地筹钱,筹了将近300万元。大家可以看到,现在的股份公司中有一家叫智能科创,我们和一家中介机构谈判,让它先借债给我们,先过户给我们,我到工商部门登记,之后我们拿这个抵押借了1.6亿元,还给中介,然后再还给华融。这样把这个圈子转完了,就形成了管理团队的公司,也就是说全体的技术员工持有了母体43.75%的股份。我们付了1.68亿元。债务怎么处理?我们哪有这么多钱还?也是机缘巧合。有家海外公司和我们合作得很好。我问他们,咱们能不能有更紧密的合作?你们能不能持有我们公司的一部分股份?于是,我们把管理层持有的10%的公司股份卖给了它,回收了1.68亿元。我们通过这样一种操作途径,把管理团队的基础奠定下来了。我可以向大家保证所有的一切全是符合国家规范的,因为是我亲自操作的。但是因为那个时候总的环境不是特别好,所以出现了京东方的曲线MBO之路。如果有人说这是国有资产流失,别找我要,因为我是买家,华融是卖家,你应该找华融;结果对方找华融时,华融也不理他。最后国家来查我们,发现我们管理团队真的一分钱都没有往自己的荷包里放,全部拿出来给了我们的离退休员工和整个核心技术管理团队。但是到现在为止股份还没有落地,我们希望这个股份尽快落地。这也是我们非常遗憾的。其实到现在为止,我都觉得我们整个平台没有完成转型，这也是以后三年时间要解决的问题。

第三个难题，就是企业碰到连续三年的行业低潮期。这三年我们亏损很大，就是刚才讲到的要断臂求生，集中力量发展。2007年以后，京东方抓住了一个很好的机遇。我们在2008年全世界金融危机的时候提了一个策略：要配合我们董事长的前瞻性决策，把行业低谷转换为成长的机会，逆周期投资。在2008年以来的4年时间里，我们先后在成都、合肥、北京建了4.5、6、8.5代生产线，4年投了700多亿元。大家想一想，在工业企业的一个高技术企业中，没有4年砸700亿元的；北京市从1949年以来，没有一家企业一次性砸进去700亿元，但是我们砸了，现在看来很成功。我们投产的第一年里，半年内就赚了12亿元现金，这是不容易的。到今年为止，我们4条生产线已经全部量产甚至满产，我们在成都的4.5代线从建造开始就赚钱；我们的6代线从2010年年底投产，2011年有半年的时间、2012年全年都是满产赚钱；我们最辛苦的5代线通过7年的发展，到今年也成功盈利。我们今年第三季度已经率先在行业盈利。排名第一的三星我不知道，因为它是综合性的企业；第二的LG盈利了；第三的公司亏损；第四的奇美在第三季度亏损7亿元；被我们刚刚打下去的夏普也面临大幅度亏损；而京东方以前排名第六，现在排到了第五。我们率先在行业中实现盈利。我们第四季度比第三季度的情况要好得多，有可能实现全年盈利，这是不容易的。全年盈利意味着我们要赚30亿元，预计我们明年要赚60亿元的现金，两年赚100亿元就不怕了，我已经自己造出血来了。

这几年的发展完全得益于资本市场。我们创造了一条政府支持、市场化的资本市场运作模式，这也是我们董事长开创的。这种产业投资规模很大，一条线动辄100亿元、200亿元，我们的设备投资了70%。按照中国人的传统，资本金只有30%就够了。我们后来吸取了一个教训，我和董事长商量，任何新线投资的资本金不能低于60%。成都4.5代线的资本金18亿元，是由政府掏的；合肥生产线的资本金90亿元，一部分由政府掏；北京生产线的资本金170亿元，一部分由政府掏。政府为何掏钱给我们？人家也要保回报。我们在2008年给成都市政府发了18亿元股票，大概是以5元多一股的价格发给它，现在它全部收回了成本，而且还赚钱了。我们通过定向增发的方式给政府的平台发股票，政府的投资平台持有我们一部分的股份。按照中国证监会的相关规定，大概有三年锁定期，三年以后可以抛出，还要考虑市场的承受力。也就是说不管怎么样，政府给我们的钱有退出机制，而且只要企业做好了，它就会保值增值，而且在我们规模扩展的过程中，政府享受了生产的好处。我再做下一套生产线的时候，政府通过给我们的钱享受了整个企业经营带来的好处。所以企业越大政府越愿意投钱，因为没有风险。所以我们这样创造了一条借助资本市场把政府支持和市场运作结合起来的产业发展模式，也就是我们说的金融、产业资本结合，支持国家高新技术产业发展。

在技术方面，我刚才已经说过，在这个行业技术非常关键。技术的进步也是非常致命的，很多企业在发展过程中由于技术跟不上和技术方向判断错误，最后走向倒闭，所以技术方向非常关键。整个京东方的技术发展是从真空技术转向半导体技术。半导体技术会主宰人类的百年历史，半导体技术中的显示技术会主宰半导体的80%、90%。一定要把握好从现在到未来的多晶硅等的发展趋势，如果把握不好，在技术方面走偏了，就麻烦了。而且企业越大，技术的把握就越关键。这是产业布局。通过金融资本和产业资本的结合，形成一个比较完整的战略布局。我们现在的布局是三角形，以北京为中心，在鄂尔多斯有一条线。鄂尔多斯从气候和人文条件来讲，不适合发展工业。但当时京东方面临很大的问题，我们这几年的几百亿元投入亏损了，我们是上市公司，不能老亏。我们和证监会反映过好几次，我说，这种高新技术企业为什么要退市？搞得大家很紧张。证监会也没办法。在2011年的时候，我们在做金融对接，要求北京市给一些企业补助，帮助内蒙古自治区发展。我就和当时的鄂尔多斯市委书记谈，书记表示我们这个项目很好，就要这个项目。我说可以，但是投资需要200亿元，我们的资本金得有120亿元，鄂尔多斯市需要出钱。书记说我们没钱，只有煤，问能不能用煤跟我们换。我说，用煤换也行——最关键的是，煤是白给的，可以产生净利润，100亿元就会出来，当然这笔钱是要投到当地的。当时政府给我们找了一家合作的企业，我们向北京市政府汇报了这件事。北京市政府听说有10亿吨煤，眼睛都亮了。北京市有一个京煤集团，挖了50年煤，每年出产560万吨，对于北京来说，就算什么都不做，有了10亿吨煤，一个百年企业的产量就出来了。我们用高科技产业投资换了10亿吨煤，把煤交给了京煤集团，京煤集团把100亿元交给了我们，我们再将100亿元投到鄂尔多斯，其实也很简单。当然操作过程中也有很多复杂的情况。虽然鄂尔多斯的自然环境不太适合，但是没关系，鄂尔多斯离北京也就600公里，我们就当它是北京周边地区，开车6个小时、坐飞机1个小时就到了。在北方以北京为总部；在华东地区以合肥为总部，现在合肥有我们的一条6代线，目前在建一条8代线，在华东地区周围，在苏州、吴江、绍兴、松山都有我们的工厂，形成了以合肥为中心的辐射4小时的工业基地；在川渝地区，成都建有4.5代线，我们马上将在重庆再建一条生产线。其实我们感觉到最遗憾的是我们还没进华南，里面有很多小故事。其实我们最早想进入华南，因为中国70%的电视机生产都在华南地区。很多人问为什么不进华南？不是我们不进——我们做梦都想进华南市场，关键是我们在2006年已经进去了，当时我们和创维、康佳、TCL、长虹四家公司组建了一个聚龙光电，是深圳当时的市委书记李鸿忠亲自主持签约的。我们董事长在上面讲了一段话，说今天签这个协议对四家企业来说可能是一小步，但对整个行业来说真的是一大步，标志着上游和下游企业联合起来，做上下游一体化。但是被国外某家企业知道了，挖空心思想把这件事搅黄，跑过来说京东方不行，京东方从来没搞过6代线，肯定搞不了。当时深圳市某位市长说我们企业的技术不行，先把这件事放一放，但一放就是一年。我们苦等一年等不来结果，就去了上海。还没谈两次，这个企业又跟到了上海，劝其他企业别和京东方干，人家说不行，我们也没办法。我们是国有企业，人家肯定相信外资企业，我们又被逼走了，被逼到了合肥。我们非常感谢合肥的地方政府，包括当时的合肥市委书记孙金龙。他见到我第一句话就说，我是一个民族分子，我支持中国的企业。他还安排我们董事长专门去参观了两个地方。一个地方是合肥的滨海新区，规划得很好、很漂亮、很现代化，看了以后我感觉到这个城市的发展很好。另一个地方是李鸿章纪念馆。我们董事长看了以后感动到流泪，特别是看了梁启超对李鸿章的评价，觉得李鸿章这个人物在中国的现代史上是非常重要的，他为了国家的完整忍辱负重。因为那个时候中国极贫极弱，动一时之意气，谁都会，但如果真的动了一时之意气，中国就有可能被列强瓜分，中国的种子可能都没了。那个时候李鸿章签了一系列条约，得了一个卖国贼的名号，但是真正保住了中国，也才有了今天的振兴。所以大到一个国家，小到一个企业，不忍辱负重是不行的，所以我们坚定地在合肥干，一干就干成功了。我们的6代线连外国同行都非常惊叹,说你们干得真好。就是为了这口气。所以到今天为止我们还真的没有进过华南,这里面还有很多小故事。这是我们的创新体系。保障企业发展,要有非常完整的创新体系。我们技术管理中心包括前面所说的四大块:技术战略、专利管理、技术标准、技术合作。我们和很多高校都有合作,可以说现在国内70%、80%的学半导体和液晶的博士都在我们公司工作。

回顾企业20年的发展,感慨良多。20年来,从企业的规划、战略、策略到最后的执行,都是我和董事长一起谋划。大家今后出去做企业一定要认识到,最核心的是顶层设计。做企业之前一定要想好你要做什么样的企业,核心是什么,最重要的是什么。现在很多企业是先做了再说,或者叫摸着石头过河,过得了过,过不了往回走,或者脚踩西瓜皮——滑到哪儿算哪儿。但是大家想想国外的公司,特别是全球500强公司,为什么在整个企业的管理中流程非常严密?我曾经非常不理解。我做过冠杰三年的董事,在我们的合作伙伴飞利浦如日中天的时候,我和它的董事长做过交流。飞利浦每年的年报1月15日就出来了。我真的感到不可思议——京东方也是一家上市公司,应该说在管理方面还是比较先进的,但是我们每年的年报4月30日才出来。我们的规模小得多,业务量也小得多,但是我们年报出的时间真比不上人家。我问他是怎么解决这个问题的,他说现代化、信息化、流程化非常关键。它的海外企业12月30日结算,1月5日必须出年度报表、财务报表,1月10日总部财务报表必须出来,1月13日开董事会,1月15日公布年报。就是这么快,怎么做到的?他说我做任何一个企业,从一开始,就一定要在一张白纸上勾勒好它所有的框架,我一定要想清楚我要把这个企业引到什么地方。做企业真的要这样。所以对于这20年的发展历程,我们感受最深的就是企业的战略设计。在我的集团成立十周年的时候,我曾经写过一篇文章,那个时候需要一些年轻人写感受,我写了一篇文章叫做《明天会更好》。我的开篇是怎么写的?我说:"有战略的企业是幸福的,有战略家的企业是幸运的。"可能很多企业都有战略,但是战略的设计,特别是战略体系的设计不是随便谁都可以做的,需要战略家。当然我认为京东方是非常幸福、也是非常幸运的一家企业。

战略的顶层设计包含七个方面。第一个方面是企业的愿景,闭上眼睛想想,要把企业带向何方,在这个行业要做到什么位置。我们在2003年的时候聘请普华永道做了一个管理咨询,我们当时刚刚接触企业愿景设计这个思想。那时首先出现了一个非常感性的人——一个很年轻的小姑娘让我们十几个高管闭上眼睛20分钟,大家什么都不想,就想在自己内心深处所憧憬的自己的企业会是一个什么样子的。后来我们归纳出来了当时各位高管写的东西,中间一段话是我写的:"在家庭,在广场,在每一个人涉足的地方,都将有京东方的产品和服务,我们和人们的生活联系得如此紧密,以至于我们欲罢不能。"10年之前我们没想过这样,没想过京东方的产品能在全球排第几,但是回过头来看,京东方做到了。我们和人们的生活是密不可分的,你们对我们的要求越来越高,你们对我们的希望和期望也越来越高,我们不做都不行,是你们逼着我们欲罢不能。显示的应用也是无处不在。那整段话都是10年前写的,我没有改一个字,大家会想到现在甚至再往后推10年、20年,这段话适不适合作为一个显示行业企业的最高愿景?照样适合。这是一个理想,是对自己的企业充满深厚感情的愿望。但是我们企业的愿望不能天天只这样想来想去,我们的愿景要落地。有了这个愿景,你的目标是什么?核心目标是什么?我们从一开始、从2003年开始就设计我们2015年、2020年、2025年要达到什么目标,都是第一、第一、第一。当时制定的时候我们真的非常纳闷:我们什么都没有,还要做第一,做得到吗?但这10年的发展,让我们对第一充满了信心,我们真的可以做到。记得我们1993年第一次做战略的时候,我们董事长提出"5151"的目标:营业额达到5亿元,资产规模达到15亿元,利润达到1亿元,这是我们当时的目标;20年以后的京东方资产是900亿元,营业额今年可以达到260亿元,明年将近400亿元,现金流50亿元。现在回头想想我们2003年的目标,那时觉得是高不可攀的。当年我们处在6 000万元营业额的时候,5亿元的营业额真是不可想象,但是现在500亿元也打不住——我们的目标是2025年达到2 000亿元!还有专利率、毛利率都要全球第一,市场占有率目标也是第一。现在已经有两个做到了第三,两个做到了第一。我们每年都会总结,即使你到不了第一,但一年年在进步也是可观的,所以整个企业愿景一定要有一个体系。

第二个方面是战略顶层设计的理论。京东方的产业源自半导体显示设计,以前整个显示都是真空,包括我们的节能灯、灯泡、显像管电视都用的是真空技术核心,但是真空技术核心有两个致命弱点:第一,汞有毒;第二,体积大。电视显像管真到 100 寸要六七百斤,但是随着半导体产业的发展,特别是半导体显示屏的发展,这个产业发生了大变化。下一代显示,包括 OLED 显示,是未来显示技术发展的方向。不管是现代的 LCD 显示,还是未来的低温多晶硅、氧化物硅板显示都属于半导体显示,技术原理和基础是一样的。人家说全球都做了 8 代线,你还搞 4.5 代线是不是过时了?不是过时了,是产品的设计和规划不一样。

第三个方面是产业的生存。这也是我们董事长提出来的。业内认可的"王氏定律"告诉我们你要发展、要生存一定要怎么做,概念很简单:标准显示器件价格每年下降 50%,一个企业要生存、发展,推出市场的技术保有量必须上升一倍。京东方对自己的要求不能是一倍,而要两倍,这样才能在这个行业中走到前面。

怎么能做到两倍就涉及第四个方面的问题:企业经营。我不知道你们做不做企业,我们每年要对各地的总经理进行考核,怎么把这个生存理论落到经营中考核经营管理者?利润等于单价减去物料成本减去损耗,就是边效减去可控和不可控成本,不可控就是总部摊下来的,再减去我们的固定成本,就是折旧。我不会随便考核大家,特别是对总经理的考核。总经理要考核边效,边效加付现成本中的可控成本,就是直接和生产线相关的可控成本。总经理一定要将边效考核分解成价格能不能上去、材料成本能不能下来、审核能不能更低一点、数量能不能卖得更多一点。价格是市场化的,怎么在价格中做文章?怎么和客户谈判?材料怎么降低?能不能有一元化材料、二元化材料、替代性材料?材料有几千种,每一种材料的发展怎么做?损耗是生产经营过程中的良品率、物料损耗水平等,能不能降到最低?价格卖得最高,付现成本能不能降低?这样能够保障你的边效,所以我们考核下属公司总经理时不会考核太多利润,我规定每年赚 10 亿元利润,这 10 亿元利润只占 20%,但是边效加付现成本可控考核占 60%,其他部分是我的事。付现成本中不可控的部分,对他来讲不可控,对我来讲却可控,比如我一年给这个工厂分摊 5 000 万元,这个折旧是固定的。所以这就是我们企业的基本经营法则,用这个法则考核各位。你们做到了,该奖就奖;做不到,该扣就扣。

第五个方面是关于我们企业的设计。至于技术路线的设计,我们将整个技术定位为"剑字号战略"。我们董事长非常喜欢剑,手中无剑,心中有剑。我们的目标是在 2023 年做到行业领导者,手中无剑,心中有剑,心中之剑胜过手中之剑。现在如果想要单独驱动一个产业,不管上下游配套都是不可能的。在 8 代线建设过程中,我们要求北京市政府划地,围绕 8 代线进行建设,全球跨国公司都过来围着京东方建设,一共投了将近 600 亿元,京东方投了 200 亿元,产值大概 200 多亿元,拉动上下游 1 000 多亿元。我们还不含服务、内容、设计、筹备的生产,所以一条生产线建设实际上是拉动了上下游的整个产业链。我们的投资比为 1∶1.6,产值比为 1∶4。这是我们对于怎么加深产品和技术创新的设计。我们的产品追求的是 5P:画质最优、功耗最低、时尚、有价格优势还同时具有集成度。最后,给消费者提供最优质的服务。

  第六个方面是管理模式的设计。管理非常重要,企业做大之后怎么管理?管理机制非常关键。我们实施以客户为导向的管理模式。尽管整个集团的资产遍布全中国,但除了四个统一——销售、人事、财务、采购统一,下面的生产都没关系,给下面的人权限,让他们努力做。因为对于核心的部分,特别是我们搞财务、搞经济的,眼睛一闭,整个资金流就能遍布全身。人的周身能活动就是因为有血液,企业为什么能活动?因为资金流。资金流转起来了就知道这个企业能做得好,资金流转得越快,企业发展得越好,资金流停了肯定是某个地方出现血栓了,就找原因。而且几个企业可以对比:这个企业资金转了两圈,为什么你只转一圈半?找出问题让他管,所以对总的统计管理非常有效。我们还有自己内部的 SOPIC 创新改革,每年根据市场、客户进行改革。最后还有激励机制,我也说过很遗憾我们没有彻底解决这个问题,只解决了一部分。

  第七个方面就是企业文化。也和大家讲了,一定要教育我们的员工,做企业一定要有追求。京东方核心的文化基因有两点:第一是出身。我们是军工、合资出身,一定要通过自主创新的方式达到产业化。我们强调团队、速度、品质;我们和柳传志的格调差不多,他的格调是策略、构架、人。第二就是我们的责任文化。事事有人负责、人人尽心尽责、时时检查问责、日日内省己责,我要求我们中层以上的干部每天早上最少用五分钟的时间坐下来想想自己今天做什么,下班回去想想今天我这几件事做得怎么样,久而久之就会形成习惯。我们的人文环境是要在企业树立简单和谐的人际关系。还有我们的"五五三"人才观标准。我们对人才的看法非常简单,在现代社会人的智力都差不多,问题的关键是敢不敢担当。平时大家做事,在企业发展的关键时刻一定要勇于担当,在企业发展最危险的时候一定要豁得出去扛。这10年我们最有体会,企业经历了很多苦痛和历程,但是我们的班子里有一条:我们大家互相在一起手牵手。遇到事怎么办?没办法大家一起扛,扛下去。我扛住别人扛不住,我就活了,你就死了。能够为企业扛事的就是人才。我们不一定是最优秀的,但我觉得在这个企业目前的发展阶段,我们这个团队是最合适的。所以企业文化设计非常关键。最后还是落脚到最开始讲的,战略非常重要,战略的顶层设计是重中之重,希望大家能从中有所借鉴。谢谢大家!

互动环节

问:很高兴看到京东方成为世界霸主。当今世界产业变革很剧烈,各个经济产业体都发生了翻天覆地的变化,尤其是像诺基亚手机霸主的地位两三年内就被苹果代替了。陈总是产业大师、经营大师,您刚才提到柔性显示技术,它如何引领京东方成为产业革命顶端霸主并保持这个地位?

陈炎顺:产业技术发展,特别是显示技术发展日新月异。我们把真空显示以来的新一代显示技术统称为半导体显示,因为基础原理是半导体。从未来的发展演进来看,从多晶硅到未来的OLED,会从被动发光向主动发光发展,以及向柔性显示发展,这是一个方向,也是一个路径。核心的是怎样去把握技术发展的脉搏。京东方每年投入2亿美元进行要素技术研发,就是为了突破前沿技术。在下一代显示领域京东方已经做了很充分的准备。我们在4条生产线的基础上,已经开始建下一代产品的生产线了,我们在鄂尔多斯的5.5代线就是生产低温多晶硅的显示产品,合肥的8.5代线是生产氧化物背板的显示产品。为了确保这些产品的成功,在投资前一定要在现有的研究室内做概念研究,通过现有生产线上的技术改造进行小批量的生产。比方说鄂尔多斯5.5代线生产大批量的多晶硅显示产品,为了确保产品成功,我们在成都4.5代线上通过改造已经有4K低温多晶硅产品出来供给客户了,等鄂尔多斯5.5代线一起来,我们就把4.5代线产能的技术、经验全部转移到鄂尔多斯,同样合肥的8.5代线也是一样。我们在合肥的 6 代线花了一部分钱将其改造成 2K 的氧化物背板生产线,现在产品已经出来了。在合肥 8.5 代线建成后,我们会把 2K 的技术工艺全部转向合肥 8.5 代线,这样使得技术一步步提升而不会有太大的风险。

问:京东方的亏损是大家一直关注的,京东方多年亏损,从来没赚过钱,自身能力颇受质疑。您怎么面对京东方备受质疑的亏损问题?因为在技术中 5 代线是手机,屏幕比较小,市场有机会,三部三星手机中有一部就是由京东方提供的。而对于大的平板电视,比例越大,技术越难。在引进全球技术的过程中,我们是发展中国家,最开始我们采用的策略是引进高端技术,比如说大的平板技术,还是说利用比较优势,先多生产智能手机这样的技术提高自身的能力?为什么我们现在花这么多钱投入 8.5 代线以及新技术的研发?您在这方面是怎么考虑的?

陈炎顺:有两点:第一,国家的工业化绝对不是 10 年、20 年就能够完成的,工业化需要相当长的时间;第二,按照基本情况,2008—2012 年连续亏损,但是你想,我们要发展这么大的产业,而且在 4 年之内我们连续投资了 700 亿元,要花很多人力、财力、研发费用,我们觉得是值得的。京东方通过 4—5 年的积累和铺垫,到今年行业形势稍微有所好转,我们第三季度盈利了,第四季度肯定盈利,所以会逐步走向一个长期稳定的盈利。所以大家对一个国家的工业化或者一个产业的发展规划要有耐心。资本市场上对京东方有些微词,因为没能为股东提供稳定回报,我有时候说在某一段时间内确实忠孝难以两全。国家在产业发展方面,需要军工出身的京东方做出一些牺牲的时候,我们也义不容辞;但是我们没有忘记股东,企业经营好以后一定会对支持我们的股东给予很好的回报。另外,还是你说的半导体显示这块,不是说代数越高技术就越难,基础技术是一样的,就是半导体显示技术,工艺是一样的。大和小的根本区别是产品定位在手机还是定位在大尺寸的电视上。京东方在手机方面已经占到全球前三的位置,我们未来的目标是要在手机方面做到全球第一,我们在全球手机方面有这么一个规模和方向。但是我们在中大型尺寸方面也有我们自己的战略,8.5 代线现在有一条,合肥再建一条,之后还会建第三条。三条 8.5 代线可以让京东方在中大型显示方面占据一席之地。

问：在现在的资本市场上您觉得京东方的股价是被低估了还是高估了？企业有钱的话，您会不会去购买京东方的股票？三年以后您觉得京东方的股票应该到多少才能体现这个企业的价值？您鼓励您的职工现在购买京东方的股票吗？

陈炎顺：我做了六年董秘，作为股票在二级市场的表现我是无可奉告的，但是京东方的未来是值得大家期待的。想想很简单，我们现在有135亿元股本，整个市值为270亿元，净资产为400亿元，总资产为900亿元，算算账就可以算出来。

问：日本、韩国和中国台湾地区的高科技企业会把一等品出口欧美，二等品自己留着用，三等品才销售给发展中国家。京东方的技术成熟以后，会不会也这样做？

陈炎顺：我们对所有客户都是一致的。我们对自己产品的分类有P、A、S级品三类。P级品就是一等品之类的，我们P级品的良品率一定要达到85%，P级品当然愿意优先供给我们的战略客户使用。战略客户既有国内的也有国际上的，我们对所有的客户都是平等的。

武常岐：战略管理研究的核心问题是为什么有的企业做得好、有的企业做得不好。您在演讲中也提到，当时在这个行业中，在国内除了京东方，还有上广电，现在上广电不见了。在同样的行业做同样的事，京东方扎根于此，在战略上取得了成功，上广电却失败了。从局内人的视角看，您觉得上广电犯了什么错误使它没有成功？

陈炎顺：上广电的各位同仁我都非常熟悉，我在想其实我们两家企业在某种意义上说都非常困难。上广电比我们更困难，因为它走的是资本路线；京东方采用的是收购路线，一次性把技术拿到手。由于是显示技术，特别是显示产品日新月异的时候，所以成本相对比较低。上广电所买的技术是一个产品交一次钱，这样就严重制约了它的新技术，特别是产品升级。我认为京东方还有一个优势在于我们的团队在困难的时候有一种扛的精神，扛过来就是一片天。

（演讲时间：2012年12月11日）

第十篇
新时代电视所发挥的作用

井上弘：TBS 控股株式会社·TBS 电视台代表取缔役社长、日本民间放送联盟会长

大家好！我是日本 TBS 电视台的井上，能够在尊敬的鲁迅先生执教过的北京大学和各位进行交流，非常荣幸！

首先，简单介绍一下日本 TBS 电视台的一些基本情况。刚才的 VCR 大概介绍了一下 TBS。TBS 在 1980 年与中国中央电视台（CCTV）共同制作了一部特别的电视剧——《望乡之星》，大家能猜到是谁题的字吗？该片片名由邓小平先生题字。《望乡之星》讲述的是在中日战争时期，一位留在中国的日本人——长谷川照子与战士们呼吁和平的这样一段历史。这部片子是在 1980 年拍摄的，我不太清楚怎么请到邓小平先生题的这个字，但是我想这不仅体现了中国方面对于长谷川照子的积极评价，也显示了中国政府对于我们 TBS 的充分信任。非常遗憾的是，题字下面没有亲笔签名，但这是一个地地道道的真品。这个时期也正好是邓小平先生提出"改革开放"、推进中国"四个现代化"建设的时期。当时邓小平先生希望日本能够协助中国进行现代化建设，日本方面以松下幸之助为首的很多企业家也积极地响应了邓小平先生的提议，中日双方进入了一个双赢合作的时期。这部电视剧也是在那个时期拍摄的。1978 年邓小平先生访

问日本的时候,非常巧合的是同一天,我也住在京都的同一家酒店里。当时酒店周边戒备非常森严,迄今为止这也深深印记在我的脑海当中。

接下来我想介绍一下 TBS 和中国之间的关系。TBS 是在 1951 年成立的电视台,最初我们当然也不知道该做些什么,在 1962 年的时候,我们设立了"新闻报道局"。两年之后,也就是 1964 年,我们设立了北京记者站。这是依照中日两国在 1962 年签订的《记者交换协定》成立的,两年之后的 1964 年,我们作为民营的广播电视台中唯一的一家派遣了常驻北京的记者。中日邦交正常化是在 1972 年,也就是说我们首次建立记者站是在这之前 10 年。而 TBS 在华盛顿设立记者站是在 1966 年。由此大家可以充分理解到我们 TBS 的中国情结。

北京从 1981 年开始举办马拉松比赛,TBS 和 CCTV 当时决定要合作转播马拉松赛事。大家知道当时中国从来没有使用过移动转播技术,而整个马拉松过程要用摄像器材全程同步进行拍摄。当时中国没有移动转播车,TBS 就把摄像机及其他相关的转播器材装到卡车上,一辆卡车装不下,就用两辆,两辆车中间用一个铁管连接起来——我们通过自己的双手把它连在一起,来代替我们的转播车,这就是中国历史上第一台转播车。当时很多年轻人都参加了实况转播。在 27 年之后,北京举办了奥运会,当时参与我们转播的年轻人之一,就是北京奥运会图像直播的负责人,我们感到非常高兴。自 1989 年以来,因为马拉松的工作我经常来北京,亲身感受到中国技术进步的快速跟进和中国城市建设的巨大变化,到现在我还能回想起来在当时的长安街上,大家上班时骑自行车的情景;现在都不是自行车了,全都是汽车。所以对我来讲,最令我惊讶的就是交通工具的变化。

除此之外,我们还和 CCTV 一起制作了一个电视节目,就是 1989 年的一部纪录片《万里长城》。东起山海关,西至嘉峪关,TBS 在每一个重要之处都有镜头。我们的一个摄影师,从东边一直走到西边,我们的团队每天跟着他,当时在 CCTV,这种所谓纪录片的拍摄手法是没有过的,所以也算是向中国介绍了纪录片的拍摄方法。我自己也去了万里长城。万里长城真高,而且它的坡度太急了,这是我从来都没有见过的。在 2000 年的时候,我们有幸请到朱镕基总理到我们 TBS 演播室,和日本 100 名市民直接对话,他们提出的问题并不是提前准备好的,而且提问的人也都不是记者或媒体人,而是普通市民,他们对朱镕基总理提出了很多自己非常关心的问题,总理做了非常耐心仔细的回答,当时日本国民感到总理非常温暖和亲近。所以通过电视这个手段,真的就拉近了中国和日本两国之间的距离,这让我们感受到电视的力量。也是通过这个方式让日本人能够感受到对中国的亲近感。

我们不只在节目的制作上,还在知识传播上和中国合作,帮助中国进行人才培养。在中国传媒大学,我们有一个 TBS 讲座,也是像今天这样的讲座。对于优秀的学生,我们给他们颁发奖学金,同时还会邀请他们到日本进行研修。我们希望这些学生今后可以在中国的媒体界发挥自己的作用,成为有用的人才。我们在中国播出了很多 TBS 与中方同行共同制作的节目,获得了好评。我们 TBS 的很多节目在中国播出过,可能你们的父辈都很清楚,包括山口百惠主演的红色系列,还有北京电视台播放过的《东芝动物乐园》——这个节目的形式是由我们 TBS 销售给北京电视台的,然后北京电视台按照这个形式采用我们的东西共同制作,整个节目的模式完全一样。在十年前,我们还两次一起制作了一个叫做《挑战多米诺骨牌》的节目。我也不知道为什么我们每次都是和北京电视台合作。最近我们有一个电视剧叫做《冷暖人间》,是一部在日本非常受欢迎的家庭电视连续剧,这个剧在 CCTV 播出过。通过这种形式,我们和中国有了很多的交流。我们知道,中国就是我们的老朋友。在这里我就不再宣传 TBS 了,我想讲一下今天的主题。

在今天这样一个电视广播的时代,可以说是数字化的时代,我们正处在革新当中。这并不是我们自己所希望和所期待的,而是时代发展的必然趋势。在讲到数字化,包括最新的日本广播电视行业所处的环境之前,我想先简单地回顾一下我们日本广播电视业界的结构以及民营广播电视的历史。

大家知道日本电视广播有两种体制。一种叫 NHK,即日本放送协会,属于公共广播电视台。也就是说,它们靠收取观众的收视费经营。所以凡是家里有电视的家庭,基本上都要被收取收视费。这是单一的一种形式,使用范围包括从北边的北海道到南边的冲绳各县。在日本,县的概念是比较大的,相当于中国的省。基本上每一个县都有 NHK 自己的电视台,节目通过这个县的电视台来进行播放。当然还有非常少的一部分,我们称之为民营广播电视台。民营广播电视台大部分还是不收费的,只有一部分卫星电视是收费的,主要是通过一部分赞助商赞助,以及广告费来支撑我们的运营费用。这些电视台统一叫做民间放送联盟。

加入民间放送联盟的地面电视台一共有 127 个。它们基本上可以分为 5 个系列:NNN,日本电视系列;ANN,朝日电视系列;JNN,TBS 系列;TXN,东京电视网,是以东京电视台为主要核心的一个电视系列;FNN,富士新闻网,是以富士电视台为核心的一个系列。大家注意这里面有一个叫做 NNN 的系列,它叫 NET WORK。基本上各个地方的广播电视台主要都是播放当地重大的新闻事件,然后它们要通过东京的大电视台向全国来转播这个电视报道。大家可以看到在我们 TBS 下边有 28 个加盟电视台。TBS 是日本历史上经营时间最长的一个电视台,我们加盟的数量也是最多的。其中也有一部分电视台是收费的。大家知道 NHK 是收费的,但是不播广告;民营电视台是不收费的,所以就必须要播广告以增加电视台的销售收入,否则就无法运营。所以我们要进行收视率的调查,收视率好的时候,广告销售额就比较高。我们每次要看收视率的结果,才能知道我们的收入是多少,这也是我们电视台收入的晴雨表。我们尽可能地要让收视率提高。我们的主要节目形式有电视剧、信息类、体育类、娱乐类等,节目要尽可能吸引观众。当然我们也是一个报道机构,希望给人的印象是一种柔和、快乐的感觉。我们也是在根据法律做事,大家也都知道现在一些广播、电视很看重收视率,但是我们要尽可能自律,不要让收视率完全控制我们播出的内容,而是要尽可能做出好的东西来,这也是我们电视台最主要的一个目的。上述就是日本广播电视行业的两种经营模式。

在 1951 年的时候,我们开始了民间放送,是以广播的形式开始的。TBS 的前身叫做东京广播电台,当时一共有六家民间广播电台。电视广播是在 1953 年开始的,TBS 是在两年之后,也就是 1955 年开始电视播放的。可以说,民营广播电视是乘着日本经济发展的东风取得巨大成长的。大家可以看看日本的 GDP,随着 GDP 的增长,电视台的收入获得了很大的增长。电视行业的快速发展有几个契机:1959 年,当时处于日本的皇太子殿下,也就是现在的日本天皇结婚的时候,在他大婚之前一周的时间,大家都在买电视,销售数量很快超过 200 万台。现在我们可能觉得这 200 万的数字并不是特别大,但那是一周之内的销售额,基本上是由于日本民众为了能够收看当时他们结婚游行的转播。另外一个契机是1964年的东京奥运会,这个时候开始有了彩色电视机。很多人希望能够通过彩色电视机来看奥运会,所以当时大家都想买彩电。为了奥运会,日本广泛铺设新干线高速公路,作为媒体我们也进行了相应的基础设施建设。TBS是在1965年开始进行电视播放的,我进入TBS是在1963年,那个时候正好是日本电视开播10年左右。回想当时,电视行业充满了幻想,很多人摸索各种可能性,充满各种各样的畅想,并且进行多种积极的尝试。应该说在那个时代,电视业还是所谓的风险行业。在我入职的时候,有一次我一个朋友的父亲——一个日本大型钢铁厂的领导,对我说,电视是一个非常有限的行业,播放时间不会超过24小时,但是如果是钢铁企业的话是可以不断增产增收的。刚刚入职的我听到长辈是这样告诉我的。但是事实和他的预想相反,电视不断地在发展,而且由于24小时这样一个时间的稀缺性,反而使得电视时间段的价值不断高涨。就像钻石的价值,正因为它的稀缺性才那么珍贵,实际上因为电视的播放时间只有24小时,所以正好体现了时间段的稀缺性。

接下来我们看一下日本媒体类别的广告费收入的变化情况。在进入2000年以后有所下降,主要是由于互联网的冲击。我们可以看一下,它实际上是超出了广播、杂志等这样的一些行业。由于24小时的稀缺性,广告商是非常看好广告投放效应的。虽然日本也遭遇了一些经济泡沫,但是它依然保持着较快的增长。电视给我们带来的影响就是技术进步和生活模式的变化,经济的波动当然也会对它产生一些影响。互联网技术不断进步,但电视依然难以超越24小时的限制,它作为媒体的稀缺性受到了冲击。另外就是国民生活方式的变化,特别是现在日本女性不断地积极进入社会工作,因此她们回家的时间也会比较晚。这种生活模式的变化使得收看电视节目的时间变短,收视率会下降,广告收入就会受到影响。收视率实际上就相当于一种货币单位。在生活模式的变化当中,录像机诞生了。我不知道中国的情况,日本的录像机有跳过广告的功能,我当时在从事市场工作的时候,非常希望他们能够不发明这样的功能,但是这种能够跳过广告的录像机还是出现在了市场里。我们民间电视台是依靠广告来支撑的,这对我们来讲是非常严峻的问题。HUT,即开机数,也就是拥有电视机的家庭实际上收看电视的比例,通过相关数据分析,这个比例在逐年下降，虽然下降幅度不大。每周看录像超过三个小时的人数出现了急剧增长，很多人会先把节目录下来，然后晚上回去以后看，或者是在周末的时候看。由于生活模式的变化，日本通勤者的上下班路途变得非常遥远，所以这种适应性的问题对我们来说也是非常严重的。刚才武常岐老师也提到，正因为我们处在这样一个非常严峻的环境下，所以才需要创新。对我们来说的确是面临着很多挑战，例如如何开发新的业务模式和盈利模式。

在介绍我们如何应对挑战之前，首先介绍一下目前日本广播电视业所面临的环境变化。日本电通公司统计了全国广告费的概况，整体大概是60 000 亿日元左右，电视广告费是 18 000 亿日元左右，大概占到 30%，互联网广告是 9 300 亿日元。可以看出电视仍然是最大的广告载体。关于影像软件的市场规模，根据日本总务省的一个统计数据，地面电视节目大概是 28 000 亿日元，这个数字和电通公司统计的数据可能有所不同，我们觉得这个影像软件的市场规模可能不一定特别符合事实，当中也许还包括一些 NHK，就是没有广告的 NHK 电视台的数字在里面。整体来说，日本的软件市场规模，大体一半是由地面电视台、电视节目所占有的。还有一个问题是盗版，后面会谈到，这对我们的冲击很大。

主要媒体的平均利用时间在逐渐地减少，差不多每天每人有三个小时以上的看电视时间，这实际上和三年前相比并没有太大的变化，比如与互联网或杂志来比的话，看电视的人要多得多。再看一下互联网用户的人数和普及率，它们在逐渐增长。在 2012 年年底日本互联网用户是 9 600 万人左右，而日本的人口只有 1 亿多，所以也就是将近 80% 的人口现在是互联网用户。近年来智能手机快速普及，据日本总务省的统计，2012 年年底的普及率是 49%；日本有一个广告代理商叫博报堂，根据它的最新调查，在今年 2 月是 51.8%，智能手机用户的比例在不断升高。随着智能手机和平板终端的普及，一边看电视一边使用智能手机或者是平板终端的年轻人在日本会越来越多。特别是十几岁到二十几岁的人口当中，差不多有一半以上的人是用这样一种方式。此外，电视接收机出现了很多变化，比如可以进行视频点播、接收卫星节目、接入互联网或者作为游戏机，还可以作为传统的电视机。在 1980 年左右，家庭游戏机开始普及，最近出现了智能电视。实际上通过电视这样一个终端，可以连接互联网并实现各种各样的功能。但是如果它不被作为电视接收器来看的话，对我们来说也是很大的一个挑战。

首先我们考虑的是电视机和智能终端的同时利用。我们把电视机称为第一屏幕，智能终端称为第二屏幕。为了提高电视节目的魅力，对于电视的用户来说，我们应该尽可能地把第二屏幕开发出来，创造新的商业模式。我们现在正在做一个叫做《现场逃脱游戏》的节目，主人公要破解犯人出的一个暗号和谜语，才能逃出来。玩这个游戏的不只是电视中的一个主人公，观众也可以编几个谜语加入这个节目，享受参与其中的乐趣。这就是新的节目形式，我们可以在一定的时间内让观众破解。我们的主持人会反馈，在这个时候能够回答这个问题的到底有多少观众。从某种意义上来说这是一个与观众实时互动的节目，目前有172万人参加我们这个节目。但今后要怎么样去做，是我们面临的一个课题。

我们现在有随时收视和随地收视，也就是说在各个地方都可以随时看电视，还有就是任意的设备都可以收看电视节目，所以无论是拿电视还是拿移动终端都可以看电视。为了达到这三个目的，我们应该做出什么样的节目、要怎么样让大家能够看到广告，是我们的一个课题，这个课题非常严峻。刚才也向大家介绍了，现在电视的功能包括电视视频点播，现在视频点播的需求越来越高了。大家都知道，我们现在和一些手机运营方合作，它们现在也是在提供各种各样的服务。在这个领域当中，开始逐渐地有收入了，也就是我们尽可能地通过收费的形式让大家能够收看我们的视频点播。

新技术的出现，也为电视行业带来不确定性。电视新技术是4K和8K。现在高清电视都是2K，再清楚4倍，就是4K，所以大家可能说4K还不够，有的时候我们还要让它放大16倍，就是8K。日本有一个相关的团体叫JEITA，根据它的预测，从全球市场上来看，在2013年4K的电视机已经达到98万台，到2018年将达到6773万台，今年6月份的时候在巴西要举行世界杯足球赛，日本将通过CS卫星在全世界第一个做4K实验性转播，可以期待在2016年会有几个频道运用到4K高清、超高清的播放。我们想在2020年东京举办奥运会和残奥会的时候通过4K、8K进行播放，让大家享受前所未有的清晰图像。我们需要厂家生产4K、8K这种高技术的电视。电视到了4K时代，但是广告能不能同步呢？这个现在还不知道，这也是目前要解决的课题。现在各种各样的技术在发展，我们也在做各种各样的尝试。对于企业来讲，新的技术能不能成为新的收入源，是一个问题。现在广播电视行业处在一个如何创新以实现持续发展的路途上。我们一共有五个中央的核心基站，就是核心电视台，电视和广播播放领域的业务收入差不多是一年2 600万亿日元。除此以外，我们把电视录制到DVD上或者拍成电影，还有一些芭蕾舞的演出和展览会。除了广播以外的很多行业我们都有涉足。我们还有购物台、化妆品等各种领域，业务收入大概为2 050亿日元。

下面是关于版权、著作权方面的内容。大家看过《半泽直树》这部电视剧吗？我想可能有很多同学看过，比如说看到有加中文字幕的。这是一部在日本非常火爆的TBS电视剧，其实在中国还没有正规销售过，同学们看到的都是违法盗版。这是一个非常令人困惑的事情。我自己也看过盗版：大家知道刚才介绍TBS的时候，有一个叫做《入殓师》的电影，是我们自己做的。在日本有这样一个行业，就是把这个世界上的人送到另外一个世界去，清洁逝者的身体，换上衣服，从事这一行业的人叫入殓师，这是一部描绘了这一职业的人的一部电影。这部电影获得第32届加拿大蒙特利尔国际电影节最高大奖、第81届奥斯卡金像奖最佳外语片奖等奖项，成为我们巨大的利润点。获奖时我在中国，就跟作协的一个朋友讲了这部电影很优秀，作协的朋友就想观看一下。当时并没有DVD，没有找到，我们就在中国买了一张盗版盘。虽然说盗版有一定的好处，但我们希望尽可能通过正规的方式，让海外的观众能够看到我们的节目。

这里还想跟大家说一件事情，日本和中国有很多有版权的人在做很多的节目，包括从事写作的小说家、编剧和演员，还有写作背景音乐的作词家、作曲家和销售CD的人，他们手里拿着自己的版权，这些人做了自己的东西。能够最终使用自己的权利进行播放的就是TBS，我们重播也需要版权。很多情况下必须获得版权所有者的允许才能播放节目。现在有一些国际性条约，包括《世界知识产权组织版权条约》《伯尔尼条约》等，需要大家遵守条约，但在日本当天播放的节目，第二天就在网上加上中文字幕，可以播放了。我们也并不是说这些都是在中国做的——有的也不是在中国做的，但是这种做法都是违法的。日本的动漫每年要遭到38 000亿日元的盗版之害，希望彼此能够通过正规的形式来维护我们的版权，让大家引进我们的电视节目。现在很多知识产权侵权行为都是通过网络，当然我们也希望通过网络以各种形式开展业务。如果这些解决不好的话，我们就不能涉足新的行业。

媒体播放要有自律。日本媒体最大的一个权利就是监视权。媒体为了让观众还有国民都具有知情权，应该向他们提供各种各样的想法和信息。这时向国民提供不同视角的意见，他们才能够了解到真相。当然，日本宪法也是保证言论自由的，为了支持言论自由，我们的表达自由、采访自由和报道自由都是受到保护的。不过，并不是说什么都可以自由地去做，媒体还是需要高度的自律性。作为民间的放送联盟，我们也都制定了自己的准则，我想在中国也一样。电视台都是政府给执照的，没有政府给的执照是不能合法经营的。为了不受到权利方面的干涉，我们对于自己所播放的内容必须要自行进行改善，这一点非常重要。在日本有一个NHK和全国民营电视台共同建立的组织叫做BPO，是一个广播电视伦理和节目质量提升机构。BPO一方面确保广播电视的言论和表达自由，另一方面也要重视保护观众的基本人权，它是一个非营利性、非政府性的团体。它的运营机构有三个委员会，分别是广播电视放送伦理检证委员会、放送人权委员会和青少年委员会，每个委员会由差不多10个委员组成。他们会提出自己的一些意见，要求广播电视机构进行改进，如果出现问题的话，他们甚至可以向全国所有的广播电视机构同步提出。作为电视台的母机构，我们会始终意识到BPO的存在，希望不要被他们发现问题，这要求平时必须多加注意。如果行业没有一定的自律性的话，我们也没有办法做好我们的工作，这是我长期以来感受到的一点。

最后我想再谈一下2020年东京奥运会。奥运会是全球范围内的大型赛事，到时我们会体现出4K和8K电视行业的创新。我们一方面要满足观众要求，另一方面还要考虑盈利性，必须权衡各种要素。非常希望能够在2020年东京奥运会时，体会那种使世界成为一家的氛围。2020年实际上是年轻人的时代，也希望借助年轻人的力量，为世界创造出更多的和平、富裕、变革和创新。

以上是我跟大家交流的内容，谢谢！

互动环节

武常岐：井上弘先生为我们做了非常精彩的演讲。大家看到了电视行业所面临的挑战。面对这些挑战的不仅仅是电视台,整个传媒和新闻界都面临类似的挑战,比如版权问题、伦理问题和其他方面的发展问题。下面进入问答阶段,大家可以和资深人士井上弘先生零距离交流。

问：井上弘先生,您好,谢谢您的讲座!我想问一下,日本在海外发展有成功也有失败,您觉得日本成功在什么地方,失败在什么地方?我们从中能借鉴到什么?其实新电视也好、新电影也好,最终还是落到人,你们的人员培训是怎么做的?您刚才说过日本也接受过很多中国学生在日本受训,他们回来后在这个行业起到了什么作用?中国要走向世界,肯定需要一些国际人才。日本很多的企业创造了很多国际品牌,中国在这方面也非常需要国际型的人才,而这恰恰是我们需要改进的地方,也是我们很大的一个短板。我们从中能学到什么?谢谢!

井上弘：仅就日本的电视来讲,首先由于国家的不同,宗教信仰等也不同,在日本很成功的个案不见得在其他的国家、其他的地方一定会成功。接下来关于成功这个问题,刚才我在演讲中提到了 TBS 有一个节目,向北京电视台销售过,叫《东芝动物乐园》,这个销售是以节目版权输出的形式完成的。在日本,要把版权方面的问题全部处理完善,是比较困难的。例如美国好莱坞,最开始制作的时候,就把所有版权全部买断,这就不涉及以后的版权问题了。如果国家能够事先把需要的版权处理好,接下来进行销售的话,就会比较顺利。

在人才培养这块,因为我们 TBS 毕竟更多的是面向日本国内,和三井物产的规模以及在国际舞台上的情况也有所不同,尤其在人才培养这块,我们做得远远不够。

问：录像机曾经在中国非常流行,但现在中国已经找不到它的踪迹了。可是在日本刚才您提到还是有很多人用录像机看电视,而中国的年轻人是用互联网来取代日本的录像机的功能。所以我就想请问,面对互联网在日本 80% 的普及率、智能手机 50% 的应用率的大背景,TBS 有没有主动地作为?有没有在新媒体这块有更大的进步意愿?这是第一个问题,是关于技术方面的。第二个问题是关于内容的。中国曾经有一段时间很多的电视节目是向日本学习的,可近几年来,无论是《中国好声音》还是《爸爸去哪儿》等真人秀节目,很多都是学习欧美或者韩国,是不是意味着日本在电视节目的原创性方面有一些退步?谢谢!

井上弘:首先回答您第一个问题。我想作为电视台来说,是能够涉足互联网领域的,这样能够抵挡日本录像机给电视台带来的威胁。但是电视台涉足互联网业务,就会涉及著作权和版权问题。如果不把版权问题完善地处理好,就很难进入互联网。作为 TBS 电视台来说,也是在这一年当中,我们愿意也想开拓互联网,涉足这方面的业务,所以在这一年当中我们也会在这方面积极应对挑战,进行不懈的努力。

讲到整个电视节目现在的收视率,收看电视的人数在减少,我想不光是在日本,在其他亚洲国家也会有类似的现象。而且在前一段时间,韩国的电视剧也席卷了日本,也给日本带来了"韩流"的冲击。现在日本政府也在积极推进日本节目的海外营销,我们也在这方面积极地努力。但是现在有一个障碍,日本的节目制作费用比较高昂,这给进入海外市场带来一定的困难。日本电视剧二十世纪八十年代时在中国受到欢迎,但现在我们面临很多实际困难,包括版权、著作权方面,现在政府也在积极努力,通过向海外进行节目营销,之后可能会比目前的状态改善一些。也许通过这样积极的努力,日本的一些电视剧或是娱乐性的节目,会在海外市场上受到瞩目和欢迎。

问:首先非常感谢井上弘先生给我们带来精彩演讲!在您的演讲当中有两个问题我非常感兴趣,想请教您。一个是您刚才提到的手机、iPad 这种移动终端和电视节目进行联动,创造出了一种新的传播方式。想请您具体介绍一下一档节目的操作流程,以及这个节目当中广告营收部分如何进行。第二个问题,您刚才提到的独立于政府和社会当中的 BPO 组织,具体的人员构成是什么样的?刚才您说"以防他们发现问题",如果他们发现了电视台节目当中存在的问题,会怎样呢?想请您做一个介绍。

井上弘:先回答第二个问题,关于 BPO 的人员构成。这个构成中有学者,还有曾经在电视台或者制作公司制作过节目的人。不仅 BPO 的组织成员发现问题,普通的观众发现节目播出当中有问题的话也可以提出。尤其是侵犯人权的时候,被侵犯人权的人常常会直接起诉。

刚才讲到手机和电视节目联动,有一个实例,就是我们的《现场逃脱游戏》节目,通过智能手机可以参与。这个节目当中会有一些要观众参与的环节,他们要猜出节目里面主人公出的谜语以及暗号,否则没有办法逃脱,这样比较容易引起观众的参与兴趣。而且在电视节目播出的时候,节目当中会涉及一些比较好吃的美食店,如果观众对这个美食店比较感兴趣,想知道更多的信息,也可以通过链接的形式,获得有关这个美食店的更多信息。

问:井上弘先生,您好!刚才听了您的讲座非常受启发。您刚才讲到互联网的发展对于电视行业产生了非常大的冲击,相比于互联网而言,其实电视传媒不仅仅作为一个传播媒介,同时也是内容的提供商,整合资源的能力是它比较大的一个优势。在内容方面有一个非常大的创新就是节目模式的创新。随着中国电视行业的发展,尤其是综艺节目的发展,电视模式的创新越来越受到关注。我的问题是您作为一个高管,可能经历过很多节目模式的创新,您认为在节目创新的过程当中,最重要的因素以及相应的措施是什么?节目创新团队的绩效是如何评估的?谢谢!

井上弘:首先作为一个民营企业,在新的技术方面我们进行投资、创新的时候,也要考虑到收益,如果没有这个做保证的话,创新就没有一个坚实的基础。现在从节目制作的倾向来说,日本应该说是比较正统的或者是比较认真的一个状态。当然未必一定要像日本的公共广播电视台 NHK 一样,但是制作的节目一定要让观众觉得有看头,就是有值得玩味和欣赏的地方,这比较重要。当然您要让观众来看您的节目,如果不是很有趣的话,恐怕大家也不会有兴趣,但如果平平淡淡也不行,实际上还是要有一定的实质性内容,有更值得玩味的深层次的东西,让大家觉得值得一看。

(演讲时间:2014 年 5 月 8 日)

第十一篇
创新与信息技术产业发展

魏少军：清华大学微电子与纳电子学系主任、微电子所所长，"核高基"国家科技重大专项技术总师

　　武常岐教授说我是最大的基金经理，掌管了1 275亿元的资金，我的感觉是丫鬟拿钥匙——当家做不了主，虽然钱在我这，但是一分钱也不能动，必须要经过层层审批，包括武老师的审批。

　　今天很荣幸参加"北京大学三井创新论坛"，跟大家分享创新与信息技术产业的发展。我是搞微电子的，题目不太好选，选来选去后来还是选了这么一个题目，希望能够和创新有点关系。讲技术问题我可以讲得很深，但是讲到人文、管理，确实不敢在诸位老师、同学面前卖弄。所以今天纯粹是个人观点，无论听懂、听不懂都请各位海涵。

　　第一谈一下我自己对创新的理解，以及我们国家的创新体系是怎样建立起来的。谈到重大专项必然要说到创新问题。第二重点说一下新一代信息技术与集成电路。我是搞集成电路的，集成电路是什么东西？为什么它在信息技术特别是国民经济当中有重要作用？我们面临什么样的形势？大概处在什么样的位置？第三是几个重要的判断。第四是新兴应用带来的机遇。最后做一个总结。希望今天的报告能给大家一些启发。

一、关于创新

大概我们搞科技工作的人中,没有人会对创新感到陌生。我曾经认为我很懂创新,十年前如果有人给我说创新是怎么回事,我会很不屑地瞥他一眼。后来发现我真的不懂创新。为什么?创新有几个基本的前提和要素。1776年亚当·斯密在《国富论》中讲到创新问题时谈道,其实我们不可能在所有领域创新,一定是在细分领域创新。所以亚当·斯密认为分工是生产和发展的社会属性,而且不是因为人类智慧预见到分工会带来普遍繁荣的结果。分工的原因是交换,所以分工必然受到市场的制约。关于创新,1912年奥地利经济学家熊彼特有经典的论述,他说创新是指企业家对生产要素所做的新组合,包括引进新产品、新技术、新的生产方法,开辟新市场,控制原材料的新来源,实现企业新的组织方式。必须要把创新和发明区别开来:只有发明得到实际应用并在经济上起作用才是创新。很多人把创新当作技术概念,认为现在已经有创新了,实际上创新还早着呢。我们只不过有一些发明而已,发明变成钱了才是创新。创新是一个经济概念而不是技术概念,这一点到现在为止在我们国家科技界还没有得到认同。也许对于武老师、各位老师和同学来说,这是一个理解起来很轻松的概念,但是像我们理工科的老师,对此仍然不认同。

我们国家创新的布局是什么样的?如果我们把创新分为上游、中游和下游,而把上游、中游和下游又各自分为上部、中部和下部,就可以得到九个分段。我们可以看一看我们所熟知的国家科技计划大概分布在哪些阶段上:国家自然科学基金应该是在上游的上部和中部,973计划是在上游的中部和下部,这两者偏向于原始创新或者基础创新;863计划是跨在了中游和上游中间的某一个部分,主要在中游的上部和中部;而国家科技重大专项实际上在中游和下游交界;当然我们国家其实还有产业化专项,是在下游的中部和下部。所以弄清楚每一个国家科技计划所处的位置,对于我们理解创新来说,或者对于我们完成这个任务来说是非常重要的。那么我想自然科学基金主要是完成原创性的基础研究,973计划主要是重大基础研究,863计划是竞争前共性技术研究,重大专项是面向产品的关键技术攻关,产业化专项是产业化重大工程。我们看到这不是创新链的问题,而是创新链当中的每一个模块。我们看到自然科学基金、973 计划分属于不同的行政体系,所以是不同的行政体系之间的衔接出了问题。我们现在经常抱怨我们的最终科研成果向产业的转化非常有限、科研和产业是两张皮等。有人抱怨说是因为我们的创新链出了问题,而我认为是管理创新链的各个部门出了问题。

我们看看国家科技重大专项的任务是什么。在产品规格、关键技术、产品开发、产业化这一链条当中的不同环节,其实也是有不同的考虑和内容的。比如说在需求确定的时候,考虑国家战略和产业发展,就有两个目标:政府目标和市场需求。我们制定产品规格的时候应该参考用户的意见,不但要考虑我们的系统整机,还需要技术指标来考虑商业模式和竞争策略。关键技术是知识产权、技术攻关;产品开发是软硬件的结合和技术的整合,最终形成产业化、规模化竞争和规模量产。这里面的商业模式的创新和原始性技术创新其实是我们非常关注的。原来国家科技重大计划更多考虑的是技术上怎么创新,现在看来光讲技术创新不行,更多的还要考虑模式创新。武常岐教授在重大科技专项中起了非常重要的作用。我们怎么样从宏观、商业模式角度去看?一个国家科技计划如何产生最大的效果?

国家有不同的重大科技计划。这些科技计划之间的关系是什么?我们说重大专项,处在创新链的中游、上游的上部,主要是对制约产品发展的关键技术攻关,快速推进产品成熟和产业化。重大专项的实施十分依赖于处在上游的国家 863 计划、973 计划和自然科学基金的成果,其创新活动属于集成创新和引进消化吸收再创新。

在重大专项实施的范畴内,非常希望能够实现国家自然科学基金、973 计划、863 计划和重大专项的统筹布局及联动实施。我们看到这个联动实施是良好的愿望,但真正在国家层面上是没有的。我们希望能够成体系地部署,让下游对上游进行考核并有效推动,使创新链更和谐。我们政府部门的分割比企业之间的分割更加明显,极大地影响了创新。重大专项是尝试通过创新链上各项科技计划的联动——我们认为这非常有必要——经过积累从源头上解决重大专项成果原创性不足的问题。这需要强有力的组织协调。在十八大以后中央成立了很多领导小组,都是由习近平主席担任组长,其实就是加强大组织协调。以上是我关于创新的一些想法和对国家科技计划之间的相互关系的认识。

为什么说这些内容？因为我们国家极度缺乏创新。我们创新的东西太少,到今天为止说来说去还是四大发明。指南针成了卫星导航,火药成了原子弹,造纸术是电子媒质,活字印刷变成了激光照排。从几百年前开始,蒸汽机、电报、汽车、飞机、电视机、原子弹、导弹、计算机、集成电路、移动通信、数码相机、互联网等近现代工业技术无一发源于中国大地。我们确实缺少创新,不能老用老祖宗的四大发明说事。我们现在连模仿都模仿不来,学都学不会。

二、新一代信息技术与集成电路

最近中央出台了一系列计划,其中新一代信息技术就是国务院专门在战略性新兴产业中规划的技术类型。"十二五"规划纲要中对新一代信息技术有相应的说法,我们可能很少去看报纸上的文章或者国家的文件,但其实当中的每一段文字都有非常精确的描述,你只要把它解读明白就知道往哪儿走了。"十二五"规划纲要当中,只点了一句新一代信息技术,然后隔了一段,在后面写新一代信息技术产业发展的重点。重点要发展什么？新一代移动通信、下一代互联网、三网融合、物联网、云计算、集成电路、新型显示。在国务院《关于加快培育和发展战略性新兴产业的决定》当中又有一段话:"加快建设宽带、泛在、融合、安全的信息网络基础设施,推动新一代移动通信、下一代互联网核心设备和智能终端研发的产业化,加快推进三网融合,促进物联网、云计算的研发和示范应用,着力发展集成电路、新型显示、高端软件、高端服务器等核心基础产业,提升软件服务、网络增值服务等信息服务能力,加快重要基础设施智能化改造,大力发展数字虚拟等技术,促进文化创意产业发展。"我们有一些程式化的想法,认为这都是当官的说的,不把它当回事。其实这里面讲得非常透彻。

这里面讲了十一项技术类型:新一代移动通信、下一代互联网、三网融合、物联网、云计算、集成电路、新型显示、高端软件、高端服务器、信息服务、数字虚拟技术。它们的力度不一样:新一代移动通信和下一代互联网的任务叫"推动",加快推进;物联网、云计算是"促进"——推动和促进不一样;集成电路、新型显示、高端软件、高端服务器是"着力发展";信息服务是要"提升";数字虚拟等技术是"大力发展"。每个词都不一样,重点任务也不太一样:新一代移动通信和下一代互联网的重点任务是核心设备、智能终端研发及产业化;三网融合是融合;物联网和云计算是研发和示范应用;集成电路、新型显示、高端软件、高端服务器是技术突破、产品研发及产业化以及形成有竞争力的产业;信息服务是服务能力和基础设施智能化改造等。每一个方向的重点是不一样的,着力点和内涵也是不一样的。

新一代信息技术的最底层是集成电路,往上一层是软件、新型显示,再往上是计算机服务器、智能终端和传感器,再往上是电信网、新一代移动通信、计算机网络、下一代广电网,再往上是互联网、移动互联网和下一代互联网,再往上是物联网和云计算,最上层是信息服务。只有清楚这个你才能知道哪些重要,着力点是不一样的。当然我们的集成发展、创新发展、系统发展这三个发展还是主旋律,特别是创新发展,是我国非常关注的事情。

新一代信息技术有这样几个明显的特点:面向个人、宽带、移动、网络化、融合、安全、绿色、商务模式创新、应用和服务引领、核心基础产业等。第一个就是面向个人,要满足人们生活质量不断提高的要求。当然这里的宽带和移动主要是指移动的宽带化、宽带的移动化。我们抓住了这些特点,在后续发展当中就可以找到着力点。网络基础设施装备其实是发展的重点,我们看到的东西是重点。比如说在一个信息网络当中,网络关系有接入层、传输层和服务层——接入层是计算机终端,传输层是网络通信、互联网,服务层是各种各样的服务器。我们的终端接入服务器获得服务,但是这里的桌面计算机、高性能服务器、高端网络设备非常关键。非常遗憾的是,这些核心装备我们目前还无法自行制造,或者说我们还没有能力打败国外。应该说所有的这些东西还都由国外主导。即便整机是我们的,芯片也是人家的。

一个产业的发展需要各种各样的链条。我们可以从下面往上看,有装备、材料、工艺、芯片、软件、系统、市场。装备和材料决定工艺水平。大家不在这个领域工作,可能感觉不出来。装备和材料非常复杂,如果没有装备你就做不出你想要的东西。装备和材料是非常基础的基础。有了装备和材料,工艺水平上去了才能做出芯片——我们一会儿再讲什么是芯片。

工艺决定芯片性能，芯片决定软件性能，芯片和软件共同决定整机性能，整机决定市场竞争力。这个链条是一层扣一层上去的，我们不能简单地说把芯片问题解决了所有问题就都解决了。要解决芯片问题，你就要首先把装备和材料问题解决了、把工艺问题解决了，如果这两个问题解决不了芯片问题也解决不了。产业链的各环节是一个很大的系统工程，需要系统考虑，牵一发而动全身，不能单一考虑。

我们看到芯片处于中间位置。为什么我们经常说芯片的芯也是心脏的心呢？我们经常说中国的信息产业叫缺心少门，心就是芯片。那什么是芯片呢？我们用一个比喻描述一下原理：水力发电由发电机、闸门和水构成。当闸门关上的时候水没了，发电机就不能发电了；如果把闸门提起来，水流就会变大，就会推动齿轮，就能发电；如果闸门开到最大，发电机就能供电。通过调整闸门开关，发电机的电流可以随着闸门的大小来变大变小。就是这么一个基本原理，再想办法整合起来，形成一个电路就可以了，现在上面可以做非常多的电路。在1958年的时候，就有人想到要把晶体管放到硅片上去。谁想的？德国一个叫Jack Kilby的人，他做了世界上第一块集成电路。1959年有一个叫Robert Noyce的人做了一块今天看起来比较像集成电路的东西。

集成电路发展得怎么样？2004年的市场为3 090亿美元，我们预计今年到3 250亿美元，再往后到3 350亿美元，估计未来几年将继续保持增长势头。未来集成电路会有一个波浪式的发展，和产业发展一样有周期性。今后我们预计这个周期性会越来越快，后面会说到为什么发展得会这么快。大家可以看到，全球电子工业生产规模还在不断地增长，包括计算机、手机、消费类电子。我们有一段时间总是觉得计算机可能会没落，因为苹果的平板电脑出来了，大家都不用计算机了，都转用苹果电脑了，而实际上现在看来并非如此。当然手机类产品增长得最快。

我们讲到了摩尔定律很重要。集成电路这么多年来一直按照摩尔定律发展。过去49年集成电路产业一直按照这个规律在发展，还没有任何一个其他产业能够按照这种方式发展。Intel公司的创始人之一在1965年写了一篇文章，就预言了未来十年会按照什么方式发展；但是真正把它变成一个可以执行的、规则性的东西的人，是IBM的创始人，他在1974年写了一篇文章，他说按照我的思路，一定能够实现18个月翻一番。大家可能对 18 个月翻一番是什么概念没有感觉,一会儿给大家讲讲。我们把这两个人的贡献统称为摩尔定律。摩尔定律被解释为等比例缩小。那么等比例缩小带来的收益是什么?就是每一代的工艺技术比上一代工艺技术生产出来的产品面积小一半,性能提升 40%,功耗下降 40%,我们称为 PPA。提升的过程相当了不起,为什么?我给大家看一个数字,2 的 32 次方,是多少?4 294 967 296。这是个什么样的数字呢?我们会问很多问题。这其实表明了集成电路的发展速度,为什么?我们说 1965 年的时候提出了著名的摩尔定律,今年是 2014 年,它的基本思想是这个产业 18 个月翻一番,2014 减 1965 得到 49,我们用 49 乘以 12 再乘以 18,得到的就是这个数字——2 的 32 次方。或者说,如果在 1965 年的时候我们只能在一个硅片上放一只晶体管,那么今天我们就可以在一个硅片上放 42.9 亿只晶体管。我们的芯片已经到了这样复杂的程度!这样复杂的一个芯片,自然就让我们觉得非常不可思议。集成电路发展到今天这一步,仍然在往前走。现在是 2 的 32 次方,32 是不是可以变成 48?还可以变成多少?真的不敢想。但是我想,未来 20 年如果还以这个速度持续下去,那真是个奇迹。我找不出任何一个其他产业或者其他的技术能够按照这样的速度发展半个世纪。最近有一个新摩尔定律,就是大数据。什么叫大数据呢?每 18 个月产生的新数据相当于之前人类历史产生的所有数据。所以有人说,我们也找到了跟摩尔定律增长一样快的数据。我说打住,先不着急。为什么?你现在刚刚说了 2 年时间,咱们再过 10 年、20 年看看你的数据还能不能增长,我估计是不可能的。所以等比例缩小带来的变化,现在我看到的还只体现在集成电路上。

大家说这个发展会不会有极限呢?可能有极限,但是现在还不知道。我们有物理极限、速度极限、功耗极限、功率极限、物理极限等这些词,最小的尺寸是 9 纳米,物理极限是 1.5 纳米,相当于 6 个原子那么厚。大家想想,原子里面有电子。我现在也看不见,所以不知道结构是怎么样的,只是听人家说。如果我们在中间放一个原子核,那电子的位置可能在 3 公里之外,中间是空的。如果将五六个原子放上去,电子就会漏下去,也就是漏电。这个厚度产生的漏电影响非常大,所以 1.5 纳米是一个物理极限。还有一个是速度极限。速度和功耗是密切相关的,功率密度会达到每平方厘米 1 000 瓦。什么感觉呢?电熨斗用过吧?电熨斗的功率密度是多少？每平方厘米5瓦。你敢拿电熨斗烫自己吗？不敢吧。电熨斗仅仅是5瓦，这可是1000瓦！我们一般的风扇最多每平方公里100瓦，100瓦以上要放水里冷却，再往上要用液氮，到1000瓦就做不到了。当然还有材料问题和经济问题。经济的问题是非常可怕的。可以这么说，如果某一天集成电路技术走不下去了，不是因为技术问题，而是因为经济问题。这一点我们后面会做相应的分析。

2007年，国际上做了一个路线图。在图上可以看到从130纳米往下走，有另外一条路线集成进来，最终形成一个芯片和各种各样的软件能够混搭的小型产品——可穿戴设备。人们在七八年前预测的很多东西今天都出现了，我们看到可穿戴技术、物联网技术，都结合在一起了。所以对于这个路线图我们是很看重、很在意的。

集成电路目前发展到了什么程度？现在集成电路最大的问题是高额投入，要花多少钱？天文数字。二十世纪九十年代的时候人们预测集成电路的投资，说到2020年建一个厂需要投资500亿美元。如果这么投资，我们就没钱了，实际的增长与这差了465亿美元。即便是这样，我们可以看到费用还是非常高的：65纳米是25亿—30亿美元，45纳米是35亿—50亿美元，32纳米是50亿—100亿美元，22纳米是80亿—100亿美元，16纳米是120亿—150亿美元。这是什么概念？没有集成电路，航空器启动不了。飞行器里面全是芯片，子弹也是芯片，没有这东西不行。集成电路是很重要的因素。

我们看到，成本一直在下降，很有意思。每百万逻辑门是什么概念？就是说一百万个逻辑门其实只值1.4亿元。你的手机为什么这么贵？因为里面有芯片，这个芯片值多少钱？大概值十几亿美元，十几亿美元里面有几亿只晶体管，你看看多少钱一只。所以我们说芯片很值钱，但是又很不值钱。如果我们把一个逻辑门对应一个纳米的话，看一下一百万个纳米和一百万个逻辑门制作的芯片，你就会发现一百万的纳米比集成电路贵。所以我们在用智慧和劳动不断地让电子产品降价，这是我们集成电路人的骄傲。大家用的手机在不断降价对不对？电子产品为什么这么便宜？所有东西都在涨价，为什么集成电路不断降价？就是因为集成电路的技术在不断发展。但很有意思的是，在28纳米以后就不再降价了。28纳米将是我们集成电路成本最低的门槛，达到28纳米以下的芯片价格就要上涨了。我开玩笑地说,这个趋势很可能过个三五年就会出现,今后电子产品不会像现在这样快速降价了,大概会慢慢涨价,因为它基础的东西已经开始涨价了。所以请同志们一定要理解今天我讲的话,再过五年,集成电路不会再降价,而是要涨价。对于我们来说集成电路涨价是好消息,因为我们终于可以不用为降价着急了。

那么单个芯片上晶体管的数量有多少呢?非常恐怖。在22纳米功率的时候,每平方毫米上的平均逻辑门数大概是156万。这相当于多少?相当于600万只晶体管。如果用20乘以20平方毫米来计算的话,一个芯片上可以做到的逻辑门数平均是6.26亿,相当于25亿只晶体管。所以我们经常说做集成电路确实需要脑子好一点,要不然会得抑郁症,天天看这些问题确实受不了。至于功耗问题就不说了,每平方厘米千瓦级的功耗实在太恐怖了。其实我们并不是第一次碰到这个问题,在二十世纪五十年代到八十年代,它曾经阻碍了计算机的发展。当时的真空管技术最大的缺点就是耗电,所以我们要换一种方法——C模式,就是用两只晶体管,一上一下,只有反转的时候才耗电,所以耗电量非常小。但是今天用这种方法也运行不下去了,下一步可能有其他新的技术出现。我们也在探讨新技术是什么,现在也搞不清楚。

在软件方面,搞芯片的人原来和软件是不相关的。芯片供应商随着芯片走,规模也急剧扩大。而现在一个芯片有很大的一部分是由软件工程师在做的。我们做设计的人原来说硬件归硬件,软件归软件,下面是硬件,上面是软件,大家就各自去做吧。现在这种情况对我们知识的影响是巨大的。随着复杂度的提升,我们不大可能把所有东西都做到一个芯片上面,所以出现了多元封装——把好多东西封在一起。今天大家手机里面的东西都是多层的,而不是单个层的,里面有很多芯片封在一起。我们知道有一种TSV技术。传统技术是码线,即一根线通过一个地方走到另一个地方,这个过程非常长。而我们要在上面打个洞,用铜柱子接上。大家说这还不简单吗?但其实这种技术非常难,我们正在突破。

我们的情况非常好,2008年在全球手机中占45%的份额,2013年占81%;2008年在全球的电视中占45%的份额,2013年占60%;PC业务的份额在2013年是79%,中国电子工业占的比重依然很大。中国是最大的集成电路进口国,2008年的时候我们预测大概进口800亿美元,实际进口

1 293 亿美元；2012 年预测进口 175 亿美元，实际进口 190.2 亿美元。去年海关统计集成电路进口了 2 313.4 亿美元。我记得前几年有人说因为中国人开车，全球油价就起来了。我就问中国人买了这么多集成电路，也没看到集成电路涨价是不是？集成电路没涨价，我们觉得很奇怪，所以这个数字闹得我们寝食不安。领导同志经常拿这个说事，我就被问过很多次，说 2 000 多亿美元到底是怎么回事？我很遗憾，我也不知道是怎么回事。因为海关就是这么一标，到年底一算总数 2 000 多亿美元就出来了，到底有多少是虚报的我们完全不知道，所以我们不得不借助国外的数据。根据全球市场格局及中国的份额，亚太地区最多，有 1 740 亿美元；欧洲和日本各 350 亿美元；美国 610 亿美元。北美的增长让我感到很奇怪，从 2008 年到 2013 年年均增长率达到 9.94%！因为奥巴马上台以后采取了一系列措施让制造业回归，所以美国市场维持了 10% 的增长，之前很小，突然间就上涨了。中国占了 26.4%，808 亿美元。实际上中国的集成电路用了 808 亿美元，当然包括我们自己生产的。现在我们相信这个数字了，这是我们的现实。我们是全球最大的集成电路进口国，也是最大的芯片使用国。

我们芯片设计的发展情况怎么样？我们今年、去年的芯片设计业务收入是 874 亿元，合 142.19 亿美元，增长了 28.51%，基本上和国外差不多。芯片制造业去年是 600 亿元人民币，略少于 100 亿美元，增长率是 19.9%。最要命的是，我们的产能不到 5 万硅圆片——就是直径 300 毫米的硅圆片。我们制造业的整个产能占全球的比例大概是 10% 多一点，基本上从 2000 年以后就没有新增加，我们和国外的差距是在加大的。我举一个例子，中国本地消耗了 808 亿美元，假如有 50% 是我们自己本地生产的，那就是 404 亿美元。假如我们现在芯片设计的毛利是 404 亿美元，除以 1.4 得到 289 亿美元。如果每个 12 英寸的晶圆片是 2 890 美元，那么用 289 亿除以 2 890，就是 1 000 万个晶圆片，即每月产能达 83 万个晶圆片，如果以 90% 的产能利用率计算，每月约为 93 万个。现在中国的实际产能约为 20 万个，产能缺口每个月达 73 万个。我们的工艺技术就更落后了，2015 年中国台湾地区的 TSMC 的 16 纳米产品投入生产，今年韩国三星的 14 纳米产品能够投入生产，我们在这个点上只能实现 28 纳米，不知道我们的 14 和 16 纳米产品大概要等到什么时候，因为还差得很远很远。

我们说设计还行，制造有差距。那么封装呢？封装更差。去年产值是

1 098 亿元人民币,合 180 亿美元,今年设计的产能可能会超过封装。具备先进封装技术的企业只有江苏新潮科技一家,武老师去参观过。我们现在无法进行高于 1 800 个以上引脚的高密度集成电路封装。我们在技术水平上与国际水平相差 5 年以上。这样一个现实给我们带来很大的影响。我们国家整个电子信息产业建立在一个没有自主芯片和软件的基础之上,芯片不强,你的电子信息产业就一定不强。这方面确实引起了很多中央领导人的高度重视。

刚才讲了做集成电路要高额投资,花很多钱。我们的钱花哪儿去了?大家看一看全球半导体投资的情况,从 2004 年开始这条线是 500 亿美元,2005 年基本上靠近一点,只有 2008 年和 2009 年的投资额低于 500 亿美元,其他都在 500 亿美元以上。所以在这样一个需要高额投入的行业当中,我们没有投资,那还说什么?上个礼拜我在台湾,台湾的同行们听说大陆要大搞集成电路,吓坏了。他们说:"魏老师,大陆难道就一定要搞这么大的投资吗?难道不能用台湾的产能吗?"我说:"你们害怕什么?我们现在就是投资 1 000 亿美元,也不过是在补前面的账而已,你们着什么急?而且即便我们投下去,大概能够在全球产能上占到 20%,差距仍然很大,还是不行。"我在很多场合都跟大家讲这样的数据。更可怕的是"两个在外"的问题。我们的芯片设计出来拿到国外加工,国内集成电路的企业主要接外面的单子。就像设计和时装,非要把时装拿到越南加工,自己的服装加工厂只能加工美国的单子。咱们的设计师和加工厂做不到一块去,为什么?对不上眼。这就是我们的现实,叫"两个在外"。我做了一个计算,如果去年我们的芯片设计产业规模达到 142 亿美元,设计的毛利有 30%,那我们的设计产能需求就是 54.5 亿美元。去年中芯国际有 40% 的产能服务于国内企业;华力有 15%,约 3 000 万美元;华虹约 80%,大概 4 亿美元;武汉新芯约 30%,约 4 500 万美元;华润微电子有 90%。两者对不上的原因有很多,有芯片制造、设计原因等问题。最终导致的问题是进入市场的时间延迟。延迟的代价非常大,假如说设计费用按照 1 亿美元计算,只要延迟就会丢失 3.5 亿美元的市场份额,丢失 2 亿美元的毛利空间。还有一个间接的损失,你的人不能用于开发新项目,又会损失 2 亿美元的产能,损失 1 亿美元的毛利。加起来要损失 5.5 亿美元的市场,即 3 亿美元的毛利。所以我们说集成电路的状况真的非常让人难受。这是我们看到的国际、国内芯片技术和集成电路的情况。

三、几个判断

我的这些判断还是比较乐观的：

第一，集成电路不会消失。到现在为止还找不到集成电路的替代技术，我们很开心，这辈子都可以在这个领域进行研究，不会失业。而且不但没有找到可以替代半导体的东西，也没有找到替代 CPU 的东西。是不是还可以找到生物的方式替代和计算？目前这些都是美好的愿望，也许我们下一代能够弄两个细胞，弄几个电极，完成运算。这些我不知道，但至少目前二三十年还得靠目前的技术体系。所以集成电路不会消失，围绕集成电路的相关发明还要继续。

第二，集成电路是有钱人的游戏。目前 IBM 自己建设先进制造厂的可能性不大，将来只有少数高端芯片设计公司可以负担起昂贵的研发费用，更少的公司有能力制造新一代产品。这个东西太贵了，要集中研发生产。

第三，先进工艺产能持续紧张。2008 年以来一批传统的 IDM 公司已经或即将停止建设新的生产线，逐渐转为芯片设计公司。它们释放出的外协产能价值达到 300 亿美元，产能需求将十分旺盛。没有产能，那还做什么产品？就像你做了超一流的服装设计，你就想到巴黎时装周肯定就会有 100 万套服装了，但是却找不到地方加工，这就是现实情况。

第四，商业模式也会发生很大变化。我们可以看到 IBM、三星早期的商业模式是什么都做，但是在二十世纪八十年代变成了所谓的 IDM，就是芯片和整机分开，只生产芯片。二十世纪九十年代进一步分化。分化到现在的情况是，有设计、制造、封装、测试和设计工具。但是再往后走，可能又要慢慢合起来，因为没有一个企业能够在这样高额的投入下面独立地生存、成长，大家必须抱团。所以可能要回归，叫虚拟 IDM。这样的虚拟 IDM 对我们产业的生态会产生重大的影响。

第五，专用集成电路逐渐退出主流。我们在一个很小的芯片面积上能够集成这么多逻辑门，已经不再适合生产多品种小批量的产品，一定要有足够的销量。大家说要多少才合适？我们再往下走，要用 20 纳米或者 16

纳米投入1.5亿美元到2亿美元做一个芯片。我算了算,去年清华大学的科研经费加上各项事业收费应该是100多亿元,如果做一个芯片需要不到2亿美元,清华大学的全部收入只够做10个芯片,就没了。北京大学的科研经费会不会比我们多?如果没有我们的多,那就做不了几个芯片,压力很大。

第六,28纳米将是一个持续时间很长的工艺节点,非常有意思。2014年,全世界每个月生产291万个12英寸的原片,而我们现在只能产出5万个,占全世界的百分之一点几,今年年底能够达到2%。我们说中国的投入真是挺可怜的,我们做这么多努力,好不容易批下来点钱,就只能做这么一点。所以别觉得我们集成电路研究拿了多少钱,其实没有多少钱。

第七,集成电路不再甜蜜。刚才说了,60纳米是甜蜜的,但是到20纳米的时候是痛并快乐着,终于可以涨价了。

四、新兴应用带来的机遇

我们走到今天这一步,有这么先进的技术,那么机遇到底怎么样?机遇还是很多的。二十世纪九十年代初是PC,中期是移动通信手机,世纪之交是网络,然后变成3D、智能电话、智能手机,再然后是移动互联网。每一个时期都有一个主题,现在大家公认的主题是什么?智能家居、可穿戴设备和物联网IOT。这三项技术的关键在计算,我们一定要把计算搞清楚。如果说之前还主要是硬件,后面是软件,那么现在就是计算了。

互联网在改变我们的生活。在1990年时,当时国外开演唱会,台上在唱,下面的人跟着唱、跟着跳,疯狂得不得了;而今天的演唱会,大家拿着手机和平板拍,拍完以后要传播出去分享,这样一个结论证明了互联网正在改变我们的生活和生活习惯。一般情况下,商务的需求量是1 000万个,一旦涉及家庭就是5亿个上下,谈到个人就是50亿个,将可穿戴设备整到物联网是500亿个。基本上每过五到十年,我们的量就会加一个零,再加一个零,再加一个零。今天这个行业为什么这么好?因为这个行业真的是非常有魅力的,越到后面需求量越大。像手机,全世界只有70亿人口,你最多卖70亿台,但是集成电路的量非常大。

我们看智能家居的情况。看看电视、笔记本电脑、台式电脑、手机和平板的使用时间,很有意思:美国人每月看电视的时间是 147 小时,英国 148 小时,韩国 127 小时,德国 129 小时,日本 125 小时,法国 134 小时,中国多少？89 小时。中国人看电视的时间很少,看什么多？看笔记本电脑 161 小时。还有比 161 小时更大的数字吗？没有,中国人用电脑用得厉害。手机使用时长最大的是尼日利亚——193 小时,沙特阿拉伯 189 小时,印度尼西亚 181 小时。这种欠发达国家的手机使用反而更多。那就意味着智能家居当中不是以手机为中心,而是以电视为中心。如果以电视为中心又能把电脑连接起来,那么唯一的一个中间节点是什么？遥控器。所以几年前,我曾经在一个演讲上说过谁能把遥控器智能化就很牛了。结果现在做出来了——它还是一个手机的形状。更重要的是这个遥控器变成了一个新的搜索引擎。所以这个应用范围的扩大,确实是我们能想到的。很多人用小米手机,新的小米手机装了一个红外感知器,里面装了 100 多个红外协议,可以控制你家的电视开关、选台。通过手机控制家用电器真的了不起,而且手机和互联网连接,就可以把大量搜索的信息下载到家用电器上去。

　　瑞士信贷银行对可穿戴设备有一个预测。目前可穿戴设备市场规模为 30 亿—50 亿美元。过去几年当中,我把所有的可穿戴设备买了一遍,包括谷歌眼镜,我主要想看看它到底有什么功能。现在有各种各样的可穿戴设备:手表、手环、眼镜,但是还没有发现它们的价值。假如我们发现了它们的价值,比如说智能手表、智能眼镜高大上的外观,不过在高科技感消退后,智能眼镜也必须找到其存在的价值。今后我判断互联网企业将有更多的机会。当然,由于我们的健康、医疗问题,我们希望通过可穿戴设备维护我们的健康。我有一个数据:我们国家得心脏病、心脑血管病、高血糖、高血压等疾病的人非常多,都是上亿的量级,以至于我们每年花在一些非常简单的疾病上的钱就是天文数字。2005—2015 年,这 10 年间我们用于治疗疾病的钱是 5 500 亿美元,还不如把这个钱拿来做点预防。现在很多人在做这方面的工作,研发心脏监护仪等。目前有一些可穿戴设备,夹在耳朵上就可以检测你的血糖,例如一个耳坠。我们现在测血糖是瞬时的检测,而我们需要的是平稳的值,如果夹在耳朵上就可以随时提醒你现在血糖超标了（因为你喝了一碗热粥）,那么我们是可以适时控制血糖的。未来,这样的东西会形成我们的可穿戴设备。还有最近很火的智能硬件,将其插到照相机里面,照完相后直接插到手机上传播到微博、微信上。这种东西也非常有意思,卖得红红火火。保罗·格雷厄姆——Y Combinator(美国著名创业孵化器)的创始人说,最好的创业者比最好的投资者更能敏锐地预见未来。我所在的实验室和 Intel 合作做成了一件事,是基于 Edison 的智能杯应用,获得了 4 项大奖。这个小玩意上包含 486 的处理器,可以用它完成非常好的智能化改造。这个杯子壁里面装了 LED,还有提醒功能:提醒天气变化,提醒收到 E-mail,提醒社交媒体的互动应用。这个杯子可以卖 299 元钱,非常好玩,而且智能化。我正拿着杯子和同伴们在房间喝咖啡呢,突然间杯子一闪就知道我的同事给我发邮件了,或者是天气变化了。这叫传统设备或者传统装置的智能化。

物联网先是感知、处理,然后是决策执行,最后是查验,这个用途越来越广。我们刚才讲了物联网可能给我们带来几百亿、上千亿美元的收入,但我们现在还只是在一个个小地方应用,未来将非常了不起。2014 年全球有 420 亿美元的市场,到了 2024 年便会是 4 200 亿美元,软件的作用越来越大。芯片的作用也在增加,但却是缓慢地增长,软件会是快速地增长。这里面最重要的是智能传感器。半导体智能传感器可以设计的东西非常多,包括二氧化碳、温度、湿度、二维码等,各种压力、速度都可以设计。

五、总结

马凯副总理去年在调研的时候讲了这样一段话:"明确发展战略,聚焦发展重点,着力发展芯片设计业,加速发展芯片制造业,努力突破关键装备和材料。信息安全是心头大患,此患不除,党无宁日,国无定日,民无定日。"这样一种发展思路对我们来说非常重要。今年国务院发布了《国家集成电路产业发展推进纲要》,一石激起千层浪,引起了很大反响。国内外都很紧张:国内说终于有钱了,赶紧捞钱去;国外说中国搞集成电路是不是要消灭我们。10 年前我去了韩国,和三星半导体的总裁见面谈了这个问题,他很关心。我说你不用紧张,我们投的钱只是一点点而已。但是我们确实不太讲究做事的方式方法。去年我们紫光砸 110 亿元收购了展讯,砸 9 亿元收购了锐迪科,浦东科技收购了澜起科技,这种收购都是没有战略的。在这种情况下,你非要拿出土豪范儿来,我真的不理解是为什么。

现在大量泡沫还在出现。有人说我们现在在收购,可能更大的碰撞是产业整合财务或者控制一个企业,包括它的技术、管理、产品、人才、现金和知识产权等。我们这个产业其实真的不能有泡沫,有泡沫是非常可怕的事情。创新不能在这个地方创新,我们真的要做实际的东西,敢想敢为,坚持勇气。敢为和能为是我们创新当中非常重要的。

创新永远不会太晚,而我们老觉得创新太晚了。举两个例子,2008年9月谷歌发布了第一版安卓操作系统,这一年全球移动通信终端的销量达到12.8亿部,移动通信用户接近40亿;诺基亚公司如日中天,塞班操作系统的市场占有率超过52%。苹果公司的iPhone诞生于2009年,这一年全球移动通信终端的产量超过10亿部,移动通信用户超过33亿;诺基亚公司依旧如日中天,诺基亚手机的市场占有率超过40%。今天,苹果和谷歌如日中天,诺基亚已经消失了。这就是现实,所以不创新不行。大家都知道乔布斯,他给我们留下了什么东西呢?有一个评价,说美国拥有过很多可以用伟大形容的CEO,但无论是唐纳德·创普,还是马克·扎克伯格,都不曾这样明显而深刻地改变过一个时代的居民生活方式。乔布斯是一个把艺术与科技完美嫁接的创意奇才。成功学读本中的故事或许是无可复制的,但真正无可复制的,是个人特立独行的魅力和光辉。乔布斯说:"向那些疯狂的家伙致敬,那些我行我素的家伙,那些桀骜不驯的家伙,那些惹是生非的家伙,那些方孔中的园丁。他们总是异想天开,既不喜欢循规蹈矩,也不尊重既成事实。他们是别人眼中的疯子,却是我们眼中的天才。"

中国人,不是没有创新的能力,不是没有创新的机会,我们缺的是创新的勇气。互联网是怎么创新的?创新首先要敢为,当然后面才有能为。我们创新是需要氛围的。现在要抨击一下我们的教育制度,我们的教育制度确实非常糟糕,没有培养学生的创新能力;加上我们的科研项目也是如此,天天搞项目;加上文人之间的交流没有形成很好的创新氛围。所以希望"北京大学三井创新论坛"能够不断地把创新思想引进来,给我们的老师、同学以启发,真正达到创新的目的。

互动环节

问：我同意您刚才说的中国人不比外国人差，从 01 专项和 02 专项的成果来看，我们确实有这个能力去完成这项任务。但是因为我做的是属于专项之外的工作，我个人感觉，政府宏观主导的工作确实能够提上去，而且能够短时间内实现突破，但是像欧美的这种风投，包括这些基金，需要依托市场起步的这种状态在国内好像还是缺少氛围。我们还真是找不到这样的资源。我们又不能完全依靠国家，因为国家资源有限，不可能把我们列为一个重点。但是这块又非常重要，而且我们也需要在这方面占据一定的产业份额。我们学生也不想简简单单写文章，做一些华而不实的工作，我们也想干一些事情。但是现在我们确实发现，国内还真的很难提供土壤让我们去发展。对这个问题，您能不能给我们一些指点？

魏少军：一件事情能不能成，取决于你所处的环境和这项工作的发展阶段。我们为什么会出现科技和产业两张皮的现象？就是因为我们的产业比较落后。我们在科技上想发表超前的论文，但如果科技和产业之间的差距太大，就没有办法实现。所以记得十多年前，我跟一个老教授谈这个问题的时候，有一个说法。我说不用担心高校水平上不去，高校水平之所以上不去是因为产业水平上不去。因为高校是叠加在产业上面的，产业水平这么低，高校肯定上不去；随着产业的上升，高校水平一定会上升。他当时将信将疑地看着我。我说你放心，十年之内，我敢让我们学生毕业的时候至少有一篇 HR 论文。至于你现在所说的是非常具体的东西。我觉得时机可能很快就来了。在物联网发展过程中，半导体传感器将是一个决定性的东西。关键是当市场来的时候，我们准备好了吗？我们现在需要大量的温度传感器、压力传感器。我今天说你明天给我 100 只，你有这个技术吗？我估计我们没有做好。所以我们此时还是要把技术做好。很多时候胆怯，不敢创新，这是我们的现实。希望你能够真正脚踏实地地做到实处。

问：我觉得现在国家在创新方面存在很多致命的因素。第一个致命的因素是，政府、研发机构、大学和投资人都非常浮躁，不能容忍失败。我可以说，任何科研成果如果能达到百分之一甚至万分之一的成功率就算是成功了,失败时有人甚至说我再容忍你做最后一次,国内的这种容忍率充其量也就是2%。那98%的钱谁来投入?刚才说到创新的天使投资人。然而,中关村附近有一个天使投资大厦,现在去看看,一家都没有。我一一敲门,发现他们根本不做原始投资,回答是不考虑最初的想法,现在宣布退出原始投资了。中国没有这种土壤,永远别谈创新。而且在某种程度上是对这些有创新想法,特别是先进想法的同学的一种致命打击。在我们中国根本看不到美国这种完全承认失败和鼓励失败的做法。

魏少军:你提得很对,我很赞同。我们换位思考一下,站在一个被投资人的角度是这样,但是如果站在政府官员的角度,就不好这么说了。说来说去就是体制问题,我们在这个问题上没有走向市场化。产业还太弱小的时候,还拿不出钱来投资。所以我们的投资基本上来自政府。你要知道,政府的钱背负着太多的责任,不让你失败是有道理的,因为如果失败了就背负着国有资产流失这样的罪名。所以当我理解他们以后,我觉得我能体谅他们的想法。但是我们抛开个人因素,看看发展过程中缺了什么东西。其实我们真正缺的是机制——我现在不敢说体制。我们确实在机制上有问题。现在还做不到给民营企业家免税。就是说,如果企业把钱拿来做投资,是不是可以把对应这部分的税收免掉?国外是这样做,现在中国没有这样做,这就打击了企业家的积极性。我想这个过程会慢慢地推进,不用着急。着急也没有用,我们对比30年前的情况和现在的情况,变化确实是巨大的。

问:魏教授,您好!我在银行工作。我想请教您一个问题,目前来讲1 275亿元的产业基金投入的方向可能是前端的材料,还是类似于中心、整厂或者设计公司?

魏少军:我先澄清一下,这1 275亿元基金是重大专项15年的总投入。你说的基金比这还大,但是不归我管。但是我想基金投入,一定会围绕几个重点。比如说产业问题,应该围绕基本产能的提升。还有一个方向,应该是整合。我们有好几家小企业,怎么整合为大企业?还有风险投资。我想这些东西会往前推进。至于你谈到的我们投高科技还是投设备,02专项在做这个工作,所以应该不在基金范围内。基金应该更多地在产业投资上。我估计装备上也会投一点。

问:第一个问题是,以色列的创新和信息技术为什么做得这么好?第二个问题是,纳米在手机上的应用是什么?第三个问题是,韩国的智能家庭的方向给中国什么样的启示?

魏少军:我曾经花了一个礼拜的时间去访问以色列。以色列非常了不起,在美国上市的非美国企业中,以色列公司是最多的。所以以色列的整个发展,确实非常令人称奇。我没有去探索为什么以色列的公司能有这么好的创造能力,我觉得华人和犹太人是世界上最聪明的两种人。中国在金融上是有建树的,但创新上没有以色列这么好。这要分单点来看,我访问的几个以色列人,确实有独到之处。我们讲过一个故事,很多人去挖金矿,以色列去卖铁锹、卖吃的东西。他们做这个链条的时候往往看上面缺什么,而且他们确实有比较好的资金和人才资源,教育程度也相当高。我在上个学期把我儿子送到以色列待了半年,他回来也是感受到以色列人非常勤奋。所以我觉得以色列的民族性很强。我们的民族性也不差,但是为什么不行?值得大家思考。

关于纳米技术在手机上的应用,这个我还真不了解。很抱歉没法回答你这个问题。如果讲纳米集成电路,这个不远,很快就能用上。至于其他的纳米技术,比如说纳米技术的防尘:是不是可以做成一个覆盖表面的东西?现在我们的手机表面是很容易脏的,以后会不会变成无菌的?有可能,肯定会往这个方向发展。

至于韩国的智能家庭,确实,小国家有小国家的好处。韩国的民族性很强,他们很要强,不认输,这种个性让他们在夹缝中能够成长。这和环境、历史、人文有很大的关系。我个人感觉创新很大程度上是文化问题。我们最大的问题是文化,特别是在今天这个体制当中,包括刚才讲的失败了、没钱了,包括家长从小教育的时候不让你去创新。我们今天的创新环境很不好,认为他们的做法是错误的,但如果你让你的小孩按照我们说的绝对自由的方式发展,你周末还会不会拉他去补课?说是一回事,做是一回事。我相信99%的家长最后还是一边骂不创新,一边把孩子往火坑里推。

问:魏教授,谢谢您的演讲!我是光华管理学院的校友,现在就职于基金管理公司。前段时间,您也看到了国家抛出1 200亿元的扶持计划,给出的说法是要用1 000亿元的国家资本撬动10 000亿元的社会资金。但为什么投资者不愿意投这个行业？我们有自己的规律,非常简单。我们认为,半导体行业从历史上看是有强周期属性的。中国的企业曾经给投资者的印象就是不断投资重资产,当然您也提到产能在转移到中国来。这种趋势是否会有改善的可能？我们投资者的信心从何而来？谢谢!

魏少军：先说明一点,你投不投都和我没关系。首先,从大趋势来看,半导体的周期性今后会减弱。如果我们看到现在的产能情况没有明显的改善,或者没有新的大厂建立,未来会一直向上走。这不仅仅是成本,整个产业都会向上走。举一个最简单的例子,就是最近这三年来半导体存储器的价格居高不下,没有出现波动。以前半导体存储器最低6毛5分,这两年是2.8元到3.2元。所以一个是周期性会降低,一个是资源不够,奇货可居,需求会被不断放大。这种情况下,应该说半导体或者集成电路是个好东西,是向上的。这一点从这两三年中芯国际连续五个季度的情况也是可以看出来的。以前之所以不行,是因为不仅仅是美国,全世界都是这样,看到半导体就头大,敬而远之,再好的公司都不投。我个人认为国内的一些基金公司投机心理很强。我们更看重的是产业投资基金,产业投资基金会看得更远一点。它们不投,说明这个产业确实有一定的难处。但是随着这次中国投资的再次兴起,我知道国外很多基金现在开始又转回来了；现在中国政府要投的时候它们愿意搭车。所以这时我们国内的产业基金和相关基金是抱着长线投资的心理还是投机心理,需要判断。也可能你判断的结果是不行,到时候人家行了你也别遗憾；当然如果失败,你会说幸亏当时没投,那就看你自己的判断。

问：魏老师,您好！我是光华管理学院的博士后。从您的报告里面我对信息技术产业的发展有了更深刻的认识。在信息技术产业发展过程中,随着全球化的到来,国内企业肯定要参与国际化的竞争。但国外对一些关键技术、材料是封锁的。在这种状态下,单靠一两家国内企业肯定不行,需要政府、企业还有科研院所协同起来创新。但是刚刚有一位同学讲了,在实际操作当中,国家层面对一些关键的技术不会长远地投入；还有一些企业,也不会考虑到长远的投资。为什么？因为企业生存要关注利润。再一个如果企业之间协同的话,有可能存在竞争。我的问题就是,在国家和竞争企业之间、科研院所之间如果进行协同创新——这是一种模式,也是一种趋势——如何用一种机制保证有效的协同,然后克服国内一些关键的技术难关，使中国的企业真正在产业链中能够达到国际水准？谢谢！

魏少军：你提的这个问题很大，今天没有答案。应该讲，首先应分析什么东西是我们该做的，什么东西是政府该做的，什么东西是企业该做的，什么东西是产业必须做政府不做，或者是政府必须做产业不能做的。这些我们要进行分析。我觉得关键的装备很重要，当然集成电路产业这个事情，从整个产业来看是战略产业。什么叫战略产业？我曾经和一位国务院发展研究中心的领导在开会的时候讨论这个问题，我觉得他那句话问得很对。他说：什么叫战略？既然是战略型产业，那就是有条件上，没有条件创造条件也要上。集成电路就是一定要上去的东西，这个做不上去就会被动挨打，就会受制于人。但是光有这个决心还不行，真正操作的时候也很难。因为国家有了这个战略，就要国家来掌控一切。所以即便是国家意志，也要通过市场方式完成它，那这就变得更为严峻。国家拿钱让你搞科研，让你去产学研用结合，全靠国家的钱行吗？应该说不行，因为国家的钱太少。我们专项算是很有钱的了。给一个项目10亿元够多了吧？可是人家一年投600亿美元，是我的60倍，怎么竞争？所以这种情况下靠国家的钱想把某件事情做成可能性不大，国家没有那么多钱。所以需要把国家的钱变成一种黏合剂，能够形成共同点，调动社会资源、企业资源进行长期投入。所以我们现在有点儿着急，我们要做什么就赶快从国家那里拿钱做，但是又做不成，因为那点钱太少。这里面有机制的问题。怎么去把它做好？说实话这个课题现在正在探索，并没有探索出好的解决方法。还要花很多时间探索，要靠武老师带领大家探索。

（演讲时间：2014年9月16日）

第十二篇
论电影与舞台剧商业

迫本淳一：松竹株式会社代表取缔役社长

大家晚上好！听说因为 APEC 的会议，大学一直到昨天都在放假，所以今天还能够有这么多朋友来听我的讲座，让我感到非常激动。

一、了解松竹

1. 自我介绍

我从学生时代开始一直抱着要走向世界的梦想，在大学毕业之后，就开始工作。在 27 岁的时候，我想要成为一名律师，就开始学习法律。经过一段时间的学习，我终于在 1993 年如愿成为一名注册律师，之后一直做律师，从事法律方面的工作。后来松竹公司的总裁永山先生邀请我加入松竹公司，不过由于我一直非常努力想要成为一名律师，因此我其实是很想谢绝的。但是永山会长对我的邀请非常热情，最后我还是到松竹工作了，一转眼已经过去了 15 年。下面我来介绍一下我们公司的经营范围。

2. 公司经营范围

公司现在主要有电影业务、舞台剧业务，还有电影、舞台剧等相关的产品编辑、制作、销售业务，还包括一部分餐厅业务和房地产业务。我们是一个通过电影、舞台剧向观众传达梦想和感动的娱乐公司。下面我来介绍一下我们的业务内容：

电影方面，包括所有的集团成员公司在内，松竹公司的业务范围涵盖策划、制作、发行、演映以及二次使用等方面，从电影产业的上游到下游全产业都有涉及。包括自主策划的电影在内，今年一共推出了差不多30部作品。特别是在演映方面，综合型影院票房收入在全日本位列第一，在行业内拥有非常高的市场份额。在二次使用方面，我们在日本国内外推广大批高质量的老电影。在英国电影协会主办的杂志《视觉与声音》上，由小津安二郎导演执导的《东京物语》，被全球358位电影导演评为"最佳电影"。

舞台剧主要是利用一个专门表演歌舞伎的剧院，展开舞台剧作品的策划、制作、演映及二次利用。二次利用方面有ODS业务，向电影院发行歌舞伎、日本单口相声等，还有对歌舞伎加以利用的版权业务。同时，舞台剧方面还有演艺公司，组织演员开展歌舞伎表演。在演艺方面，我们在日本有四个公司，图12-1是歌舞伎剧场第五次翻新装修开业，再次在日本国内外彰显了歌舞伎非物质文化遗产的魅力与影响。

图12-1　第五代歌舞伎座

发展歌舞伎这种传统文化，我们完全没有接受国家的扶持，仅仅凭我们一个民营企业的力量在支撑着，并且这种业务还为公司带来盈利，它现在已经成为公司一大支柱业务。过去我们也曾经经历过歌舞伎创收非常艰难的时期。歌舞伎经营很难，创收也很难，为什么呢？因为我们需要思考如何使对艺术的追求成为商业上的成功，让这两者平衡起来。创作艺术需要很多人参与进来。首先,我们完成的作品是不是预期中的;其次,我们做出来的东西是不是被市场接纳。因为这两个要素非常不确定,所以风险非常大。而且即便观众接纳了,这样的演艺事业也没有办法大规模批量生产。所以,这是从商业上来讲很困难的地方。松竹公司不断地将歌舞伎呈现在现代社会的广大观众眼前,今后还会继续如此。

事业本部主要负责电影以及舞台剧的相关业务。比如,剧院项目作品,人物形象产品的策划、制作、生产,餐厅业务以及房地产业务。房地产业务主要是位于东京银座一带的大厦租赁和房地产开发相关的业务。去年在歌舞伎座新装开业的同时,还建立了一个歌舞伎座的塔楼,房地产成了给公司带来稳定收入的一项重要业务。

3. 歌舞伎

歌舞伎是日本传统艺术的一种,它的起源可以追溯到大约 400 年前。1600 年左右,在京都附近有一个叫做阿国的 30 岁左右的女子,她最先在京都跳起了这样的舞蹈。在日本大家都知道这个女子,有一个非常有名的神社叫出云大社,她是出云大社的女技师,所以大家也叫她出云阿国。现在还留着她跳舞时的屏风画(见图 12-2)。她是那个时代第一个收取门票的人。"歌舞伎"这个词指的是一种非常绚丽、非常独特的新奇举止,在日语中叫"倾斜"。从当时日本人的审美观来看这些服装、舞蹈都非常前卫,可能走的不是寻常之路,所以才叫"倾斜"。通过这些前卫的服装和舞蹈来吸引别人的人,就叫做歌舞伎。先有这个音,在下面再加上汉字,就变成了"歌舞伎"。出云阿国的歌舞伎经历了 400 年的岁月,演变成为多

图 12-2 1600 年左右出云阿国表演歌舞伎

种多样的形式一直流传到现在。

在歌舞伎之后,也就是继出云阿国之后,在京都烟花柳巷的游女们就开始表演歌舞伎。这些小姐白天的工作就是表演歌舞伎,到了晚上就是卖春。所以对于她们来讲,比起白天的工作,晚上的工作可能会更忙。因为政府禁止这样的行为,所以就出台了禁止女性收费表演的法律。其实从阿国出生到那个时候已经过了50年。50年后女性从整个舞台剧的舞台上消失了,之后出现了由男性来演女性的角色,就是我们讲的男旦,这在很早以前就出现了。十九世纪初之前的意大利歌剧中,一直都是由被称为"阉人歌手"的人来出演女性角色。在亚洲包括印度的古典剧以及中国的京剧中都有男旦。包括中国的梅兰芳都是家喻户晓的男旦。可见,世界各国在不同的历史时期都曾经有过男旦。但是从过去到现在,把所谓的"女形",也就是男旦作为一项技艺代代相传的,全世界唯有日本的歌舞伎。

歌舞伎通过世袭的形式得到延续,传统得到了保留。这些演员在小时候就接受自己祖辈或者父辈的艺术熏陶,每天跟着他们去练习,等到名副其实地达到了前辈的水准,得到了观众和松竹公司的认可之后,就可以"袭名",即继承前辈的名号。我们松竹公司抓住了这样一种传统制度的商机,通过袭名演出的方式创造了一种新的商业模式。袭名演出的目的就是庆祝这个演员可以继承前辈的名号,同时演员还会通过舞台表演的方式向观众表明自己继承名号之后的决心和抱负。只有这个时候才能通过一种开场白的方式来直接表态。所以这是一次非常重要的表演,许多支持者都会来看演出。歌舞伎演员的成长与松竹公司整体的商业发展有密不可分的联系。

二、松竹的历史

1895年,有兄弟俩创立了松竹公司。大家可以看下面的照片(见图12-3),他们就是白井松次郎和大谷竹次郎。有一家媒体刊登了《松竹的青年》这样一篇报道,这正是我们公司名称的由来。

图 12-3　松竹的创业者：白井松次郎与大谷竹次郎

白井松次郎和大谷竹次郎是一对双胞胎兄弟。他们一开始是在京都的一家板井剧院里做小买卖，也就是卖货的。两个人很能吃苦，一边卖货一边观察舞台上的表演，可能也在一直考虑自己如何才能做得更好。不久之后，哥哥白井松次郎过继到白井家做养子，后来他获得了小卖店的经营权，家境也变得越来越好。弟弟从父母那里接手了在板井开的小卖店，三年以后成了这家店的老板。他不断收购板井之外的一些店，兼并了其他的剧院，仅仅 19 年的时间，松竹发展得非常快。为什么松竹在这么短的时间，能够发展得那么快？主要是他们进行了以客户为宗旨的经营改革。

当时各个剧院都是采用主角兼任编剧和老板的形式，各个剧院和演员之间一般是签署为期一年的专属合同。当时演出本身是非常随意的，经常不能完全演完预告的节目，而且也不怎么排练，演出从早上开始到傍晚结束，经常会说"今天就演到这里，该结束了"。所以对观众来说，他们并不知道今天演出的内容到底是什么。针对这种情况，大谷竹次郎进行了合理化改革。他要求演员首先进行排练，并且从第一天开始就要做到将所有的节目表演完。并且他会给演员支付演出费，也会提前预售演出票。其中，我认为最重要的改革就是这样一种以月为单位的票房形式。松竹通过并购多家剧院，在 1929 年把所有的歌舞伎演员都纳入自己旗下，这些演员也逐渐得以成名。我认为这一点是他们改革非常成功的地方。从观众的角度来看，他们非常希望看到全明星阵容的表演，这个改革使这成为可能。并且以月为单位演出的形式，也使剧院可以制订中长期角色的分配计划,观众也可以感受到不同角色所带来表演的精彩之处,这符合观众的期待和愿望。从板井开始,到后来1909年将京都、大阪剧院收归名下,再到1910年收归幸福座,并且在东京开始发展。到1914年的时候开始经营我们公司目前最核心的业务:歌舞伎座。

总体来说,剧目是满足市场需要的,并且编排也非常符合观众的需求,这可能是松竹能够取得快速发展的根本原因。

1920年,我们成立了松竹电影公司,进军了电影业。电影也是我们公司目前的主力业务。在同年成立了蒲田摄影棚,真正进入了电影制作领域。1931年,在日本拍摄了第一部有声电影,叫《夫人与老婆》。1936年,成立了大船摄影棚。大船摄影棚中诞生了很多知名导演和经典作品,包括大家熟知的木下惠介、小津安二郎、山田洋次导演等。著名导演是我们松竹最为宝贵的财产。

第二次世界大战结束以后的1951年,第四代歌舞伎座恢复了营业。在电影上我们拍摄了日本首部彩色电影《卡门归乡》(见图12-4)。1953年,导演小津安二郎拍摄了《东京物语》;同时在歌舞伎座首次举办了天蓝

图12-4　日本首部彩色电影《卡门归乡》

歌舞伎。1955年，当时的总裁大谷竹次郎因为对日本文化的发展和进步做出了极为卓越的贡献，被授予了文化勋章。这也很好地体现了松竹公司在日本文化中的地位。

此后在影像部门又相继诞生了很多好的作品。2004年，山田洋次导演的《黄昏清兵卫》获得了奥斯卡金像奖的提名。松竹的电影不断受到国际好评。

当然，作为演艺部门，也经历过很多票房很困难的时期。就像我刚才介绍的，自从开始袭名演出之后，情况有了好转，并且出现了很好的收益。去年重新开业的第五代歌舞伎座，标志着歌舞伎进入了新时代。

新装开业的第五代歌舞伎座跟第四代相比做了部分修改，剧院内的容量、座椅也有所扩张，但总体上来说还是保持了第四代歌舞伎座的原貌。最大的不同就是在歌舞伎座的后面，新建了一个歌舞伎座塔楼、一个可以对外租赁的写字楼。写字楼的租赁经营给我们公司带来了长期、稳定的收入。同时，我们还修建了可以直通地铁站的木挽町广场，原来大家在剧院内才能买到和歌舞伎相关的产品，例如饭盒，现在都可以很轻易地在广场买到。另外在写字楼的第五层开设了歌舞伎座画廊，通过这种方式介绍歌舞伎的历史，受到了大家广泛的好评。

我们在演出传统歌舞伎的时候，希望尽可能地去吸收更多的观众来扩展观众群，这个努力非常重要。从木挽町广场或者画廊来的这些客户，不一定是我们的观众，但是通过对歌舞伎历史的了解，我相信他们在十年、十五年之后一定会成为我们歌舞伎的观众或客户。因此，在进行传统宣传的同时，我们也要去考虑如何来扩充、扩展我们的客户群，这一点是非常重要的。

在大家的支持下，新的歌舞伎座开业以来，每年都会比第四代的歌舞伎座多接待90万到95万的观众，今年开业以来已经接待了130万的观众。我们在2014年4月举办了一周年的庆祝典礼，歌舞伎演员齐聚舞台对广大观众一年来的厚爱和支持表示感谢。我们还对歌舞伎表演进行灯光舞美等方面的改进，为了得到广大观众的支持，今后还将不断地在这方面做出新的尝试和努力。

三、重整举措

差不多 15 年前,我进入了松竹公司。当时公司的财务状况非常严峻,我决定进行财务改革。为了重振财务我做了三个决定,第一,止住出血;第二,夯实财务基础;第三,提高盈利能力。我觉得对公司也好,对国家也好,这三点是你要对所有的机构、组织进行重整的时候都必须进行的改革。

1. 止住出血

当时松竹公司为了迎接公司创立 100 周年,在大阪建设了大阪松竹座剧院和电影世界这样的主题公园。在我加入公司的时候,这项投资出现了很多负面影响。因此,为了制止出血,我毅然决定关闭了每年造成 24 亿日元亏损的电影主题公园。

2. 夯实财务基础

夯实财务基础有三项措施。举措之一是出售闲置资产。较为典型的是曾经是松竹核心的大川摄影棚。这个摄影棚曾经生产出许多优秀作品,这些作品到现在仍然是松竹重要的资源。大川摄影棚是"松竹出口"的重要象征。但是在我入职的时候,无论是公司还是公司的员工,都非常缺乏收支平衡的意识,觉得我们只要做出好的作品就行了。当时大川摄影棚的收入约 500 亿日元,但是有息负债接近 1 000 亿日元。因此,松竹公司当时的财务状况非常严峻。应该如何处理有着松竹公司象征身份的摄影棚?我彻夜地与摄影棚的同事推心置腹地谈话,坦诚沟通,在最终决定做出后——当然做出这个决定对我是很痛苦的——现在整个的营业额已经到了 1 000 亿日元,有息负债到了 400 亿日元左右,所以我用半年多的时间处理掉了 800 亿日元的不良负债。之所以造成亏损,是因为只考虑做出好的东西,没有考虑经营方面的东西。

3. 提高盈利能力

电影和舞台剧是不稳定的行业,也就是说一旦失败肯定败得一塌糊涂。舞台剧方面,剧院的容量是确定的,所以无论你多么努力地去演,其实利润都是有上限的,但失败了带来的亏损是没底的。与舞台剧相比,电影商业尽管利润没有上限,但一旦失败也会使公司蒙受巨大的亏损。就整个日本电影市场来看,规模不到2 000亿日元。加上二次使用的市场,包括DVD和蓝光光碟也不过6 000亿日元,市场非常小。

刚才我讲了,无论是电影还是舞台剧,都是通过团队合作去做的一种商品。如何进一步加强团队力量？我想我们应该不断推敲、研究。只有通过不断的实践,才知道我们要做什么,怎么样才能做好,才能不断创造新的、优秀的作品。因此,为了能够不断做出好的作品,我们必须创造一种好的工作环境,让整个利润稳定下来,让利润能够支撑我们要做好的东西,这是最基础的想法。因此,我们决定开发总部大楼,把它建成写字楼,修建日本首屈一指的电影院。去年,我们翻新了第五代歌舞伎座,也增加了面向商户进行租赁的写字楼。这项举措让我们非常成功地获得了房地产租赁利润——一个稳定的业务收入来源。我进入松竹公司的15年来,确实吃了不少苦头,但现在可供我们持续创作的良好环境已经建成了。

四、市场状况与松竹积极投入的商业

1. 市场状况

为了松竹的进一步发展,需要不断提升舞台剧的品质。怎样让我们的事业进行水平方向的拓展,有一个全球化的发展？日本电影和舞台剧的市场并不大。和十年前相比,我们基本上可以看到外国电影的比例越来越下降,日本自己的电影收入现在有点上升,为什么呢？因为好莱坞的大片都是一种模式,大家开始减少对好莱坞影片的需求,都开始看日本自己的片子了。

重新回到票房收入的话题。我觉得类似电影的这些消费,包括同步转播、ODS及动漫作品越来越多。电影需求现在越来越少,当然日本人口也在减少。我们希望电影作品减少的消费需求由ODS和动漫来补充。舞台剧的市场规模大概在1 500亿日元左右(包括歌舞伎和其他的一些传统艺术表演),其中,歌舞伎大概就占200亿日元左右。基于这种现状,松竹公司积极投入电影及舞台剧的二次利用中,大力开发相关产业。比如,一些观众因为地理位置的限制没法看电影,我们就通过转播的方式呈现电影和歌舞伎现场演出的原貌。但即使这样也不会带来太大的市场,所以我们必须放眼更大的市场,走向全球,扩大我们的业务规模。

我们在做好这种商业模式的时候,要和其他的行业进行合作,进行水平方向的推广。我们有一部好的电影,可不可以把电影和教育产业合作?或者和服装产业、健康产业、IT 产业等合作,即和不同领域的伙伴进行横向的合作?如果我们按照不同的行业水平展开,进行全球化的发展,就会发现其实这项事业的潜力非常大,甚至可以说它是无限大的。我们首先要意识到这一点,如果能做到这一点,就可以进入下一步继续发展。这就是我们的思维模式。

2. 电影商业展望

谈到电影商业,请大家看下面的表 12-1。这些都是我们松竹的作品在全世界获的奖,只是其中的一些例子。我们松竹的电影作品在全世界都得到了认可,特别是 2009 年时《入殓师》还获得了奥斯卡金像奖最佳外语片奖。

表 12-1 得到世界认可的松竹影片

电影节	影片	奖项或荣誉	导演	时间
法国/戛纳电影节	《切腹》	评审团奖	小林正树	1963
	《亲鸾——白色之路》	评审团奖	三国连太郎	1987
	《死之棘》	评委会大奖	小栗康平	1990
	《鳗鱼》	金棕榈奖	今村升平	1997
德国/柏林电影节	《枪圣权三》	银熊奖	筱田正浩	1986
	松竹公司	金相机奖		2005
	《春之樱——吟子和她的弟弟》	闭幕影片	山田洋次	2010
	《小小的家》	银熊奖/最佳女演员奖	山田洋次	2014
意大利/威尼斯电影节	《无能的人》	国际影评人大奖	竹中直人	1991
	《手枪歌剧》	向伟大导演致敬奖	铃木清顺	2001
美国/奥斯卡金像奖	《黄昏清兵卫》	最佳外语片奖提名	山田洋次	2004
	《入殓师》	最佳外语片奖	泷田洋二郎	2009

图 12-5　获 2009 年奥斯卡金像奖最佳外语片奖的电影《入殓师》

　　这里还有一些大家比较熟知的作品，是我们松竹公司在华语圈乃至全球推出的作品。从大川摄影棚时代的老作品到现在的最新作品，许多作品已经走向了全世界。除此之外我们还拓展面向海外网络的在线播放业务。比如美国大型的在线影视网 HULU，它的总部在洛杉矶，是 NBC 环球和新闻集团的合资公司。我们从 2009 年开始在 HULU 网上建立自己的松竹频道，想在全美播放日本的作品。HULU 在线提供大批热门海外电视剧和电影，包括环球、索尼、华纳等公司，都在这里提供相应的影视内容。大家可以通过平板电脑等移动设备，以及 X-BOX 游戏机等设备观看，只要有网络。在中国，松竹和大型的视频网站爱奇艺进行了合作。除此之外还在法国播放我们的电影。

图 12-6　走向华语圈乃至全世界的松竹作品

大家可能都知道,日本曾经拍摄过一部电视剧叫《101 次求婚》,为了在中国推广进行了本土化的制作。松竹公司拥有数千部影片资源,今后我们将面向中国制作本土化的作品,并与中国的电影制作公司合作,创作一些新的作品。中国电影《非诚勿扰》就是在松竹摄影棚拍摄的。我们与中国的电影公司合作,在日本拍摄中国的电影,这不但是对日本文化一个很好的宣传,同时还会掀起中国的影迷到我们的拍摄景点旅游的热潮。

《非诚勿扰》大家都知道,有很多的中国影迷就是因为看了这部电影去了北海道旅游。除此之外,我想这部电影在中国可能也是非常有影响力的。有一部韩剧,叫做《冬季恋歌》,到现在影响力还是很大的。《冬季恋歌》的拍摄地,不仅韩国人喜欢去,全亚洲的影迷都喜欢去。日本有很多景点,都是非常有魅力的。为了让更多的海外游客来到这里,或者是日本的其他地方,我们会邀请海外的电影公司到日本拍摄。我觉得这是一种非常有效的办法。我们将与中国的电影公司合作,把握商机,期待能够获得更好的效果。

图 12-7　以日本为舞台背景的中国电影《非诚勿扰》

3. 舞台剧商业展望

请大家看一下下面这张照片(见图 12-8),这是 1928 年歌舞伎首次进行海外演出时的照片。第一次演出我们到了苏联。前排右数的第三个人是第二代市川左团次,穿和服的(前排左数第二人)是我的祖父城户四郎,也是当时访问团的团长。当时这些人以此为契机到世界各地演出。我可以向大家介绍一下我们进行海外演出的一些具体的例子。1960 年,歌舞伎第一次去美国进行了表演。1982 年,歌舞伎首次登上了纽约大都会歌

图 12-8　第二代市川左团次等演员

剧院的舞台。在非常有名的纽约大都会歌剧院,接受了这样的一个谢幕(见图12-9),当时我们的一个名角中村歌右卫门获得了这样一项殊荣。

图12-9　1982年在纽约大都会歌剧院谢幕的中村歌右卫门

之后是1990年,中村歌右卫门在法国巴黎和德国法兰克福进行了巡演。整个欧洲的巡演盛况空前。1996年2月,我们在意大利歌剧院进行了公演,4月在美国的达拉斯和洛杉矶进行了公演。

下面看四张在歌剧院拍摄的照片,下方的照片(见图12-10)是和当时著名的田径运动员卡尔·刘易斯的合照。

图12-10　1960年赴美公演与卡尔·刘易斯合影

2004年,我们在与纽约大都会剧院相邻的一个广场上搭建了一个舞台,以展现当时的戏剧小屋,在这里进行了平成中村座的公演。当时,可以看到舞台上还出现了几个纽约的警察角色,举着枪对着中村勘九郎

（见图12-11）。这也是中村勘九郎的创意,是希望让更多的纽约观众喜欢而特意安排的。可以说歌舞伎在保持传统文化的同时,不断地加入了一些新的现代观众所喜欢的元素。

图12-11　2004年平成中村座的纽约公演

2007年,在巴黎歌剧院,市川团十郎和市川海老藏进行了公演(见图12-12)。

图12-12　2007年巴黎歌剧院谢幕

2009年,尾上菊五郎和尾上菊之助一行人进行了NINAGAWA十二夜的演出,这在歌舞伎作品中是非常有创意的作品,把莎士比亚的作品和歌舞伎进行了很好的融合。我们在意大利公演以后也受到了非常好的评价,这张照片(见图12-13)是当时谢幕的情景。

图 12-13　2009 年意大利公演谢幕

像我刚才介绍的那样,在世界各国,我们一直到现在都在进行不断的巡演,今天在北京大学跟大家交流,想借此机会回忆一下歌舞伎和中国的交流。

下面这张照片拍摄于 1955 年,当时是中日交流日趋活跃的时期。这是第一代的市川猿之助首次在中国演出时的照片(见图 12-14),作为两国的文化交流,歌舞伎首次实现了访华的演出。大家可以看到右边的这个演员,是在日本也非常受欢迎的中国的梅兰芳先生。他曾经三次赴日进

图 12-14　市川猿之助与梅兰芳(1955 年)

行公演,将中国的国宝京剧带到了日本。1924年,日本发生了关东大地震,梅兰芳先生为了帮助日本的灾后重建,特意前往日本与歌舞伎院的演员一起演出,并且把全部收入捐给了灾区。梅兰芳先生对日本和歌舞伎有着深厚的感情。在梅兰芳先生的全力支持下,歌舞伎首次访华演出大获全胜,每一场都座无虚席。1979年在北京举办了歌舞伎公演,下面这张照片是演出时全场爆满的情形(见图12-15)。

图12-15　1979年北京公演座无虚席

下面这张照片是演出结束时演员集体谢幕的情形。在照片当中,第七代的尾上梅幸在接受掌声致谢(见图12-16)。

图12-16　第七代尾上梅幸在演出结束后谢幕

2007年，也就是日中邦交正常化35周年的时候，坂田藤十郎进行了中国巡演。下面这张照片是演出前的留影，中间这位旦角就是坂田藤十郎，左边起第二个是我，在我旁边这位是日本参议院的一位女士（图12-17）。

图12-17　2007年坂田藤十郎公演开始前的合影

下面这张照片是当时所演出的剧目《倾城反魂香》的其中一个场景（见图12-18）。

图12-18　《倾城反魂香》的其中一幕

话题稍微再引申一下，去年歌舞伎座重新开张的时候，我们也做了一些改革，就是在歌舞伎上打上了字幕。这件事情公司有很多反对意见，我也是根据在中国巡演、看演出的体验，觉得通过字幕，对于中国的观众了解剧情会很有帮助,所以想到了打上字幕的做法。实际上我作为日本人,在看的时候,虽然明白这个汉字的意思,但是比如在它描述的是一个纯情的少女时,看到这个字幕以后也会很容易唤起我这方面的情感。也就是因为这样一个在中国巡演的机会,现在在日本也可以通过耳机或者我们的移动终端,通过字幕的方式来观看歌舞伎。

接下来我再介绍一下和中国的合作。《龙王》是 1989 年市川猿之助表演的一个中日合作的作品。从照片中可以看到,这部作品是歌舞伎和京剧完美融合的一部非常有创意的作品(图 12-19)。

图 12-19　1989 年《龙王》歌舞伎与京剧同台表演

接下来我们再看下面这张照片,2008 年坂东玉三郎挑战了昆剧《牡丹亭》(图 12-20)。戏剧表演中坂东玉三郎用了中文台词,演出获得很大的成功。这个演出分别在中国北京的湖广会馆和日本京都的南座进行。这也是一个全新的尝试,演出非常成功。第二年,玉三郎先生再次在日本表演了昆剧的《牡丹亭》,非常成功。这开启了中日两国在文化和商业两方面合作的成功先例。实际上,二十世纪七十年代的歌舞伎,也是得益于当时中国历史或文化很多名作的启发。在中国的古典文学中,有一个二十四孝的故事,其中就有一个为了母亲在雪中挖笋的话题。歌舞伎把这个故事引进到日本,出现了一个日本版的二十四孝作品。应该说中国和日本的文化,从那个时代就已经开始了很好的交流和融合。

图 12-20　2008 年在北京湖广会馆坂东玉三郎挑战昆剧《牡丹亭》

最后我想再谈一下编外的话题,向大家介绍一下日本最近三次比较有创意的歌舞伎作品的公演。第一部叫《天日坊》,也就是夺取天下的年轻僧人之意,由创新派舞台导演串田和美以及日本著名的作家宫腾官九郎创作。串田和美导演以年轻的歌舞伎为主,不拘泥于歌舞伎的传统形式,从 1994 年到现在已经推出了多部引起热议的作品。下面这张照片就是《天日坊》的剧照,它的舞台颜色非常鲜艳(见图 12-21)。

图 12-21　2013 年 Cocoon 歌舞伎《天日坊》

第二部作品叫超级歌舞伎Ⅱ《刻空者》。由第三代市川猿之助于1986年推出，也为歌舞伎吹出了一股新风。第四代歌舞伎也是集成了第三代的理念，并对之进行了新的挑战，下面这张照片就是歌舞伎Ⅱ《刻空者》的场景（见图12-22）。对于该作品的创作，我们启用了首次挑战歌舞伎的年轻剧作家前川之大，并且邀请了从未表演过歌舞伎的演员进行了演出，也获得了很好的票房。

图12-22　2014年超级歌舞伎Ⅱ《刻空者》

第三部作品是市川海老藏的《寿三升景清》。去年去世的第十二代市川团十郎一直想要振兴歌舞伎十八番，市川海老藏继承了市川团十郎的遗愿，积极投入歌舞伎十八番当中。整套剧目表现精湛，使歌舞伎的魅力与精彩在舞台上得到了充分的展现。下面这张照片大家可以看一下，整个舞台的布景非常豪华，场面宏大，演员们正在那个硕大的龙虾前面亮相（见图12-23）。

图12-23　2014年《寿三升景清》豪华布景与市川海老藏亮相

第十二篇　论电影与舞台剧商业

为了让现代人更好地感受传统文化,我们今天在座的冈崎先生做了很多的努力。松竹公司今后还将会不断地创新和挑战,并且也将会积极地跟更多不同的舞台及演员进行合作,推出更好的作品。

总结一下,这几年来,整个传媒产业的发展速度非常惊人。从广播到电视,从电视到网络,再到现在迅速普及的智能手机,包括社交网络、在线游戏等新的服务层出不穷。今后或许还会出现更新的媒体手段,对于松竹公司而言,都是大的机遇,对于中国的各位同行来讲也是一个机遇。如果中日双方能够把这样的机遇加以组合,我相信一定可以创造出更大的可能性。如果我们把中国和日本各自擅长的文化融合在一起,相信可以为更多的观众带去内心的感动。

面对这样的一个机遇,实现这个目标最大的任务就是培养人才。我的梦想就是将来能够和大家一起合作,创造一些新东西。物质世界,我觉得它是有限的;但是我们观众内心的感动是无限的。所以,我们要给更多的观众带去无限的感动,这也是我们的一个目标。我们会为这个目标而努力,去加倍努力工作。也希望大家跟我们一起努力,这是我衷心期待的。我希望大家能够与我们一起携手走向世界。谢谢大家!

互动环节

问:迫本淳一先生,您好!我想电影有两个方面比较重要,一个方面是要不断地拍新电影,另一个方面是要把好题材的电影连续拍下去。比方说《寅次郎的故事》就是对未来生活模式的很好的探索,您是不是希望能够再继续拍下去?

迫本淳一:在现实当中,我们做一个单独的东西是可以的,但是作为商业,投资一部影片或者电视剧,就要计算能够为公司带来多少收入。例如,我们为什么做歌舞伎?是因为歌舞伎给我们公司带来多少收入能算得出来。从商业的视角来看,如果要做系列产品,对于系列产品能抓住多少观众、创造多少收入并不是特别清楚,这是现在整个视频方面的最大课题。正如大家所说,我们现在有《寅次郎的故事》系列作品,一共有40多部,像这么长的传统作品,我们也希望能够把它做成一个系列,今后如果有可能的话也会这样做。

问:迫本淳一先生,您好!非常荣幸向您请教,您说您在年轻的时候希望用您的法律知识走向世界,而现在您成了日本艺术界最著名的企业家之一。我们在座的好多同学也想像您一样,将来能用自己的专业知识走向世界,能不能跟我们分享一些您的体会和建议?谢谢!

迫本淳一:在座的有法律专业的同学吗?如果学法律的话,就会知道什么东西是有法律风险的。在企业经营过程中,我们必须避免这些风险。所以,我们要预测有什么样的风险,需要法律发挥什么作用,这就是法律在经营中的运用。在做决策的时候,能不能做出正确的决策,我认为这是感觉的问题,就是你有没有这种感觉。它不是天生的,后天去锻炼就可以培养出来,我认为这种感觉是最重要的。从理论上来讲,不管你的企业商业计划做得多好,它也有失败的时候。从另一个角度来说,无论你商业计划做得多烂,也有成功的时候,这个决策就是靠你的感觉。小的成功经验要不断积累,然后要在获得巨大成功的人身边去观察他是怎么成功的,这非常重要。你会在这中间发现他的感觉。从你自己的感觉出发,你觉得该进的时候就进,该撤的时候就撤。所以,你怎样把别人的成功经验变成自己的感觉,同时还让周围的人信任你,这是作为经营者非常重要的一点。不知道这对你是不是一个好的建议?

问:迫本淳一先生,您好!非常高兴您今天过来跟我们分享,我本人是松竹电影公司的影迷,我非常喜欢《寅次郎的故事》和山田洋次导演。松竹公司有非常辉煌的历史,我想知道它在当代的日本电影市场当中处于什么样的位置?您对目前日本电影市场的发展有什么样的评价?也就是说,松竹公司在当代电影市场上的地位是什么样的?谢谢!

迫本淳一:从电影业务来说,现在大体上分成两类,要细分的话可能还有很多。一个是电影制作,一个是影院。从影院来说,东影有比较大的市场,我们只是第二或第三。但在电影制作方面,实际上每家电影公司都非常困难,电视在内容制作方面很强,如果你跟电视方面能够合作得很好,你就会成功。在这样一个背景下,松竹公司的确经历了很艰难的时期,今年可以说我们也推出了很多好的作品,就像您说的,比如刚才提到的系列作品,这种系列作品也使得我们松竹的作品越来越受到欢迎。从电影来说,每一部单独的作品会有它的强项,另外影院、院线也是很重要的。比如,一年当中你有怎么样的院线,比如说 A 作品可能虽然不太好,但是你有 B 这样非常好的影片,票房就会很好,票房好就会得到很多的广告,或者在和发行公司之间的利益分配方面会占据有利地位。如果有好的、欢迎你的院线,这种地位就会越来越有利。所以,松竹公司今后还会更进一步跟院线之间加强合作,这也是我们目前面临的一个最大的课题。为了更好地和院线合作,我们会制作更多不输给电视的好作品。就松竹来说,我们希望能够制作出更多具有松竹特点和味道的一些作品。不知道这个回应能不能解答您刚才的问题。

问:谢谢您的演讲!我想请教两个问题。一是我想了解一下松竹公司现在收入的结构,您刚才介绍到电影市场收入大概是 1 000 多亿日元,歌舞伎演出大概是 200 亿日元。但好像您又介绍,房地产才是您的主业,我想问房地产的收入是多少?另外,歌舞伎在海外演出的收入是多少?电影、歌舞伎和新媒体合作的收入是多少?这是第一个问题。第二个问题是基于移动端的合作,松竹公司有一些什么具体的打算?谢谢!

迫本淳一:你的这个问题提得太好了!刚才我在演讲当中提到了要稳定的收益,实际上就是指这个。销售额上可能电影和戏剧比较高,但是从收益来说,房地产业务占据了很大的比重。大体来说,我们所要追求的收益目标是:房地产部门,大概是 25 亿—30 亿日元;管理部门的费用,差不多压缩到 20 亿—30 亿日元;演出方面,也争取有 20 亿日元左右。现在我们差不多正好取得了这样一个目标的平衡:管理部门的成本可能会降到 25 亿日元左右;房地产部门现在应该是经营比较顺利的,可能会获得 30 亿—40 亿日元左右的收益;电影部门现在遇到了困难,勉强能够拿到 10 亿日元左右的收益;舞台剧方面,比如说从去年第五代歌舞伎座开始,应该说也取得了很好的收益,去年获得了 60 亿日元左右的利润,今年估计也能拿到 40 亿日元左右,我也觉得这部分现在经营得有点太好了,当然我们也希望今后能够有更好的收益。

国外公演实际上根本不赚钱,因为有那么大的阵容去国外,花费很大,成本很高。虽然是在表演歌舞伎,但是不可能寄希望于票房收入。所以,去国外演出的时候必须要找到赞助商。以前也是这样,都是有赞助商才能使他们盈利。

另外对于新媒体,我们也希望今后去发展,但是现在并没有一个很好的盈利模式。我们觉得它不会替代现有的业务部门。但是你有很好的内容,如果能够在新媒体方面去发挥这种功能,不管它是一个什么样的移动终端,都能够实现较好的盈利。为了能够做到将来不断发展,培养相关人才非常重要。培养人才对于经营者来说,是最重要的一个课题。实际上,你如果不去培养后辈人才的话,企业可能就没有延续自己生命的能力。因此,在我做总裁的时候,比如说获得了很多的利润,即使我没有拿到很高的收入,但是如果能够为松竹培养很多好的人才,这些人才在十年或者十五年之后,能够为今后的松竹发挥作用,我就会很满意,这也是我所追求的梦想。明年松竹公司就要迎来成立120周年纪念了。

问:迫本淳一先生,您好!现在随着工作越来越忙,大家去电影院的时间越来越少,大多数会转向互联网视频网站。如果单靠广告收入和流量收入的话,很难有资金拍出一部高质量、高水平的电影,但是如果免费的话,资金更是不够。如果向观众收费的话,就会有不法分子把电影录下来,通过非法链接放到网上赚取流量费用和广告费用。在互联网越来越发达的今天,松竹如何通过互联网实现高额利润,拍出高质量的电影,实现良性循环?

迫本淳一:在中国,网络上的收入特别高,我也想知道其中的奥秘。在日本,我们有很多的企业想要通过中国的网络来进行一些合作,比如说我们现在有很多的电影,当然还有一些违法的,大家都在下载。所以,这个商业模式现在基本上是不成立的。我认为我们首先应该有一个很好的环境,第一步要把环境做好,如果环境做好了,以后通过广告收入或者通过收费的形式去观看影片,我认为这两个商业模式都是可行的。因为产品不一样,所以我觉得应该先分类,然后再判断以什么样的方式去做。我觉得这是一个前提。

问:我是从日本来中国北京的交换留学生,是日本人。中国的京剧是和歌舞伎非常相似的东西。在中国和日本,我们都有自己的传统艺术,包括舞台剧等,两者有一些共同点,但也有一些不一样的地方,您能不能对意识到的不同的东西谈一下您的看法?

迫本淳一:这个问题我觉得还是让冈崎先生回答一下比较好。我觉得共同点首先是它们都是传统艺术。在日本,我们经常讲有形式、有规则,它必须有规则,你要传承它才叫做传统艺术,但是另外一方面还要把它打破。如果你本身没有规则,那你就做不出像样的东西来,所以无论你想做什么样的东西,一定要先学习传统的规则。无论是歌舞伎还是别的形式,都是有传统的流程和规则的,在遵守流程和规则的基础上再去打破它。今天难得冈崎先生也在,我们请他说两句。

冈崎先生:我做了30年的歌舞伎制作人,我想讲一下我的感想。共同的地方就是两种类型的传统艺术都是非常精炼的,都是传承了很多年的传统艺术,这是很相似的。在歌舞伎方面,正如迫本先生所说的,为了进一步地维持和发展它,也就是让我们的观众能够来看,我们一定要不断打造一些明星。我们的歌舞伎演员有世袭制,但不一定是由有血缘关系的人来继承,而是表演者要有一个时代的更替,他能够更替、继承这个名字就成了大明星。因此,我们首先要培养他,这也要依靠演员个人的力量,一定是松竹和演员一起合作,打造每一代同样名字的明星。此外,我们还要尽可能地去吸引年轻的观众。我们有400多年的历史,为什么在这么长的时间中,人们一直不断地来看歌舞伎?就是为了看明星。所以我们一定要有一些大的明星,还有年轻的明星,要培养新一代的明星。我们不能只有古典的,如果只是那样,很多人会觉得没意思。

我们现在有新形式的歌舞伎,就是超级歌舞伎,是和现代艺术相结合的歌舞伎,或者是把外国人的概念引进来的歌舞伎,还有一些音乐、灯光照明、舞台艺术,我们应用一些新的技术,把它放进去。也就是我们把以往传统的、旧的歌舞伎,变成新的歌舞伎。在观众心目中,有些人只看传统的,包括年轻人也有这样的,也有一些人只看新的。看了多少年新的歌舞伎之后,回头再看这些演员,就会看到他们也开始演一些传统的、古典歌舞伎的内容。这时你就会发现有些长达30多年的东西也很有味道。我们需要培养观众,他们会带自己的孩子去看,然后让自己的下一辈喜欢下一辈的明星,所以大家能够了解到传统古典歌舞伎的艺术。无论是明星还是观众,都要有世袭,也就是要每年去更替,培养新的一代。当然迫本先生一直在讲我们要有传承,无论哪一方面都要有传承。革新和传承,这两个方面一定要同时做。谢谢!

迫本淳一:稍微再补充一下歌舞伎的明星方面的内容。我们塑造明星,歌舞伎的演员是世袭的,这些演员从诞生到去世,松竹都要跟他有交往。今天来的秘书叫松川,他和玉三郎是很好的朋友。玉三郎大学毕业以后,就成了歌舞伎演员,非常清楚演员得到袭名的过程。所以歌舞伎对于松竹来说很重要,我们跟演员的关系是非常密切的,同时我们也在不断吸收新的人才,这一点可能跟京剧有所不同。

问:迫本先生,晚上好!我是中国人民大学经济学专业的学生。我的问题是:市川海老藏等歌舞伎演员非常有人气,您有没有考虑过让更多的中国观众熟悉更多的歌舞伎演员?

迫本淳一:我们公司内部也做了很多这方面的研究。用古典的思路来看,歌舞伎必须要在歌舞伎座剧场来进行舞台演出,但实际上这方面可以有所创新。所以,除了在歌舞伎座演出之外,我们还可以有很多其他的选择。在这一点上我们公司高管的想法是一致的,但是到底把它扩展到什么程度和地步我们会有不同的想法。比如,我和冈崎、森川这些人的想法是一样的,非常想把它尽可能地扩展,但也有很多人认为,可以在网上上传不同形式的歌舞伎以供人观看。我想可以通过各种不同的形式,如果你要看一个完整的歌舞伎版本的话可能需要四五个小时,但我们可以把它压缩到10分钟、20分钟,把这样的版本放到网上,就能够让更多的国外观众也看到它、接触它。这一点我们大家的想法都是一致的。

问:刚才您提到歌舞伎座,我在某一个节目中看到过歌舞伎座的介绍,的确是非常漂亮的建筑,而且它有很多的做法和商业手段,中国的剧场是不是也可以拿来活用?这方面我们应该可以好好地学习学习。

迫本淳一:实际上歌舞伎座是非常独特的。在日本的剧场,从早上四五点太阳升起到晚上夕阳落下,都有演出。类似日本的迪士尼乐园,从早到晚始终都有演出。观众不可能一直坐在那从早看到晚,最好可以一边吃盒饭一边和歌舞伎演员进行一些交流或者探讨。实际上歌舞伎有各种各样的娱乐方式,一边吃盒饭一边观看表演当然也是一种很好的方式。此外,我们松竹公司也有很多不同的节目。

武常岐:迫本先生给我们带来了非常精彩的演讲,他传递了很多信息。首先使我们在座的老师和同学了解了流传400年的歌舞伎,让我们耳目一新。但是更重要的,是让我们明白了如何继承和发展一个接近120年历史的企业。特别是在文化创意方面,在观众、技术、实现形式、社会环境都在改变的情况下,松竹从歌舞伎起家,经过了电影的变化,现在又到了互联网、移动终端占据引领地位的阶段,消费群体也在变化,但为什么松竹一直在延续？正如迫本先生提到的，关键在人。我们在交谈中，迫本先生说了一句话，我认为和中国的传统也是相吻合的，叫做"十年树木，百年树人"，迫本先生在思考百年以后松竹株式会社会是什么样的。不是现在，不是明年，不是后年，而是一百年以后这个组织会是什么样的。迫本先生非常了不起，是一位非常有眼界和眼光的企业家。

但是仅仅有这种梦想还不够，还要脚踏实地。今天迫本先生不仅向我们展现了他作为一个企业家有梦想的一面，也展现了他脚踏实地、带领企业实现梦想的历程，这是值得我们学习的。

大家知道未来的文化创意产业是非常重要的，因此文化艺术人才的培养也非常重要。从明年开始，北京大学光华管理学院在文化艺术方面将专门设立一个文化艺术创意方向的 MBA，这个专业的 MBA 不仅学习文化艺术，而且学习如何去经营和传播文化艺术。如果大家有志于文化艺术产业，学法律、经济、语言专业等的人都可以投身于文化创意产业，把梦想和现实美妙地结合起来，迫本先生就是一个非常好的现身说法的案例。

（演讲时间：2014 年 11 月 13 日）

作者简介

马俊如　1957年毕业于复旦大学物理系。1991年被任命为国家外国专家局局长,2003年被聘为国家中长期科技发展规划的国家创新体系战略研究组(专题2组)组长,2007年被聘为国家02重大专项论证委员会主任,2010年被聘为"十二五"国家科技发展规划专家顾问组组长。曾在中国科技大学兼任高技术学院院长十余年,曾是北京大学微电子研究所、南京大学物理系、华中理工大学、上海交通大学微制造中心、清华大学公共管理学院兼职教授、博士生导师,培养了一批优秀的研究生。出版学术著作(含编著)四本,发表论文、报告近100篇。社会兼职包括中国国际人才交流协会副主席、中国国际空间信息培训研究院院长、国家欧亚科学院中国科学中心副主席、世界创新研究院院长、中国国际工程咨询公司顾问等。2001年,因在国家高技术研究发展计划(863计划)工作中做出突出贡献,被授予先进个人称号;2004年,因在国家长期科学技术发展规划战略研究中做出贡献,荣获特殊贡献荣誉证书;2004年,获中国集成电路设计分会特别贡献奖;2007年,被选为2006年度中国十大科技英才;2008年,被授予国家973计划重要贡献者称号。

武常岐 北京大学光华管理学院教授、博士生导师,北京大学国家高新技术产业开发区发展战略研究院院长,北京大学光华-思科领导力研究院主任,北京大学国际经营管理研究所常务副所长。2001年受聘于北京大学光华管理学院,创办战略管理学系,并于2001—2011年任系主任;2002—2010年任光华管理学院EMBA学位项目中心主任;2003—2010年任光华管理学院副院长。2005—2011年任香港科技大学商学院兼职教授,2012年任香港大学经济金融学院访问教授。主要研究领域包括产业经济学、战略管理与国际商务。曾出版《中国企业国际化战略:理论与实证研究》等多本专著,并在《兰德经济学学报》《产业组织国际学报》《世界商务学报》《经济研究》等国内外学术期刊上发表研究成果。曾主持国家自然科学基金重点项目"中国企业国际化发展战略",现正主持该基金的"中国企业对外直接投资和海外并购战略研究"重点项目。除从事教学科研工作外,还担任国际商务学会中国区主席、管理学会国际管理分会研究委员会委员、科技部重大专项办公室经济学家,《欧洲管理评论》《世界商务学报》《经济管理》编委、中国电信战略发展委员会委员和多家上市公司独立董事等职务。

古森重隆 富士胶片控股株式会社代表取缔役会长兼CEO。1963年3月毕业于东京大学经济系。1963年4月进入富士胶片控股株式会社工作,2006年10月起任富士胶片控股株式会社代表取缔役会长兼CEO。外部职务有:Daicel株式会社董事,Venture Capital株式会社董事,日本写真感光材料工业会会长,公益财团法人日德协会会长、日荷协会会长。关联公司职务有:富士施乐株式会社董事,富士化学工业株式会社代表取缔役会长。

井口武雄 1965年3月毕业于东京教育大学法律政治学科。2001—2006年任三井住友海上火灾保险株式会社代表取缔役会长兼共同最高经营决策人。主要社会任职有:2003年1月起任日本总务省电波监理会代理会长;2003年9月起任外务省独立行政法人评价委员会代理委员长兼国际协力机构分科会长、社团法人。

铃木敏文 柒和伊控股股份有限公司代表取缔役会长兼CEO。1956年3月毕业于日本中央大学经济学院。主要社会任职有：2005年5月起任日本经济团体联合会顾问；2008年10月起任中央大学名誉评议员、顾问。

榊原定征 东丽株式会社代表取缔役会长兼CEO。1967年毕业于名古屋大学应用化学专业。1967年4月进入东丽公司中央研究所工作；2010年6月起任代表取缔役会长兼CEO。主要社会任职有：2007年5月起任日本经济团体联合会副会长、产业技术委员会委员长；2008—2009年任内阁府综合科学技术会议议员；2008年3月起任东京大学顾问评审会成员；2009年4月起任全日空运输株式会社经营咨询委员会委员。

饭岛彰己 三井物产株式会社代表取缔役社长。1974年3月毕业于日本横滨国立大学经营学部经营学科。1974年4月加入三井物产株式会社大阪分社审查部审查第二课。

三村明夫 新日本制铁株式会社代表取缔役会长。1963年3月毕业于东京大学经济学部经济学科，1972年7月毕业于哈佛大学商学院。1963年4月进入富士制铁工作；1970年3月公司更名为新日本制铁；2008年4月起任公司代表取缔役会长。主要社会任职有：2003年5月至2006年5月任日本钢铁联盟会长；2004年10月至2005年10月任国际钢铁协会（IISI）会长；2005年5月至2009年5月任日本经济团体联合会副会长。

陈炎顺 京东方科技集团股份有限公司总裁、执行董事，北京大学EMBA，北京师范大学、北京交通大学、北京工商大学客座教授。毕业于北京工商大学，获经济学硕士学位，高级会计师。

井上弘 TBS控股株式会社·TBS电视台代表取缔役社长、日本民间放送联盟会长。1963年3月毕业于东京大学文学部社会学科。1963年4月进入TBS控股株式会社工作；2009年4月起任TBS控股株式会社·TBS电视台代表取缔役社长；2012年4月起任日本民间放送联盟会长。

魏少军 清华大学微电子与纳电子学系主任、微电子所所长,"核高基"国家科技重大专项技术总师,中国半导体行业协会副理事长、集成电路设计分会理事长,新世纪百千万人才工程国家级人选,享受国务院特殊津贴专家,中国电子学会会士。1984年毕业于清华大学无线电电子学系,获工学硕士学位;1991年毕业于比利时蒙斯理工学院,获应用科学博士学位。曾任大唐电信科技股份有限公司总裁、电信科学技术研究院总工程师。长期从事集成电路设计方法学、移动计算和可重构计算技术研究,发表论文150余篇,参与三部著作的编写工作。曾获国家科技进步二等奖、北京市科技进步一等奖、中国电子学会科技一等奖、国家知识产权局和世界知识产权组织专利金奖等,先后获全国"五一"劳动奖章、中国科协"求是杰出青年奖"、中组部等六部委颁发的"优秀留学回国人员成就奖"、2003年中国半导体企业领军人物、中国集成电路设计产业发展十周年风云人物杰出成就奖、环球资源"推动中国集成电路设计产业发展终身成就奖"等。

迫本淳一 松竹株式会社代表取缔役社长。1976年3月毕业于日本庆应义塾大学经济系,1978年3月毕业于庆应义塾大学法学系,1997年5月毕业于美国加州大学洛杉矶分校法学院,获法学硕士学位。1998年4月起任松竹株式会社顾问;2004年5月起任松竹株式会社代表取缔役社长。

后　记

在"北京大学三井创新论坛系列丛书"第三卷、第四卷即将出版之际，我们要特别感谢朱善璐书记、吴志攀教授、李岩松教授、杨河教授、张国有教授、于鸿君教授等北京大学校级领导给予的大力支持。在论坛期间，他们多次主持论坛、会见论坛嘉宾，为论坛的成功举办付出了辛勤的劳动。同时，我们要特别感谢北京大学光华管理学院和北京大学国家高新技术产业开发区发展战略研究院的陈丽华教授、蔡曙涛教授和邱文江同志为论坛所做的贡献。北京大学光华管理学院的唐孝文博士在丛书组织编写过程中投入了大量心力，在此表示衷心的感谢。我们也要感谢参与编写和校对工作的北京大学光华管理学院的李季博士、高照军博士、蔡文源同学、马晓白同学、王是业同学、张林同学、张竹同学、周咏龙同学和周之恒同学，以及为"三井创新论坛"的组织实施付出辛勤劳动和奉献智慧的宗柳女士、于鸿嵋女士和朱峰女士。

最后，我们特别感谢北京大学出版社的贾米娜编辑、周玮编辑，她们的辛勤编校为本书增色不少，并使之得以最终出版。